독자의 1초를
아껴주는 정성을
만나보세요!

세상이 아무리 바쁘게 돌아가더라도 책까지 아무렇게나 빨리 만들 수는 없습니다.

인스턴트 식품 같은 책보다 오래 익힌 술이나 장맛이 밴 책을 만들고 싶습니다.

땀 흘리며 일하는 당신을 위해 한 권 한 권 마음을 다해 만들겠습니다.

마지막 페이지에서 만날 새로운 당신을 위해 더 나은 길을 준비하겠습니다.

길벗 IT 도서 열람 서비스

도서 일부 또는 전체 콘텐츠를 확인하고 읽어볼 수 있습니다.
길벗만의 차별화된 독자 서비스를 만나보세요.

더북(TheBook) ▶ https://thebook.io

더북은 (주)도서출판 길벗에서 제공하는 IT 도서 열람 서비스입니다.

코딩 자율학습 네트워크 입문
Introduction to Computer Networks

초판 발행 · 2025년 10월 1일

지은이 · 크래프트맨 멘탈리티
발행인 · 이종원
발행처 · (주)도서출판 길벗
출판사 등록일 · 1990년 12월 24일
주소 · 서울시 마포구 월드컵로 10길 56(서교동)
대표 전화 · 02)332-0931 | **팩스** · 02)323-0586
홈페이지 · www.gilbut.co.kr | **이메일** · gilbut@gilbut.co.kr

기획 및 책임편집 · 변소현(sohyun@gilbut.co.kr) | **제작** · 이준호, 손일순, 이진혁
마케팅 · 임태호, 전선하, 박민영, 서현정, 박성용 | **유통혁신** · 한준희 | **영업관리** · 김명자 | **독자지원** · 윤정아

교정교열 · 이미연 | **디자인 및 전산편집** · 책돼지 | **출력 및 인쇄** · 예림인쇄 | **제본** · 예림인쇄

- 이 책은 저작권법의 보호를 받는 저작물로 이 책에 실린 모든 내용, 디자인, 이미지, 편집 구성은 허락 없이 복제하거나 다른 매체에 옮겨 실을 수 없습니다.
- 인공지능(AI) 기술 또는 시스템을 훈련하기 위해 이 책의 전체 내용은 물론 일부 문장도 사용하는 것을 금지합니다.
- 잘못 만든 책은 구입한 서점에서 바꿔 드립니다.

ISBN 979-11-407-1589-3 93000
(길벗 도서번호 080453)

정가 24,000원

독자의 1초를 아껴주는 정성 길벗출판사

(주)도서출판 길벗 | IT단행본&교재, 성인어학, 교과서, 수험서, 경제경영, 교양, 자녀교육, 취미실용
www.gilbut.co.kr
길벗스쿨 | 국어학습, 수학학습, 주니어어학, 어린이단행본, 학습단행본
www.gilbutschool.co.kr

페이스북 · https://www.facebook.com/gbitbook
코딩 자율학습단 · https://cafe.naver.com/gilbutitbook
예제 파일 · https://github.com/gilbutITbook/080453

코딩 자율학습

네트워크 입문

새내기 개발자와 IT 엔지니어를 위한
친절한 네트워크 자습서

크래프트맨 멘탈리티
지음

베타 학습단의 한마디

이 책으로 공부하면서 가장 좋았던 점은 학습 순서입니다. 두 컴퓨터가 통신하는 LAN에서 시작해, 멀리 떨어진 컴퓨터 간 통신인 WAN, WAN의 핵심 기술인 IP 주소, 컴퓨터 내 애플리케이션 간 데이터 전송까지 마치 시냇물에서 강으로, 강에서 바다로 자연스럽게 시야를 확장하듯 네트워크의 작동 원리를 공부할 수 있었습니다. 또한 '허브'를 '멀티탭'에, '프레임'을 '택배 상자'에 비유하는 등 추상적 개념을 실생활 예시에 빗대 설명해줘 복잡한 개념도 직관적으로 이해할 수 있었고, 중간중간 등장하는 1분 퀴즈와 각 장의 마무리를 통해 배운 내용을 확실히 머릿속에 남길 수 있었습니다. 복잡한 네트워크 세계를 체계적으로 탐험하고 싶은 입문자에게 강력히 추천합니다. _윤경민

초심자도 쉽게 이해할 수 있도록 잘 정리돼 있어 이전에 단편적으로 학습했던 내용이 하나로 이어지며 명확해지는 느낌을 받았습니다. 복잡한 이론만 파고드는 것이 아니라 네트워크의 작동 흐름을 따라가며 학습하기 때문에 막히는 부분 없이 자연스럽게 이해할 수 있습니다. 절마다 호흡이 길지 않아 지루하지 않게 공부할 수 있고, 특히 1분 퀴즈를 통해 잘 이해했는지 확인하고 넘어가 학습 효과도 높습니다. 마지막 실습에서는 직접 서버를 띄우고 데이터를 전송해보며 막연하게만 느껴졌던 네트워크가 개발자에게 왜 중요하고 필요한지 체감할 수 있습니다. 네트워크를 처음 공부하는 분, 혹은 공부했지만 흐름이 잡히지 않아 답답했던 분들께 추천합니다. _유아름

이 책은 복잡하고 정보가 많아 네트워크를 공부하기 어려웠던 분이나, 처음 입문하는 분께 특히 추천하고 싶습니다. 적절한 비유, 깔끔한 그림, 보충 설명으로 복잡한 개념을 이해하는 데 도움이 됩니다. 단순한 이론 설명뿐만 아니라 GCP 환경에서 VM 인스턴스를 생성하고, 서버에 접속한 후, 파일 전송, Nginx 설치까지 이어지는 과정을 통해 직접 웹 서버를 만드는 실무 경험도 해볼 수 있습니다. 전반적으로 상세하면서도 깔끔한 설명, 알찬 실습 구성으로 만족스럽게 학습했습니다. _이승현

휴학 전에 공부했던 책은 너무 어려워 몰입하기 힘들고 이해하기도 벅차 결국 끝까지 보지 못하고 포기했습니다. 그런데 이 책은 거의 아무것도 모르는 상태에서 여러 번 생각하며 보다 보니 조금씩 이해할 수 있었습니다. 무엇보다 제가 이해할 수 있는 수준으로 쉽게 설명해준 점이 많은 도움이 됐습니다. 이론과 실습을 병행하면서 재미를 느꼈고, 지금 공부하고 있는 보안 분야와 내용이 겹치는 것이 많아 더 흥미롭게 봤습니다. 두렵기만 했던 네트워크가 이제는 흥미로운 분야로 느껴져 정말 감사합니다. _기현서

〈코딩 자율학습 네트워크 입문〉은 TCP/IP 모델을 토대로 내 컴퓨터에서 만들어진 데이터가 인터넷망을 거쳐 최종 목적지에 도달하는 과정을 체계적으로 설명합니다. 어렵다고 느껴질 수 있는 분야인데도 명확하고 이해하기 쉽게 설명해줘 네트워크를 처음 공부하는 분에게 많은 도움이 됩니다. 특히 마지막 장의 응용 계층 프로토콜 실습을 통해 웹 서버를 구축해보며 이론적으로 알고 있던 지식을 어떻게 실무에 활용하는지 경험해 볼 수 있습니다. 네트워크 기초를 탄탄히 다지길 원하는 개발자나 비전공자에게 적극 추천합니다. **_김진원**

최근 코딩 공부를 하면서 프로그램을 제대로 만들려면 단순히 코딩만 공부할 게 아니라 컴퓨터 과학의 다양한 기초 지식을 쌓아야 한다는 걸 깨달았습니다. 그래서 운영체제, 소프트웨어 설계 등을 추가로 공부하고, 네트워크에도 관심이 생겨 저자의 유튜브를 통해 이 책의 베타 학습단에 참여했습니다. 이 책은 비전공자도 쉽게 이해할 수 있도록 설명이 잘 돼 있습니다. 다만, 네트워크를 처음 공부하는 분이라면 용어가 익숙하지 않아 어렵다고 느껴질 수 있습니다. 하지만 성급하게 완독하려 하기보다 천천히 이해하는 식으로 공부한다면 충분히 네트워크의 작동 원리를 이해할 수 있습니다. **_이승민**

입문자가 네트워크라는 전체 숲을 조망하고 실습해볼 수 있게 설계된 이 책은 TCP/IP 모델의 네트워크 인터페이스 계층, 인터넷 계층, 전송 계층, 응용 계층의 주요 프로토콜과 작동 과정을 균형 있게 다룹니다. 각 장마다 소개하는 기술의 작동 흐름을 보여주는 그림이 많아 '무엇이, 언제, 어디로 지나가는지' 데이터의 흐름을 선명하게 이해할 수 있습니다. 마지막에 SSH, SFTP, HTTP, HTTPS 프로토콜을 직접 다뤄 보는 실습은 난이도가 따라 하기 적당하고 실습을 통해 알고자 하는 포인트가 분명해 성취감을 줍니다. 각 절 끝에 있는 1분 퀴즈로 방금 배운 내용을 확실히 기억하게 해준다는 점 역시 인상적입니다. 설명과 그림 → 1분 퀴즈 → 마무리로 이어지는 구성으로 초심자와 개발자 지망생 모두에게 추천할 만한 책입니다. **_엄태동**

베타 학습단에 참여해 주신 모든 분께 감사드립니다.
여러분의 소중한 의견이 모여 더 좋은 책을 만들 수 있었습니다.

지은이의 말

필자가 처음 네트워크를 공부하면서 가장 어려웠던 점은 '어디서부터 어떻게 시작해야 할지' 막막하다는 점이었습니다. 전문 용어와 방대한 내용 앞에서 길을 잃은 경험은 아마 저뿐만 아니라 많은 분이 겪었을 것입니다.

'내가 겪은 어려움을 다른 사람도 겪지 않을까?'라는 생각에 유튜브 강의를 만들었습니다. 감사하게도 많은 분이 사랑해준 덕분에 65만이라는 조회수를 기록했고, 이렇게 한 권의 책으로도 인사를 드리게 됐습니다.

유튜브에 강의를 올린 이유는 두 가지입니다. 도움이 필요한 분께 작은 길잡이가 되고 싶었고, 제 스스로 네트워크 지식을 정리하고 싶었습니다. 그래서 너무 전문적이고 딱딱하지 않으면서 부드럽고 재미있는 흐름으로 네트워크 지식을 풀고자 했습니다. 그 과정에서 수십 편의 온라인 강의와 블로그, 해외 자료를 참고해 강의를 만들었습니다.

강의를 만들며 가장 신경 썼던 점은 모든 내용이 쉽게 이해되도록 흐름을 연결하는 것과, 복잡한 개념을 최대한 직관적인 그림으로 표현하는 것이었습니다. "대학에서 배울 때는 어려웠던 내용이 쉽게 이해된다"는 댓글을 볼 때마다 큰 보람을 느낍니다. 이 책 또한 독자 여러분께 그런 경험을 선사할 수 있기를 바랍니다.

이 책은 딱딱하고 전문적인 설명 대신, 두 대의 컴퓨터가 한 줄의 전선으로 통신하던 시절부터 지금의 거대한 인터넷에 이르기까지 네트워크의 발전 과정을 한 편의 이야기로 풀었습니다. 왜 이런 기술이 필요했는지, 어떤 문제를 해결하기 위해 등장했는지 그 스토리를 따라가다 보면 어느새 네트워크의 핵심 개념이 머릿속에 자연스럽게 자리 잡을 것입니다.

이미 인공지능이 코딩의 많은 부분을 대신해주는 시대입니다. 하지만 네트워크 지식은 앞으로도 변하지 않는 핵심 기술입니다. 이 책을 통해 네트워크의 마법 같은 원리를 이해하고 '네트워크, 나도 정복할 수 있다!'는 자신감을 얻어갔으면 좋겠습니다. 이 책이 개발자와 IT 엔지니어의 길에 들어서는 여러분께 든든한 길잡이가 되길 바랍니다.

Thanks to

이 책이 세상에 나오기까지 많은 분의 도움이 있었습니다. 이 자리를 빌려 진심으로 감사의 말씀을 전합니다.

필자의 유튜브 강의를 보고 책을 만들자고 제안해주신 길벗출판사 변소현 에디터님께 감사드립니다. 에디터님의 따뜻한 격려와 응원이 없었다면 이 책은 세상에 나오지 못했을 것입니다. 처음부터 끝까지 세심하게 이끌어 주셔서 감사합니다.

보이지 않는 곳에서 열정을 다해 작업해주신 길벗출판사 출판팀 모든 분께도 감사드립니다. 한 권의 책이 만들어지기까지 얼마나 많은 분의 땀과 노력이 필요한지 깨달았습니다. 덕분에 더욱 완성도 높은 모습으로 독자 여러분을 만날 수 있게 됐습니다.

바빠서 자주 함께하지 못해도 늘 힘이 돼 주시는 사랑하는 어머니, 그리고 묵묵히 제 곁을 지켜준 가족에게도 감사하다는 말씀을 드립니다. 가족의 든든한 응원과 기도가 큰 힘이 됩니다.

마지막으로 항상 '배워서 남 줘야 한다'는 삶의 지혜를 몸소 가르쳐주며 참된 교육자의 삶을 사셨던 수원대학교 환경에너지공학과 교수님, 아버지께도 감사와 존경의 마음을 전합니다. 비록 지금은 세상에 계시지 않지만 아버지가 주신 가르침은 항상 살아 숨 쉬고 있습니다. 하늘에서 이 책을 보시고 자랑스러워하실 거라 믿으며 늘 응원해 주시길 바랍니다.

크래프트맨 멘탈리티

지은이 소개 크래프트맨 멘탈리티

서버 개발자로 일하며 AI 기술을 접목한 다양한 서비스를 개발하고 있습니다. 꾸준하고 묵묵하게 정진해 어제보다 나은 삶을 지향하고 있으며, 이러한 장인 정신은 유튜브 채널 '크래프트맨 멘탈리티'를 운영하는 원동력이 됐습니다. 유튜브를 통해 개발자 지망생과 현업 개발자들에게 실질적인 도움을 주고자 합니다.

- **유튜브** https://www.youtube.com/@craftsman-mentality

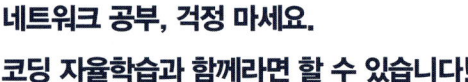

책 소개

네트워크 공부, 걱정 마세요.
코딩 자율학습과 함께라면 할 수 있습니다!

대상 독자

이 책은 IT 분야에서 일하고자 한다면 꼭 알아야 할 네트워크 기초 지식을 다룹니다. 네트워크 수업을 듣기 전 예습하거나, 수업 후 복습하려는 학생에게 도움이 되며, 개발자를 꿈꾸는 취업 준비생, 현업에 막 들어선 신입 개발자와 IT 엔지니어에게 유용합니다. 선수 지식으로 기본적인 컴퓨터 활용 능력과 2진수, 10진수 같은 간단한 진법 변환 정도만 알고 있으면 충분합니다.

다루는 내용

TCP/IP 모델을 중심으로 네트워크가 어떻게 작동하는지 설명합니다. 두 대의 컴퓨터가 통신하는 단순한 상황부터 오늘날 인터넷에 이르기까지 범위를 확장해가며 설명하고, 그 속에서 TCP/IP 각 계층의 주요 프로토콜과 네트워크 장비의 역할을 이해합니다.

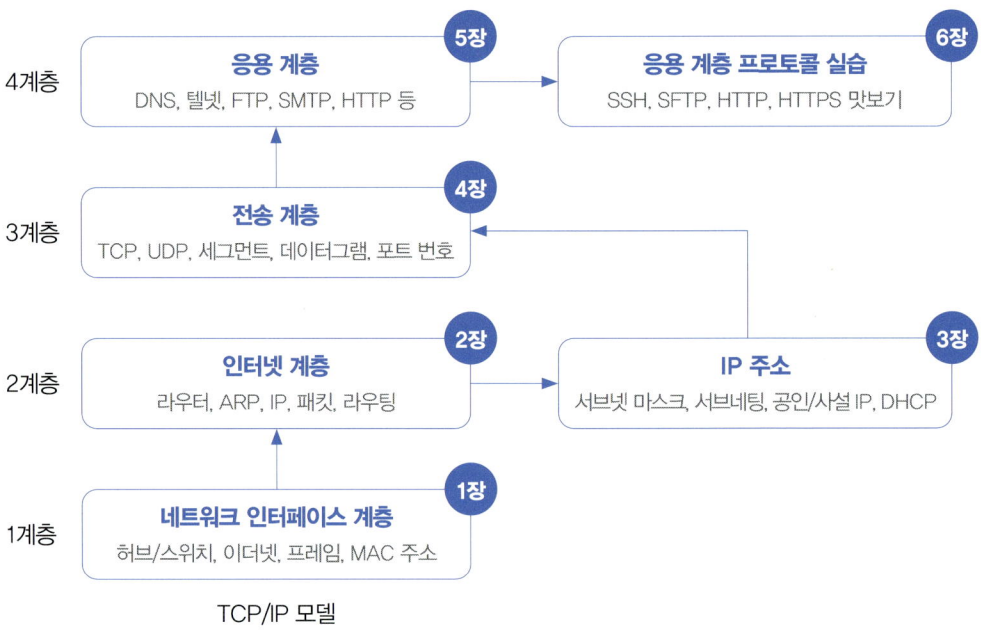

TCP/IP 모델

이 책의 구성과 실습 안내

이 책의 구성

이 책은 유튜브 「네트워크 기초 무료 강의」를 기반으로 만들었습니다. 강의의 풍부한 설명과 시각 자료를 책으로 옮기고, 장마다 1분 퀴즈와 마무리를 추가해 학습 효과를 높였습니다. 책과 영상을 함께 활용하면 훨씬 쉽고 재미있게 공부할 수 있습니다.

① 개념
주요 개념과 작동 원리를 그림과 표로 설명합니다.

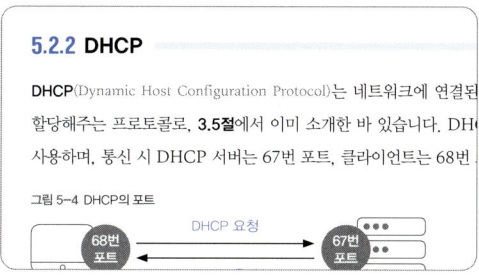

② 1분 퀴즈
간단한 퀴즈를 풀며 배운 내용을 바로 확인합니다.

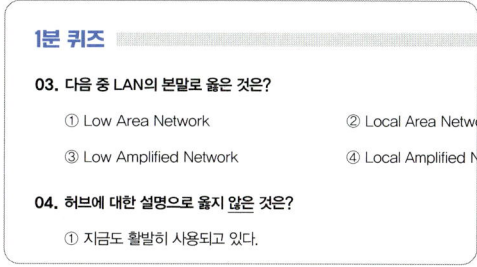

③ 마무리
본문에서 배운 핵심 내용을 정리합니다.

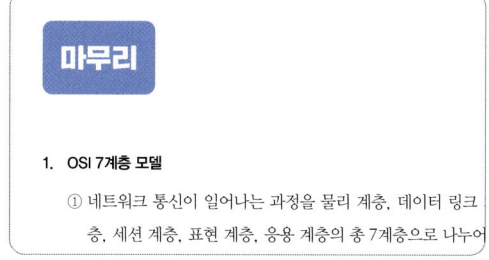

④ 유튜브 무료 강의
youtube.com/@craftsman-mentality에서 볼 수 있습니다.

실습 안내

책에서 사용하는 소스 코드는 깃허브에서 내려받을 수 있습니다.

- **깃허브** https://github.com/gilbutITbook/080453

6장 실습에서 가상 서버를 만들 때 **카드 결제 정보를 등록**해야 합니다. 그러나 무료 체험판을 사용하고 마지막에 가상 서버를 삭제하므로 **실제 비용이 청구되지는 않습니다**.

코딩 자율학습단과 함께 공부하기

혼자 공부하기 어렵다면 코딩 자율학습단에 참여해 보세요. 코딩 자율학습단은 정해진 기간 안에 도서 1종을 완독하는 것이 목표입니다. 학습단 운영 기간에는 도서별 학습 가이드와 학습 Q&A를 제공하고, 완독을 독려하는 다양한 이벤트도 진행합니다.

학습단 제대로 활용하기 **1. 학습 가이드 참고하기**

혼자 공부하기 쉽도록 도서마다 학습 멘토가 공부한 내용을 정리해 학습 가이드를 제공합니다. 혼자 공부하면서 이해하기 어려운 부분이 있다면 학습 가이드를 활용해 보세요.

코딩 자율학습단 멘토의 학습 가이드 안내

 코딩자율학습 매니저 부 매니저 ✓ 구독 중 1:1 채팅

안녕하세요, 코딩 자율학습단 매니저입니다.
도서별로 멘토의 학습 가이드를 제공해 드립니다.

멘토분들이 4주 일정에 맞춰 도서를 처음부터 끝까지 학습하면서 도움이 될 만한 내용을 정리해 두었습니다.
학습하실 때 참고하시기 바랍니다.

<u>해당 가이드는 PDF 파일과 구글 시트 두 가지 형식으로 제공됩니다.</u> 편하신 방식으로 이용해 주세요.
(일자별로 정리해두었으니 쉽게 확인하실 수 있습니다.)

*도서별 커리큘럼 참고

파이썬 커리큘럼	C언어 커리큘럼	HTML+CSS+ 자바스크립트 커리큘럼
스프링부트 커리큘럼	제로초 자바스크립트 커리큘럼	Vue.js 커리큘럼
리눅스 커리큘럼	자바 커리큘럼	SQL 커리큘럼
파이썬 데이터 분석 커리큘럼		

학습단 제대로 활용하기 2. 질문 게시판 이용하기

공부하다가 모르거나 막히는 부분이 있다면 질문 게시판에 물어보세요. 튜터가 친절하게 답변해 드립니다.

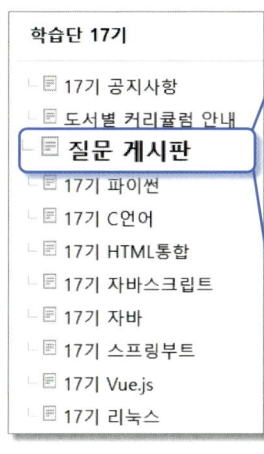

코딩 자율학습단 참여 방법

코딩 자율학습단 참여에 관한 자세한 내용은 코딩 자율학습단 공식 카페 (https://cafe.naver.com/gilbutitbook)의 공지사항에서 확인할 수 있습니다.

지원도 받고 공부도 하는 코딩 자율학습단 참여 혜택

학습 독려 문자 서비스	학습단 전용 이벤트 제공	학습 완료 시 길벗 포인트 제공	우수 학습자 선정 및 추가 혜택

*코딩 자율학습단은 상황에 따라 진행 및 혜택이 변동될 수 있습니다.

목차

1장 네트워크 인터페이스 계층 근거리 통신망 LAN의 작동 원리 017

1.1 네트워크 계층 모델 ··· 019
- 1.1.1 OSI 7계층 모델 019
- 1.1.2 TCP/IP 모델 020
- 1.1.3 OSI 7계층 모델과 TCP/IP 모델 비교 021

1.2 LAN의 개요 ··· 023
- 1.2.1 LAN의 개념 023
- 1.2.2 LAN의 시작 024
- 1.2.3 허브의 문제 025
- 1.2.4 데이터 충돌 문제 해결: CSMA/CD 027
- 1.2.5 데이터 브로드캐스팅 문제 해결: MAC 주소 033
- 1.2.6 MAC 주소의 개념 036

1.3 프레임 ··· 040

1.4 스위치 ··· 044

마무리 047

2장 인터넷 계층 광역 통신망 WAN의 작동 원리 049

2.1 WAN의 개요 ··· 051
- 2.1.1 WAN의 개념 051
- 2.1.2 라우터 052
- 2.1.3 스위치와 라우터의 차이 053

2.2 IP 패킷 ··· 057

2.3 LAN에서 WAN으로 진입하기 ··· 059
- 2.3.1 ARP의 개념 060
- 2.3.2 ARP 패킷 061
- 2.3.3 ARP 작동 과정 062
- 2.3.4 IP 패킷의 구조 066

2.4 라우팅 ··· 071
2.4.1 라우터 간 통신   072
2.4.2 PPP 프레임   074
2.5 WAN에서 LAN으로 진입하기 ·· 079
2.6 IP 프로토콜 ··· 082
마무리   083

3장 IP 주소   IP 주소 체계와 다양한 활용법   087

3.1 IP 주소의 개요 ··· 089
3.1.1 IPv4 주소의 구조   090
3.1.2 IPv4 주소의 클래스   090
3.1.3 루프백 주소   094
3.2 서브넷 마스크 ··· 096
3.2.1 서브넷 마스크의 개념   096
3.2.2 윈도우에서 IP 주소, 서브넷 마스크 확인하기   098
3.2.3 맥OS에서 IP 주소, 서브넷 마스크 확인하기   099
3.2.4 CIDR 표기법   100
3.3 서브네팅 ·· 103
3.3.1 서브네팅의 개념   103
3.3.2 서브네팅의 원리   105
3.3.3 서브네팅의 범위   107
3.4 공인 IP 주소와 사설 IP 주소 ·· 109
3.4.1 공인 IP 주소와 사설 IP 주소의 개념   109
3.4.2 사설 IP 주소의 범위   110
3.4.3 네트워크 주소 변환   112
3.4.4 사설 네트워크   112

3.5 DHCP ·· 114
    3.5.1 DHCP의 개념　114
    3.5.2 DHCP의 작동 방식　116

마무리　120

4장 전송 계층 — 전송 계층의 프로토콜 종류와 작동 방식　123

4.1 포트 ·· 125
    4.1.1 포트의 개념　125
    4.1.2 포트의 유형　126
    4.1.3 포트를 이용한 통신 연결 과정　128

4.2 TCP ·· 132
    4.2.1 TCP의 개념　132
    4.2.2 TCP 세그먼트　133
    4.2.3 TCP 통신 과정　136

4.3 UDP ·· 147
    4.3.1 UDP의 개념　147
    4.3.2 UDP 데이터그램　147
    4.3.3 UDP 통신 과정　149

마무리　151

5장 응용 계층 — 응용 계층의 프로토콜 종류와 작동 방식　153

5.1 응용 계층의 개요 ·· 155
5.2 관리용 프로토콜 ·· 157
    5.2.1 DNS　157
    5.2.2 DHCP　159
    5.2.3 NTP　159

5.2.4 SNMP　161

5.2.5 LDAP　162

5.2.6 SMB　164

5.2.7 정리　165

5.3 원격 접속 프로토콜 ·· 166

5.3.1 텔넷　166

5.3.2 SSH　167

5.3.3 RDP　168

5.3.4 정리　169

5.4 파일 전송 프로토콜 ·· 171

5.4.1 FTP　171

5.4.2 SFTP　173

5.4.3 TFTP　174

5.4.4 정리　175

5.5 이메일 프로토콜 ·· 177

5.5.1 SMTP　177

5.5.2 POP3　179

5.5.3 IMAP　180

5.5.4 정리　181

5.6 웹 브라우저 프로토콜 ··· 183

5.6.1 HTTP　183

5.6.2 HTTPS　186

5.6.3 정리　187

마무리　189

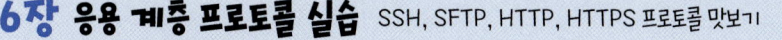

6장 응용 계층 프로토콜 실습 SSH, SFTP, HTTP, HTTPS 프로토콜 맛보기　193

6.1 실습 개요 ··· 195

6.1.1 클라우드 컴퓨팅과 GCP　195

6.1.2 실습 과정　196

6.2 가상 리눅스 서버 구축하기 ·········· 198
- **6.2.1** 프로젝트 만들기　198
- **6.2.2** VM 인스턴스 만들기　204

6.3 SSH로 서버에 접속하기 ·········· 214
- **6.3.1** SSH 접속 과정　214
- **6.3.2** 구글 클라우드 콘솔로 SSH 접속하기　217
- **6.3.3** SSH 클라이언트 프로그램으로 SSH 접속하기　220

6.4 SFTP로 파일 전송하기 ·········· 230
- **6.4.1** 실습 파일 다운로드하기　230
- **6.4.2** 파일질라 설치하기　232
- **6.4.3** SFTP로 웹 서버에 접속하기　238
- **6.4.4** 웹 서버에 파일 업로드하기　243

6.5 HTTP로 웹 서버 만들기 ·········· 246
- **6.5.1** VM 인스턴스에 접속하기　246
- **6.5.2** Nginx 웹 서버 프로그램 설치하기　247
- **6.5.3** Nginx 설정하기　250
- **6.5.4** Nginx 서비스 시작하기　255
- **6.5.5** 웹 페이지 확인하기　257

6.6 HTTPS의 작동 원리 ·········· 263
- **6.6.1** SSL/TLS 인증서　264
- **6.6.2** 인증 기관　265
- **6.6.3** 신뢰 체인　266
- **6.6.4** SSL/TLS 인증서 확인하기　268
- **6.6.5** GCP VM 인스턴스 종료하기　270

마무리　273

정답 노트 ·········· 277
INDEX ·········· 281

1장
네트워크 인터페이스 계층

근거리 통신망 LAN의 작동 원리

인터넷은 복잡한 네트워크 시스템으로 이뤄져 있습니다. 하지만 그 내부를 들여다보면 굉장히 논리적인 구조로 설계돼 있어 이를 이해하는 것은 생각보다 어렵지 않습니다. 이 책은 새내기 개발자와 IT 엔지니어를 위해 만들어졌으며, 입문자도 쉽게 네트워크를 이해할 수 있도록 기초부터 차근차근 설명합니다. 이 장에서는 첫 번째로 근거리 통신망 LAN에서 컴퓨터들이 어떻게 데이터를 주고받는지 알아보겠습니다.

네트워크 계층 모델

네트워크에서 통신이 일어나는 과정을 단계별로 나눠 설명하기 위해 **네트워크 계층 모델**(network layer model)을 사용합니다. 네트워크 계층 모델은 대표적으로 OSI 7계층 모델과 TCP/IP 모델 두 가지가 있습니다.

1.1.1 OSI 7계층 모델

OSI 7계층 모델(OSI 7-Layer Model)은 아래에서부터 물리 계층, 데이터 링크 계층, 네트워크 계층, 전송 계층, 세션 계층, 표현 계층, 응용 계층의 7계층으로 구성됩니다.

이 모델에서 데이터는 출발지 컴퓨터의 응용 계층에서 생성돼 하위 계층으로 내려보내지고, 가장 하위 물리 계층에서 네트워크 통신망을 거쳐 목적지 컴퓨터의 물리 계층으로 전송됩니다. 데이터를 받은 목적지 컴퓨터는 이를 다시 상위 계층으로 올려보내 최종적으로 응용 계층에서 수신합니다.

그림 1-1 OSI 7계층 모델에서 데이터 전송 과정

1.1.2 TCP/IP 모델

TCP/IP 모델(TCP/IP Model)은 OSI 7계층 모델과 비슷하면서도 약간 다른 4계층으로 구성됩니다.

그림 1-2 OSI 7계층 모델과 TCP/IP 모델 비교

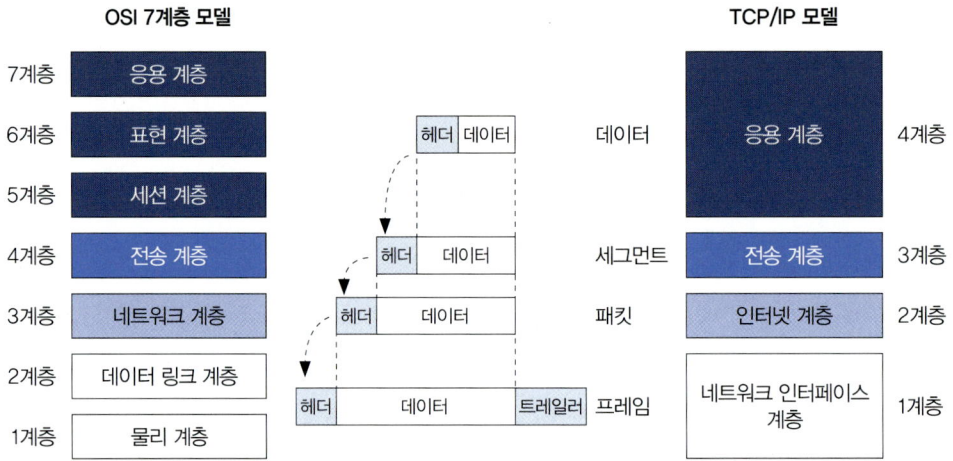

OSI 7계층 모델의 세션 계층, 표현 계층, 응용 계층은 TCP/IP 모델에서 응용 계층으로 통합됩니다. 여기서는 전송할 데이터(data)를 준비한 후 응용 계층에서 처리할 각종 부가 정보(header, 헤더)를 붙여 전송 계층으로 내려보냅니다.

OSI 7계층 모델의 전송 계층은 TCP/IP 모델에서도 그대로 전송 계층이라고 합니다. 전송 계층은 응용 계층의 데이터를 받아 전송 계층에서 처리할 부가 정보를 붙여 인터넷 계층으로 내려보냅니다.

OSI 7계층 모델의 네트워크 계층은 TCP/IP 모델에서 인터넷 계층이라고 합니다. 인터넷 계층은 전송 계층의 데이터를 받아 인터넷 계층에서 처리할 각종 부가 정보를 붙여 네트워크 인터페이스 계층으로 내려보냅니다.

OSI 7계층 모델의 하위 두 계층인 물리 계층과 데이터 링크 계층은 TCP/IP 모델에서 네트워크 인터페이스 계층으로 통합됩니다. 네트워크 인터페이스 계층은 인터넷 계층의 데이터를 받아 네트워크 인터페이스 계층에서 처리할 부가 정보를 데이터 앞뒤로 붙여 네트워크 통신망으로 전송합니다.

이처럼 TCP/IP 모델은 출발지에서 만든 데이터를 계층마다 자신의 계층에서 처리할 부가 정보를 붙여 아래 계층으로 내려보냅니다. 이때 각 계층이 만든 데이터 단위를 응용 계층은 데이터(data), 전송 계층은 세그먼트(segment), 인터넷 계층은 패킷(packet), 네트워크 인터페이스 계층은 프레임(frame)이라고 합니다. 응용 계층에서 만들어진 데이터는 세그먼트 → 패킷 → 프레임 순서로 캡슐화(부가 정보를 붙여나가는 과정)한 후 전송되고, 목적지에서는 프레임 → 패킷 → 세그먼트 순서로 역캡슐화(부가 정보를 제거하는 과정)한 후 남은 데이터를 최종적으로 받습니다. 택배를 보낼 때 물건을 포장하고 상자에 넣어 보내고, 받을 때 반대로 상자를 열고 포장을 뜯어 물건을 확인하는 것과 비슷합니다.

1.1.3 OSI 7계층 모델과 TCP/IP 모델 비교

OSI 7계층 모델은 네트워크 통신 과정을 이론적으로 설명하지만 실제 네트워크 시스템에 구현하기에는 한계가 있습니다. 그래서 주로 네트워크 통신의 각 단계를 설명하기 위한 교육용으로 쓰입니다. 반면 TCP/IP 모델은 OSI 7계층 모델보다 단순하고 실용적이라 실제 인터넷에서 사용합니다.

두 모델의 계층에서 일어나는 일을 정리하면 다음 표와 같습니다.

표 1-1 OSI 7계층 모델과 TCP/IP 모델 비교

계층	OSI 7계층 모델	TCP/IP 모델	설명
7	응용 계층	응용 계층	사용자가 직접 사용하는 프로그램(웹 브라우저, 메일 프로그램 등)에서 데이터를 생성합니다.
6	표현 계층		응용 계층에서 받은 데이터를 적절한 형식으로 변환(데이터 인코딩, 압축, 암호화 등)합니다.
5	세션 계층		두 장치 간 통신 연결 설정 및 관리(로그인, 로그아웃)합니다.
4	전송 계층	전송 계층	데이터를 세그먼트로 분할하고, 세그먼트가 보낸 순서대로 도착하도록 전송의 신뢰성을 보장합니다.
3	네트워크 계층	인터넷 계층	세그먼트를 패킷으로 변환, IP 주소를 이용해 패킷을 최종 목적지까지 전송합니다.
2	데이터 링크 계층	네트워크 인터페이스 계층	패킷을 프레임으로 변환, MAC 주소를 이용해 네트워크 내 장치로 프레임을 전송합니다.
1	물리 계층		전기 신호, 케이블 등을 통해 프레임을 전기 신호나 광신호로 변환해 전송합니다.

이 책에서는 TCP/IP 모델을 중심으로 각 계층에서 수행하는 작업과 주고받는 데이터의 단위, 주소 정보 등을 살펴보겠습니다.

1분 퀴즈

정답 노트 p.278

01. 네트워크 모델에 대한 설명으로 옳지 않은 것은?

① OSI 7계층 모델은 네트워크 통신 과정을 7단계로 나눠 설명한다.

② TCP/IP 모델은 OSI 7계층 모델보다 더 단순화한 4계층으로 이뤄진다.

③ OSI 7계층 모델의 전송 계층과 TCP/IP 모델의 전송 계층은 역할이 다르다.

④ TCP/IP 모델은 인터넷 통신을 설명하기 위해 만들어진 실용적인 모델이다.

02. 다음 설명을 읽고 맞으면 O, 틀리면 X 표시를 하세요.

① OSI 7계층 모델은 물리 계층, 데이터 링크 계층, 네트워크 계층, 전송 계층, 세션 계층, 표현 계층, 응용 계층으로 구성되고, TCP/IP 모델은 네트워크 인터페이스 계층, 인터넷 계층, 전송 계층, 응용 계층으로 구성된다. (   )

② TCP/IP 모델은 출발지 컴퓨터의 데이터를 세그먼트 → 프레임 → 패킷 순서로 캡슐화해 전송한다. (   )

1.2 LAN의 개요

네트워크 통신이 계층 구조로 동작한다는 것을 배웠습니다. 이제부터는 범위를 좁혀 가까이 있는 컴퓨터 간 통신이 어떻게 이뤄지는지 살펴보겠습니다. 이는 LAN에 관한 내용으로, TCP/IP 모델의 네트워크 인터페이스 계층에서 담당하는 부분입니다.

표 1-2 1장에서 다루는 내용

관련 장	TCP/IP 모델 계층	주요 기술과 프로토콜	데이터 단위	주소 정보
5, 6장	응용 계층	DNS, 텔넷, FTP, SMTP, HTTP 등	데이터	-
4장	전송 계층	TCP, UDP	세그먼트, 데이터그램	포트 번호
2, 3장	인터넷 계층	ARP, IP	패킷	IP 주소
1장	네트워크 인터페이스 계층	이더넷	프레임	MAC 주소

1.2.1 LAN의 개념

LAN(Local Area Network)은 집, 사무실, 학교처럼 가까운 지역을 연결하는 근거리 통신망으로, 유선 LAN과 무선 LAN의 두 종류로 나뉩니다.

- **유선 LAN:** 케이블을 이용해 네트워크 내 장치를 연결하는 방식으로, 안정적인 속도를 제공합니다. 하지만 케이블로 장치를 연결해야 하기 때문에 장치를 한 자리에 두고 사용해야 하는 이동성 제약이 있습니다.

- **무선 LAN:** 전자기파를 이용해 데이터를 전송합니다. 대표적인 무선 LAN 기술인 와이파이(Wi-Fi)는 전자기파 중에서도 라디오파 영역의 주파수를 사용합니다. 유선 LAN에 비해 속도가 느리고 보안에 취약할 수 있지만, 케이블 없이 자유롭게 이동하며 사용할 수 있습니다. 그러나 무선이라는 환경적 특징상 데이터 전송의 안정성, 효율성, 보안을 확보하기 위해 더 많은 정보를 포함하고 더 다양한 기능을 수행해야 하기 때문에 유선 LAN보다 복잡합니다.

지금부터는 유선 LAN에 초점을 맞춰 설명하겠습니다.

1.2.2 LAN의 시작

두 컴퓨터가 있다고 합시다. 이들이 서로 통신하려면 케이블로 연결한 후 데이터를 주고받으면 됩니다. 컴퓨터에서 사용하는 0과 1은 전압 차이로 구분하고(예 5V는 1, 0V는 0), 이렇게 만들어진 전기 신호는 케이블을 통해 전송됩니다.

그림 1-3 두 컴퓨터 간 통신

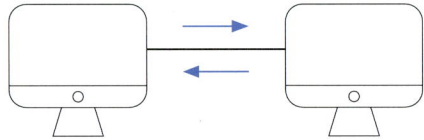

컴퓨터를 여러 대 연결하려면 여러 갈래로 나뉘는 하나의 케이블을 사용해 다음과 같이 연결하면 됩니다.

그림 1-4 여러 컴퓨터 간 통신

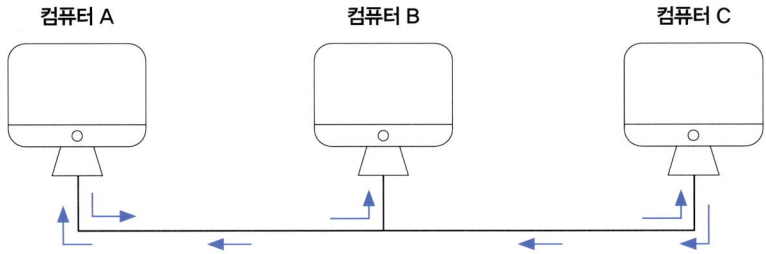

그러나 컴퓨터가 늘어날 때마다 이 방식을 사용하는 것은 매우 번거롭습니다. 그래서 여러 컴퓨터를 연결하는 장치인 허브가 등장했습니다. **허브**(hub)는 컴퓨터 여러 대를 연결하는 장치로, 여러 콘센트를 꼽을 수 있는 멀티탭처럼 컴퓨터를 여러 대 연결해 컴퓨터끼리 데이터를 주고받을 수 있게 합니다. 뒤에서 다루겠지만 허브는 스위치라는 장치가 등장하기 전까지 활발히 쓰였으며 스위치가 나온 이후로는 보기 힘든 장치가 됐습니다.

그림 1-5 허브(출처: Wikipedia)

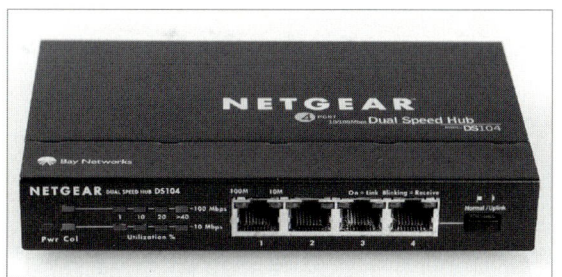

허브는 **다중 포트 리피터**(multi port repeater)라고도 합니다. 다중 포트(multi port)는 포트가 여러 개 있다는 뜻이고, 리피터(repeater)는 신호를 증폭하거나 재생성하는 장치라는 뜻입니다. 결국 허브는 여러 컴퓨터에서 온 신호를 증폭해 다른 컴퓨터로 전달하는 역할을 합니다.

1.2.3 허브의 문제

허브는 두 가지 문제가 있습니다.

첫째, **데이터 브로드캐스팅** 문제입니다. 허브는 단순 리피터, 즉 신호를 증폭하거나 재생성하는 장치이기 때문에 데이터를 받으면 네트워크에 연결된 모든 컴퓨터에 데이터를 전송합니다. 컴퓨터 A가 컴퓨터 B에만 데이터를 보내려고 해도, 허브를 거치면 허브와 연결된 모든 컴퓨터에 데이터를 보내 원하지 않는 컴퓨터까지 데이터를 받게 됩니다.

허브를 이용한 데이터 전송은 마치 라디오 방송국에서 전파를 송출해 여러 라디오에서 동시에 방송을 들을 수 있는 것과 같습니다. 이러한 상황을 두고 '데이터가 방송 혹은 브로드캐스팅(broadcasting)됐다'라고 합니다. 허브를 사용하면 네트워크 트래픽이 증가해 전체 속도가 느려지고 보안에 취약해집니다.

그림 1-6 데이터 브로드캐스팅 문제

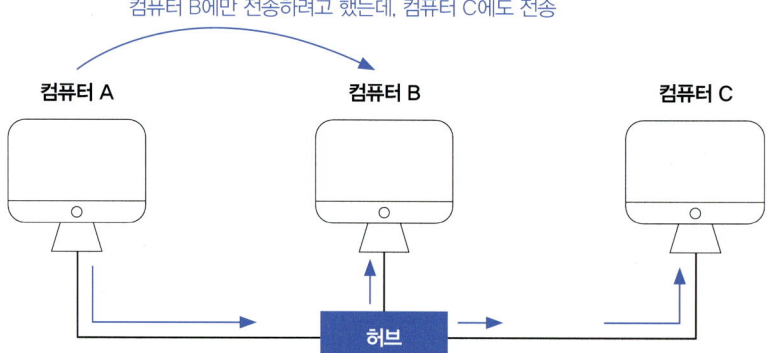

둘째, **데이터 충돌** 문제입니다. 허브를 이용하면 여러 컴퓨터가 동시에 데이터를 전송하려고 해서 네트워크상에서 충돌이 많이 일어납니다. 이는 자동차 여러 대가 좁은 골목길을 양방향에서 동시에 지나가려고 하는 상황과 같습니다. 데이터 충돌이 일어나면 데이터가 손상되거나 전송 속도가 느려지거나, 심지어 네트워크가 마비될 수도 있습니다.

그림 1-7 데이터 충돌 문제

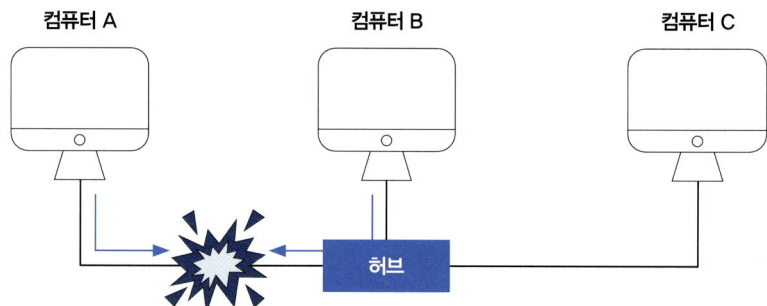

허브는 스위치가 나오기 전까지 사용됐습니다. 물론 스위치는 데이터 브로드캐스팅과 데이터 충돌 문제를 해결했습니다. 그렇다면 스위치가 나오기 전까지 두 문제를 어떻게 해결했을까요? 설명의 편의상 데이터 충돌 문제부터 이야기하겠습니다.

1.2.4 데이터 충돌 문제 해결: CSMA/CD

데이터 충돌 문제를 이해하려면 '콜리전 도메인'의 의미를 알아야 합니다. '충돌'을 뜻하는 콜리전(collision)과 '영역'을 뜻하는 도메인(domain)을 합친 **콜리전 도메인**(collision domain)은 네트워크상에서 데이터 충돌이 발생할 수 있는 영역을 뜻합니다. 쉽게 말해 여러 컴퓨터가 동시에 데이터를 전송할 경우 데이터끼리 부딪히면서 문제가 생길 수 있는 공간을 의미합니다.

허브에 연결된 모든 컴퓨터는 하나의 콜리전 도메인을 형성합니다. 허브는 전달받은 데이터를 자신과 연결된 모든 컴퓨터로 전송하기 때문에 여러 컴퓨터가 동시에 데이터를 보내면 충돌이 발생합니다.

그림 1-8 허브의 콜리전 도메인

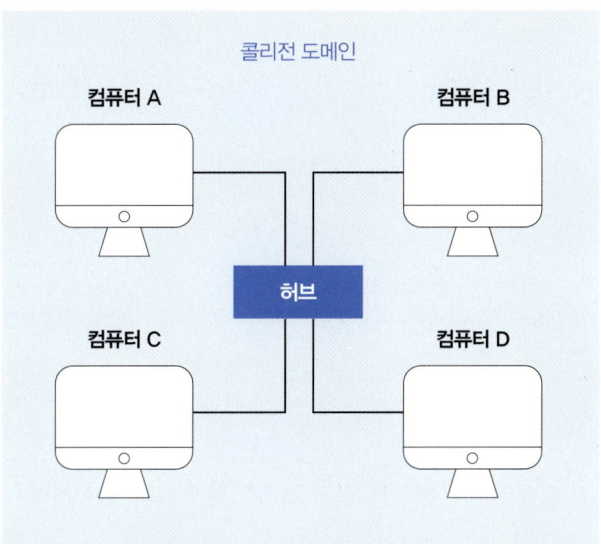

반면 스위치는 각 포트를 별도의 콜리전 도메인으로 분리합니다. 한 컴퓨터로부터 데이터를 받으면 브로드캐스팅하지 않고 바로 목적지와 연결된 컴퓨터에 전송합니다. 이는 콜리전 도메인의 크기를 줄여 충돌을 예방하는 것으로, 콜리전 도메인을 줄이면 네트워크의 성능을 향상할 수 있습니다.

그림 1-9 스위치의 콜리전 도메인

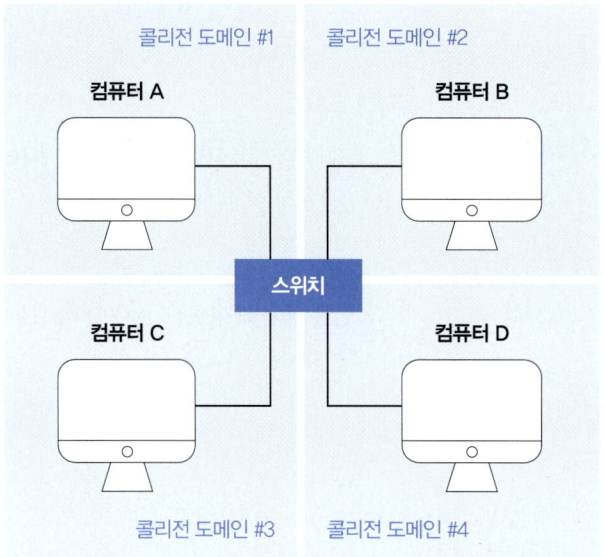

다시 허브로 돌아와, 콜리전 도메인이 하나인 허브는 CSMA/CD를 통해 데이터 충돌 문제를 해결합니다. **CSMA/CD**는 Carrier Sense Multiple Access with Collision Detection의 약자로, 우리말로 '반송파 감지 다중 접속 및 충돌 탐지'라고 합니다. 이름이 길고 어려워 보이지만 쉽게 말해 여러 컴퓨터가 하나의 네트워크를 공유할 수 있도록 하면서 충돌이 발생했을 때 이를 감지하고 처리하는 방법입니다.

CSMA/CD는 크게 세 단계로 동작합니다.

- ❶ **반송파 감지**(Carrier Sense): 출발지 컴퓨터에서 데이터를 전송하기 전에 다른 컴퓨터에서 전송 중인 데이터가 있는지 확인합니다. 이는 네트워크 케이블에 흐르는 신호, 즉 반송파가 있는지 확인한다고 해서 '반송파 감지'라고 합니다.

- ❷ **다중 접속**(Multiple Access): 네트워크가 사용 중이라면 잠시 기다렸다가 다시 네트워크가 사용 중인지 확인하고, 네트워크가 비어 있다면 데이터를 전송합니다. 이 과정은 여러 컴퓨터가 하나의 네트워크에 접근할 수 있도록 허용하기 때문에 '다중 접속'이라고 합니다.

- ❸ **충돌 탐지**(Collision Detection): CSMA/CD는 다중 접속을 허용하기 때문에 ❷단계에서 두 컴퓨터가 동시에 네트워크가 비어 있다고 판단하고 데이터를 전송할 수 있습니다. 따

라서 출발지 컴퓨터는 데이터를 전송하는 도중에 다른 컴퓨터에서 보낸 데이터와 충돌이 발생하지 않는지 감지하고 있다가 충돌이 발생하면 데이터 전송을 중단하고 임의의 시간 동안 기다렸다가 잠시 후에 다시 전송을 시도합니다.

이 과정을 그림을 보면서 설명하겠습니다. 세 컴퓨터 A, B, C가 다음과 같이 연결됐을 때 컴퓨터 A에서 컴퓨터 B로 데이터를 전송한다고 합시다.

그림 1-10 허브로 연결된 세 컴퓨터

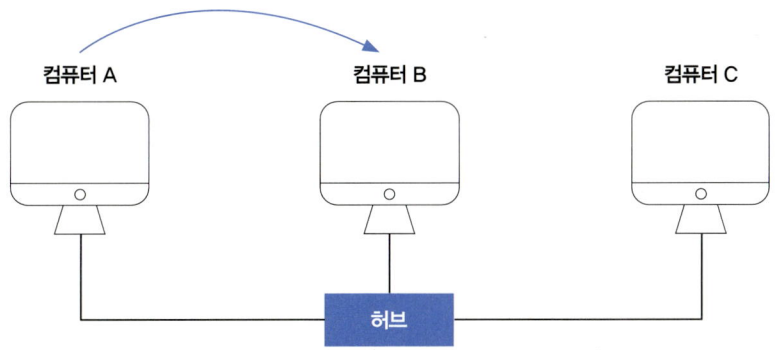

컴퓨터 A는 현재 연결된 네트워크가 비어 있는지 확인합니다. 이를 위해 의미 없는 비트 패턴으로 구성된 **더미 데이터**(dummy data)를 네트워크로 보냅니다.

그림 1-11 네트워크 상태 확인

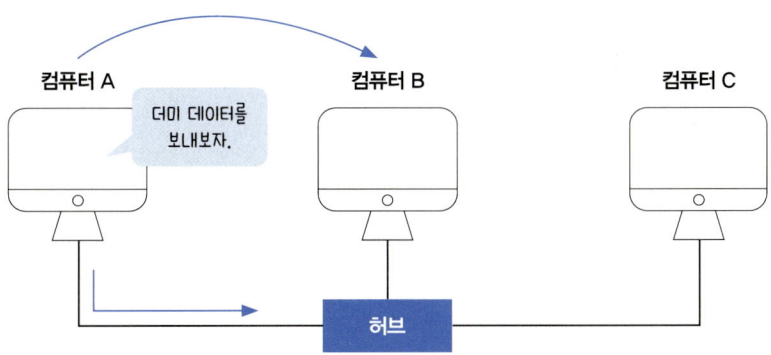

더미 데이터를 보내고 충돌 신호를 감지하면, 네트워크는 현재 비어 있는 상태가 아니라는 뜻이므로 컴퓨터 A는 조금 기다렸다가 다시 더미 데이터를 보냅니다.

그림 1-12 충돌 신호를 감지한 경우

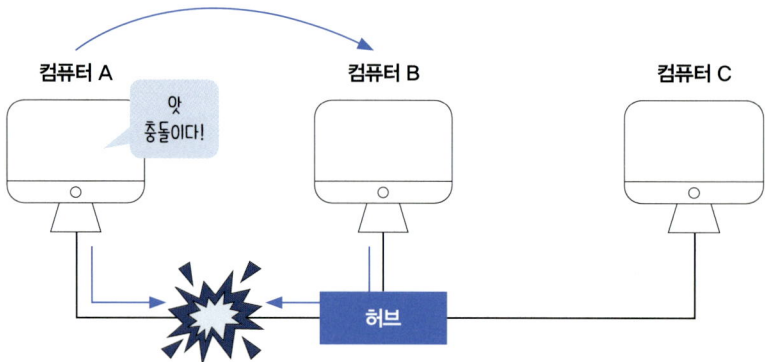

반면 더미 데이터를 보내고 나서 충돌 신호가 감지되지 않으면 네트워크는 비어 있는 상태이므로 네트워크를 사용해도 된다는 뜻입니다.

그림 1-13 충돌 신호가 감지되지 않는 경우

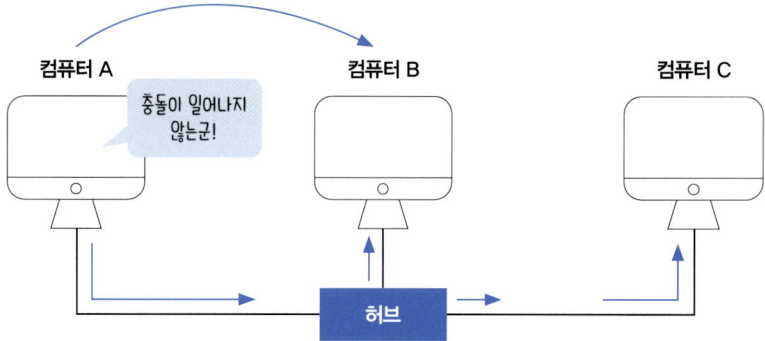

이 경우 컴퓨터 A는 데이터를 네트워크로 전송합니다.

그림 1-14 데이터 전송

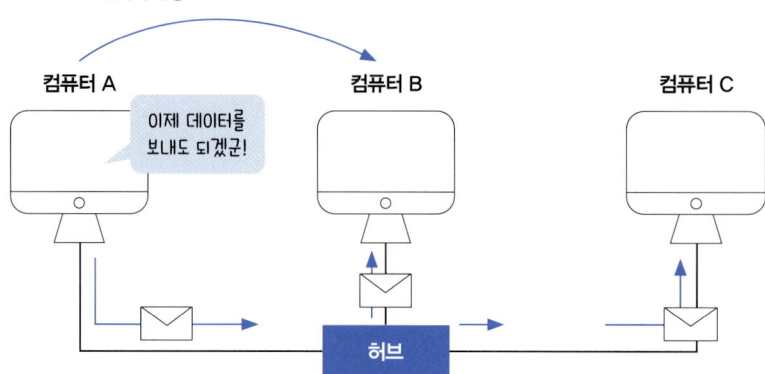

그러나 CSMA/CD는 다중 접속을 허용하기 때문에 컴퓨터 A처럼 네트워크가 비었다고 판단해 네트워크로 데이터를 보내는 다른 컴퓨터가 있을 수 있습니다.

그림 1-15 두 컴퓨터가 동시에 네트워크가 비었다고 판단하는 경우

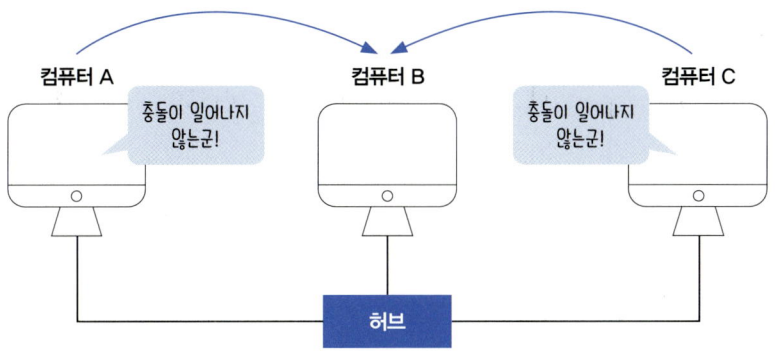

이에 컴퓨터 A는 데이터를 전송하면서도 다른 컴퓨터에서 보낸 데이터와 충돌이 발생하지 않는지 탐지합니다.

그림 1-16 데이터를 보내는 도중 충돌 탐지

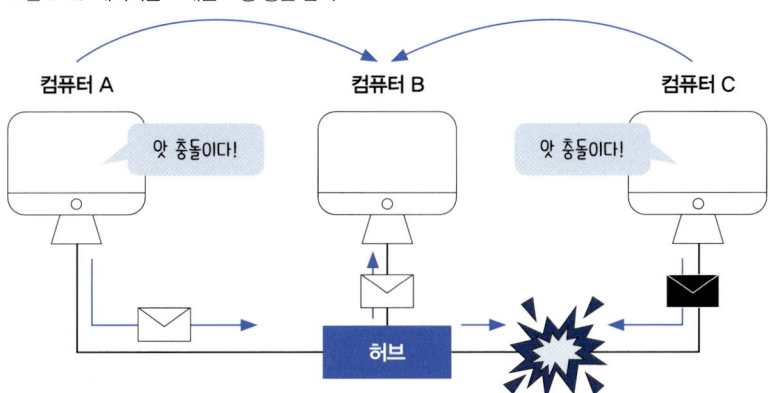

충돌이 발생하면 전송을 멈추고 충돌이 일어난 두 컴퓨터는 서로 다른 임의의 시간 동안 기다렸다가 네트워크가 비면 다시 데이터를 전송합니다.

그림 1-17 서로 다른 임의의 시간 동안 기다렸다가 다시 전송

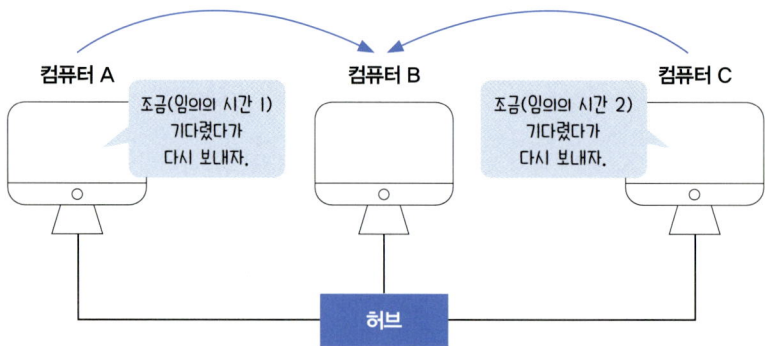

허브를 이용하던 초기 네트워크에서는 케이블에 여러 장치가 연결됐기 때문에 CSMA/CD 기술을 통해 충돌을 방지하고 데이터를 그나마 효율적으로 전송할 수 있었습니다. 하지만 콜리전 도메인을 분리해 충돌이 발생하지 않도록 하는 스위치가 보편화되면서 CSMA/CD의 중요성이 감소했습니다.

> **Note** 무선 LAN에서 데이터 충돌 문제를 해결하는 방법
>
> 무선 LAN에서는 데이터 충돌을 탐지하는 대신 충돌을 예방하는 데 초점을 둡니다. 무선 LAN은 유선 LAN과 달리 전송된 신호가 약해지거나 장애물에 의해 왜곡될 수 있기 때문에 데이터가 충돌하는지 정확하게 탐지하기 어렵습니다. 마치 넓은 공간에서 여러 사람이 동시에 소리를 지르면 누구의 목소리인지 구분하기 힘든 것과 비슷합니다.
>
> 무선 LAN은 충돌을 탐지하는 CSMA/CD 대신 충돌을 회피하는 CSMA/CA를 활용합니다. **CSMA/CA**는 Carrier Sense Multiple Access with Collision Avoidance의 약자로, 우리말로 '반송파 감지 다중 접속 및 충돌 회피'입니다. CSMA/CA는 다음과 같은 방법으로 충돌을 회피합니다.
>
> ① **반송파 감지**(Carrier Sense): 데이터를 전송하기 전에 네트워크가 사용 중인지 확인합니다. 이미 다른 컴퓨터가 데이터를 전송하고 있다면 잠시 기다립니다.
>
> ② **랜덤 백오프**(Random Backoff): 네트워크가 비어 있더라도 바로 데이터를 전송하지 않고 임의의 시간 동안 기다렸다 전송합니다. 바로 전송하지 않는 이유는 다른 컴퓨터에서도 데이터를 전송해 충돌이 발생할 수 있기 때문입니다. 임의의 시간 동안 기다리는 이유는 모든 컴퓨터가 같은 시간 동안 기다렸다가 동시에 전송하면 충돌이 발생할 수 있기 때문입니다.

❸ **ACK 확인**(ACK Confirmation): 데이터를 전송한 후 목적지 컴퓨터가 데이터를 잘 받았는지 확인합니다. 목적지 컴퓨터가 데이터를 잘 받았다는 ACK(acknowledgement, 확인) 신호를 보내면 전송이 완료됩니다. 만약 ACK 신호를 받지 못하면 데이터가 충돌했거나 손실된 것으로 판단하고 다시 전송을 시도합니다.

1.2.5 데이터 브로드캐스팅 문제 해결: MAC 주소

허브는 CSMA/CD로 데이터 충돌 문제를 해결할 수 있었지만 여전히 네트워크에 연결된 모든 컴퓨터에 데이터가 전송돼 원하지 않는 컴퓨터가 데이터를 받아보는 데이터 브로드캐스팅 문제가 있었습니다. 이 문제를 어떻게 해결했는지 알아보기 전에 '브로드캐스트 도메인'의 개념부터 짚고 넘어가겠습니다.

브로드캐스트 도메인(broadcast domain)이란 하나의 네트워크에서 브로드캐스트 메시지가 도달할 수 있는 범위로, 동일한 허브 또는 스위치에 연결된 네트워크를 말합니다. 브로드캐스트 메시지가 전송되면 브로드캐스트 도메인 내 모든 장치에 전달됩니다.

예를 들어 아파트 단지 관리소에서 "101동 302호에 택배가 도착했습니다"라고 방송했다고 가정해 봅시다. 이 방송은 아파트 단지 전체 주민이 들을 수 있습니다. 여기서 "101동 302호에 택배가 도착했습니다"라는 방송 내용이 브로드캐스트 메시지에 해당하며, 아파트 단지 전체가 하나의 브로드캐스트 도메인이 됩니다.

한편 브로드캐스트 도메인은 서로 다른 네트워크를 연결하는 장비인 **라우터**(router)를 통해 분리됩니다. 라우터로 연결된 각 네트워크는 별도의 브로드캐스트 도메인이므로 서로 브로드캐스트 메시지를 주고받을 수 없습니다.

그림 1-18 브로드캐스트 도메인과 라우터

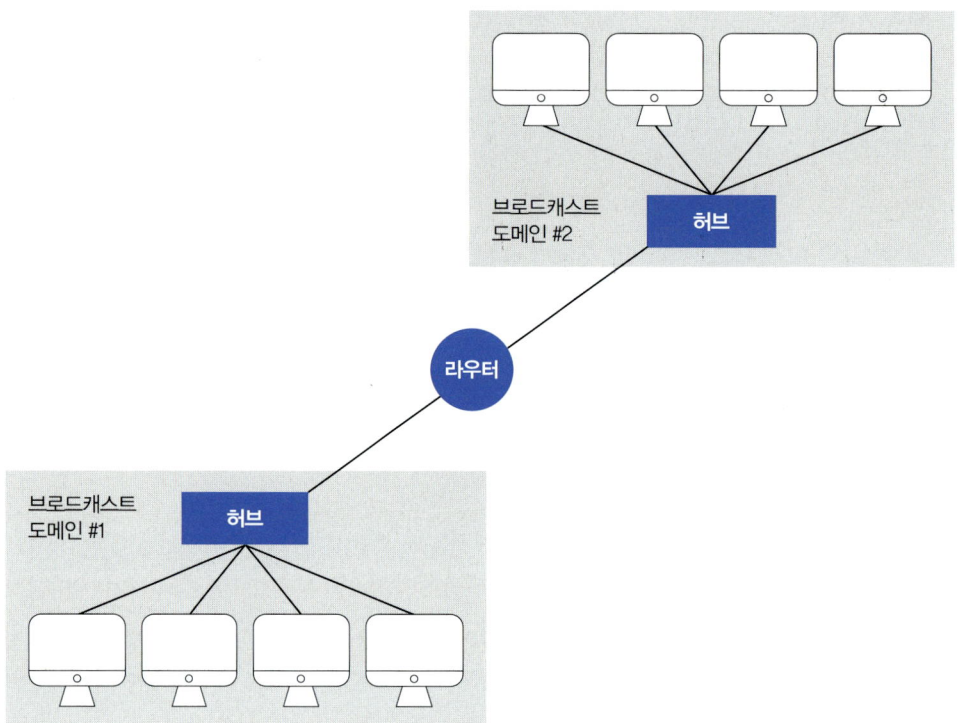

만약 라우터가 브로드캐스트 메시지를 다른 네트워크로 전달하면 네트워크 트래픽이 과도하게 증가해 네트워크 전체의 성능이 저하될 수 있고 보안 문제도 일어날 수 있습니다. 따라서 라우터로는 브로드캐스팅하지 않습니다. 라우터에 대해서는 다음 장에서 자세하게 알아보겠습니다.

다시 데이터 브로드캐스팅 문제로 돌아와, 허브는 네트워크에 연결된 모든 장치를 단순히 연결하는 장비입니다. 단지 전송받은 데이터를 복사해 모든 컴퓨터로 보내기 때문에 허브에 연결된 모든 컴퓨터는 똑같은 데이터를 전송받습니다. 그래서 허브로 연결된 네트워크는 보안에 취약할 수밖에 없습니다.

이 문제는 MAC(맥) 주소를 사용해 해결합니다. MAC 주소는 네트워크에 연결된 모든 장치(컴퓨터, 스마트폰, 프린터 등)에 부여된 고유한 식별자로, 뒤에서 배울 논리적 주소인 IP 주소와 대비해 **물리적 주소**라고도 합니다.

그림 1-19 MAC 주소

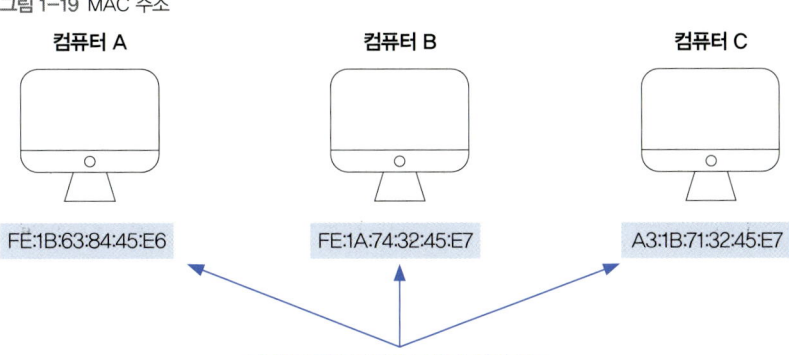

허브로 연결된 네트워크는 원하든 원하지 않든 모든 데이터가 브로드캐스팅됩니다. 이 문제를 해결하는 방법은 간단합니다. 컴퓨터 A가 컴퓨터 B에 데이터를 전송하고 싶다면, 전송 데이터 안에 출발지 컴퓨터 A의 MAC 주소와 목적지 컴퓨터 B의 MAC 주소를 함께 넣어 보내는 것입니다.

그림 1-20 데이터 안에 출발지와 목적지 컴퓨터의 MAC 주소를 넣어 발송

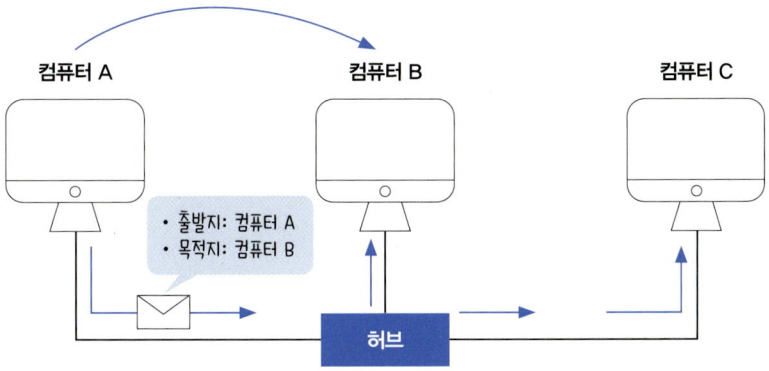

그러면 네트워크에 있는 모든 컴퓨터가 데이터에 포함된 MAC 주소를 확인해 자신에게 보낸 데이터가 아니면 버리고, 자신에게 보낸 데이터가 맞다면 받습니다.

그림 1-21 데이터에 포함된 MAC 주소 확인

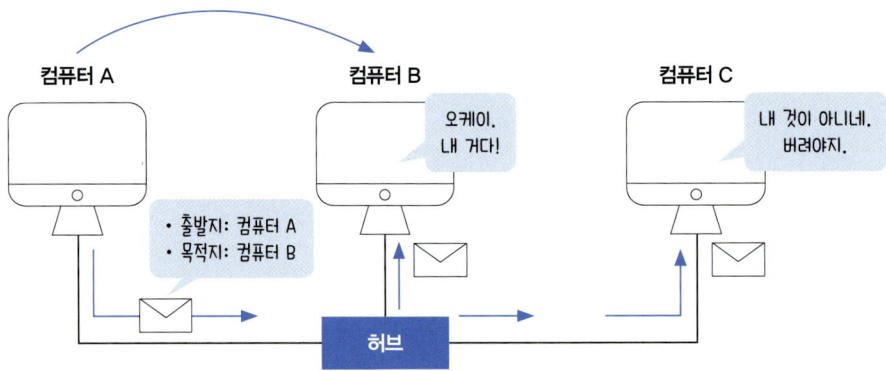

이렇게 MAC 주소를 이용하면 데이터가 네트워크에 연결된 모든 컴퓨터에 전송되는 문제를 해결할 수 있습니다.

1.2.6 MAC 주소의 개념

MAC 주소의 MAC은 Medium(Media) Access Control의 약자로, 네트워크에 연결된 장치가 통신 매체에 접근해 데이터를 주고받을 때 어떤 방식으로 동작할지를 제어한다는 의미를 담고 있습니다. 이 주소는 장치 내부의 **네트워크 인터페이스 카드**(NIC, Network Interface Card)에 새겨진 고유한 물리적 주소입니다.

한 장치에 MAC 주소는 여러 개일 수 있습니다. 예를 들어 한 컴퓨터가 유선 LAN, 무선 LAN, 블루투스 등 다양한 방식으로 네트워크에 연결됐다면 각각의 연결 방식을 담당하는 인터페이스마다 고유한 MAC 주소가 할당됩니다.

MAC 주소를 확인하려면 맥OS 또는 리눅스에서는 터미널을 열어 다음 명령을 입력합니다.

윈도우에서는 명령 프롬프트를 열어 다음 명령을 입력하면 됩니다.

```
명령 프롬프트
> ipconfig /all
```

각자 자신의 컴퓨터에서 MAC 주소(물리적 주소)를 확인해 보세요. 네트워크 인터페이스 카드마다 하나의 MAC 주소가 있는 것을 볼 수 있습니다.

그림 1-22 내 컴퓨터의 MAC 주소 확인

```
명령 프롬프트                    ×    +   ∨

C:\Users\gilbut>ipconfig /all

Windows IP 구성

   호스트 이름 . . . . . . . . . : DESKTOP-8GPAP77
   주 DNS 접미사 . . . . . . . . :
   노드 유형 . . . . . . . . . . : 혼성
   IP 라우팅 사용. . . . . . . . : 아니요
   WINS 프록시 사용. . . . . . . : 아니요

이더넷 어댑터 이더넷:

   미디어 상태 . . . . . . . . . : 미디어 연결 끊김
   연결별 DNS 접미사. . . . :
   설명. . . . . . . . . . . . . : Intel(R) Ethernet Controller (3) I225-V
   물리적 주소 . . . . . . . . . : D8-5E-D3-5F-52-E6
   DHCP 사용 . . . . . . . . . . : 예
   자동 구성 사용. . . . . . . . : 예

무선 LAN 어댑터 로컬 영역 연결* 1:

   미디어 상태 . . . . . . . . . : 미디어 연결 끊김
   연결별 DNS 접미사. . . . :
   설명. . . . . . . . . . . . . : Microsoft Wi-Fi Direct Virtual Adapter
   물리적 주소 . . . . . . . . . : 72-5D-CC-FF-42-E5
   DHCP 사용 . . . . . . . . . . : 예
   자동 구성 사용. . . . . . . . : 예
```

MAC 주소는 D8:5E:D3:5F:52:E6과 같이 여섯 쌍의 16진수로 구성됩니다. 16진수 하나가 4비트(예 D는 1101)를 차지하므로 각 쌍은 8비트(예 D8은 1101 1000), 즉 1바이트이며 전체 MAC 주소의 길이는 6바이트입니다. 처음 세 쌍은 IEEE(Institute of Electrical and Electronics Engineers, 전기전자공학자협회)에서 기업이나 단체에 할당하고(Organizationally unique identifier, 장비 제조업체 식별 번호), 뒤의 세 쌍은 해당 기업이나 단체가 각 장비에 고유하게 부여합니다(NIC-specific identifier, 장비별 고유 일련 번호).

그림 1-23 MAC 주소의 구조

TIP — MAC 주소는 콜론(:)을 이용해 D8:5E:D3:5F:52:E6으로 표현하기도 하고, 하이픈(-)을 이용해 D8-5E-D3-5F-52-E6으로 표현하기도 합니다. 책에서는 콜론을 사용합니다.

> **Note** **2진수와 16진수**
>
> 컴퓨터에서 다루는 데이터는 0과 1의 2진수로, 네트워크 통신망을 통해 전기 신호로 변환돼 전송됩니다. 하지만 2진수는 사람이 읽고 이해하기에 길고 복잡해 이를 더 간결하고 읽기 쉬운 형식으로 바꾼 16진수를 많이 사용합니다.
>
> 2진수를 16진수로 바꾸는 방법은 간단합니다. 2진수를 네 자리씩 끊어서 각각 16진수 한 자리에 대응시키면 됩니다. 예를 들어 2진수 1010은 16진수로 A, 1111은 F로 바꿀 수 있습니다.
>
> 표 1-3 10진수, 2진수, 16진수 매핑
>
> | 10진수 | 2진수 | 16진수 | 10진수 | 2진수 | 16진수 |
> |---|---|---|---|---|---|
> | 1 | 0001 | 1 | 9 | 1001 | 9 |
> | 2 | 0010 | 2 | 10 | 1010 | A |
> | 3 | 0011 | 3 | 11 | 1011 | B |
> | 4 | 0100 | 4 | 12 | 1100 | C |
> | 5 | 0101 | 5 | 13 | 1101 | D |
> | 6 | 0110 | 6 | 14 | 1110 | E |
> | 7 | 0111 | 7 | 15 | 1111 | F |
> | 8 | 1000 | 8 | - | - | - |
>
> 2진수를 16진수로 표현하면 복잡한 2진 정보를 훨씬 짧고 명확하게 나타낼 수 있습니다. 책에서도 비트열이 길어질 경우 숫자 앞에 0x를 붙인 16진수로 표기합니다. 예를 들어 0x14는 16진수로 14라는 뜻이며, 2진수로 0001 0100을 의미합니다.

1분 퀴즈

03. 다음 중 LAN의 본말로 옳은 것은?

① Low Area Network
② Local Area Network
③ Low Amplified Network
④ Local Amplified Network

04. 허브에 대한 설명으로 옳지 않은 것은?

① 지금도 활발히 사용되고 있다.
② 신호를 증폭하거나 재생성하는 장치이다.
③ 자신과 연결된 모든 컴퓨터에 데이터를 보낸다.
④ 허브를 이용하면 네트워크상에서 데이터가 충돌할 수 있다.

05. 다음 빈칸에 들어갈 알맞은 용어를 쓰세요.

① (　　　　): 네트워크상에서 데이터 충돌이 발생할 수 있는 영역
② (　　　　): 하나의 네트워크에서 브로드캐스트 메시지가 도달할 수 있는 범위

06. 다음 설명 중 옳지 않은 것은?

① CSMA/CD는 반송파 감지, 다중 접속, 충돌 탐지의 세 단계로 동작한다.
② CSMA/CD에서 데이터를 전송하는 중 충돌이 감지되면 전송을 멈추고 임의의 시간을 기다렸다가 다시 전송한다.
③ CSMA/CA는 반송파 감지, 랜덤 백오프, ACK 확인의 세 단계로 동작한다.
④ CSMA/CA에서 네트워크가 비어 있으면 바로 데이터를 전송한다.

07. 다음 설명이 맞으면 O, 틀리면 X를 표시하세요.

① 콜리전 도메인이 작을수록 네트워크 성능이 향상된다. (　　)
② 브로드캐스트 도메인이 클수록 네트워크 성능이 향상된다. (　　)

08. 라우터가 브로드캐스팅하지 않는 이유를 설명하세요.

09. LAN에서 MAC 주소의 역할이 무엇인지 설명하세요.

1.3 프레임

LAN에서 데이터를 주고받을 때는 **프레임**(frame)이라는 전송 단위를 사용합니다. 프레임은 택배 상자와 같아서 전송할 데이터뿐만 아니라 목적지와 출발지의 MAC 주소 정보를 담고 있습니다.

그림 1-24 LAN의 데이터 전송 단위: 프레임

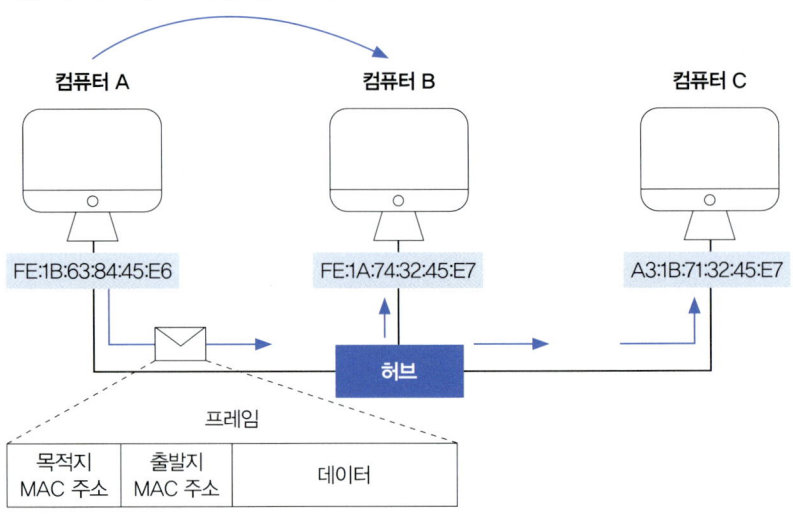

유선 LAN에서는 대부분 IEEE 802.3 표준 **이더넷 프레임**을 사용합니다. **이더넷**(Ethernet)은 LAN에서 데이터를 전송하기 위한 대표적인 네트워크 기술로, TCP/IP 모델의 가장 하위 계층인 네트워크 인터페이스 계층에서 동작하며, 장치 간에 MAC 주소를 기반으로 이더넷 프레임을 전송합니다.

이더넷 프레임의 구조는 다음과 같습니다. 크게 세 부분 즉, 데이터 전송을 위한 부가 정보인 헤더(header), 실제 전송할 데이터(data), 프레임 끝에 붙여 전송 중 데이터가 손상됐는지 확인하는 트레일러(trailer)로 구성됩니다.

그림 1-25 이더넷 프레임의 구조

헤더					데이터	트레일러
7바이트	1바이트	6바이트	6바이트	2바이트	46~1,500바이트	4바이트
프리앰블	SFD	목적지 MAC 주소	출발지 MAC 주소	길이/타입	데이터	FCS
1010101010 ... (1과 0이 56개)	1010 1011	FE:1A:74: 32:45:E7	FE:1B:63: 84:45:E6			
비트 동기화		목적지 MAC 주소	출발지 MAC 주소	데이터의 총 길이 (1,500바이트 이하) 또는 상위 프로토콜 유형	실제 전송할 데이터	오류 검출용 CRC 값

- **프리앰블**(preamble): 프레임 전송이 시작되는 것을 알리는 신호로, 출발지와 목적지 컴퓨터는 이를 이용해 비트 동기화를 진행합니다. **비트 동기화**란 데이터를 주고받는 컴퓨터들이 같은 속도로 주고받을 수 있도록 신호의 클럭을 맞추는 것을 의미합니다. 프리앰블은 7바이트, 즉 56비트(7바이트×8비트)로 구성됩니다. 이는 1과 0이 번갈아 나타나는 패턴으로 101010…과 같이 1과 0이 56번 반복됩니다.

- **SFD**(Start Frame Delimiter): 프레임의 시작을 알리는 1바이트의 비트열로, 항상 1010 1011입니다. 여기서 중요한 것은 마지막 비트가 1이라는 점입니다. 이는 프리앰블의 반복 패턴(10101010…10)을 깨고 최초로 1이 등장할 때 프레임이 시작한다는 것을 알리는 신호 역할을 합니다.

- **목적지 MAC 주소**(destination MAC Address): 프레임을 받을 목적지 컴퓨터의 MAC 주소로, 6바이트로 구성됩니다. LAN 내 모든 컴퓨터에 브로드캐스트 메시지를 보낼 경우 MAC 주소는 FF:FF:FF:FF:FF:FF로 설정합니다.

- **출발지 MAC 주소**(source MAC Address): 프레임을 보내는 출발지 컴퓨터의 MAC 주소로, 6바이트로 구성됩니다.

- **길이/타입**(length/type): 이 필드는 값에 따라 두 가지 다른 의미를 가지며, 2바이트로 구성됩니다. 다음 두 필드 값은 10진수로 표기한 것입니다.
  - **값이 0~1,500일 때:** 전송 데이터의 총 길이를 바이트 단위로 나타내며, 목적지에서 실제 데이터의 끝을 정확히 파악할 수 있도록 합니다. 실제로 이더넷 프레임은 전송 데이터의 최대 길이를 1,500바이트로 제한하기 때문에 이 필드의 값이 0~1,500이면 전송 데이터의 총 길이를 나타냅니다.
  - **값이 1,536 이상일 때:** 상위 계층의 프로토콜의 종류를 나타냅니다. 이에 대해서는 **2장**에서 자세히 알아봅니다.

- **데이터**(data): 실제 전송 데이터로, **페이로드**(payload)라고도 합니다. 이더넷 프레임은 전송 데이터의 크기를 최소 46바이트, 최대 1,500바이트로 제한하기 때문에 만약 전송 데이터가 46바이트보다 작으면 데이터 뒤에 0을 추가해 46바이트를 채웁니다. 이렇게 채우는 비트열을 **패딩**(padding)이라고 합니다.

- **FCS**(Frame Check Sequence): 이더넷 프레임이 오류 없이 전송됐는지 확인하는 오류 검출용 코드로, 총 4바이트로 구성됩니다. 이 코드는 목적지 MAC 주소, 출발지 MAC 주소, 길이, 데이터 필드의 값을 CRC로 계산한 결괏값입니다. **CRC**(Cyclic Redundancy Check, 순환 중복 검사)는 데이터 전송 중 오류를 검출하기 위해 사용하는 알고리즘으로, 출발지 컴퓨터에서 전송 데이터를 미리 정의된 생성 다항식으로 나눠 나머지를 계산하고, 이 나머지를 원본 데이터에 붙여 전송합니다. 목적지 컴퓨터는 받은 데이터(원본+CRC)를 같은 생성 다항식으로 나눠 나머지가 0이면 오류가 없다고 판단하고, 0이 아니면 전송 중 오류가 발생했다고 판단합니다. CRC는 오류를 검출만 할 수 있고 정정은 할 수 없어서, 오류가 발견되면 보통 재전송을 요청하는 방식으로 처리합니다.

> **Note** WLAN 프레임
>
> 무선 LAN에서는 이더넷에서 사용하는 IEEE 802.3 표준 이더넷 프레임이 아닌, 802.11 표준 **WLAN 프레임**을 사용합니다. WLAN 프레임은 무선 통신의 특성에 맞게 설계돼 송수신 장치 간 연결 상태 확인, 전파 간섭 처리, 인증 및 암호화 등 무선 전송에 필요한 다양한 제어 정보를 포함합니다. 따라서 유선 LAN과 무선 LAN은 같은 네트워크 계층 구조를 따르더라도 실제 프레임 구조와 동작 방식에서는 차이가 있습니다.

1분 퀴즈

10. 이더넷 프레임의 SFD에 대한 설명으로 옳은 것은?

① 프레임의 끝을 나타낸다.

② 비트 패턴이 1010 1011이다.

③ 비트 패턴이 1010 1010이다.

④ 비트 동기화를 위한 패턴이다.

11. 다음은 이더넷 프레임의 구조입니다. ①, ②에 들어갈 용어를 쓰세요.

7바이트	1바이트	6바이트	6바이트	2바이트	46~1,500바이트	4바이트
프리앰블	SFD	①	②	길이/타입	데이터	FCS

① (   )   ② (   )

12. 다음 빈칸에 들어갈 알맞은 용어를 쓰세요.

① (   ): 데이터를 주고받는 컴퓨터들이 같은 속도로 주고받을 수 있도록 신호의 클럭을 맞추는 것

② (   ): 전송 데이터가 최소 크기보다 작을 때 데이터 뒤에 붙이는 비트열

13. 이더넷 프레임에 대한 설명으로 옳지 않은 것은?

① 마지막 필드인 FCS는 오류 검출을 위해 사용된다.

② 목적지 MAC 주소와 출발지 MAC 주소를 포함한다.

③ LAN에서 데이터를 주고받을 때 사용하는 전송 단위이다.

④ 전송 데이터의 최소 크기는 46바이트, 최대 크기는 1,600바이트이다.

1.4 스위치

허브는 네트워크 내 장치들을 연결하는 중요한 역할을 하지만 데이터 충돌 문제와 데이터 브로드캐스팅 문제로 네트워크의 성능을 저하하고 보안에도 취약합니다. **스위치**(switch)는 허브의 단점을 극복하고 네트워크 효율성을 획기적으로 향상시키며 등장했습니다. 아주 오래 전에 구축한 네트워크가 아니라면 대부분의 네트워크는 스위치를 사용합니다. 스위치는 허브에 비해 두 가지 면에서 우수합니다.

첫째, 데이터 충돌이 발생하지 않습니다. 한 컴퓨터에서 데이터를 받는 선과 보내는 선을 분리해 데이터 충돌을 예방합니다. 그래서 허브처럼 CSMA/CD 기술을 사용하지 않아도 되고, 이에 따라 더미 데이터를 보내 네트워크가 비어 있는지 확인하는 과정 없이 바로 데이터를 전송할 수 있습니다. 그 덕에 네트워크 지연이 줄고 데이터 전송 속도가 향상됐습니다.

그림 1-26 데이터 충돌이 없는 스위치

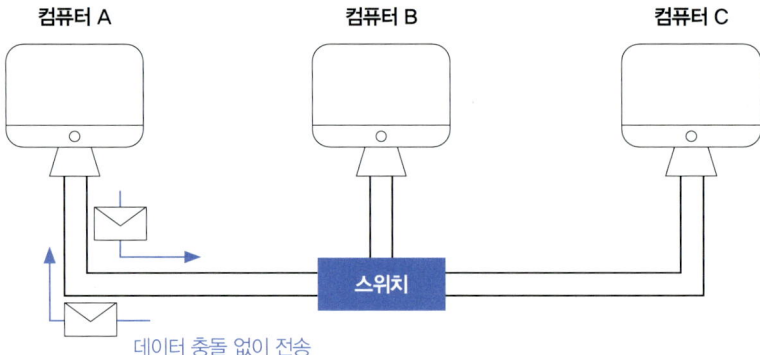

둘째, MAC 주소를 기반으로 데이터를 전송합니다. 스위치는 네트워크에 연결된 각 컴퓨터의 MAC 주소를 기억하고 있다가 프레임의 목적지 MAC 주소를 보고 해당 컴퓨터로만 데이터를 전송합니다. 모든 컴퓨터에 데이터를 전송하는 브로드캐스팅은 필요한 경우에만 사용해 네트워크의 효율성을 극대화합니다. 허브처럼 모든 컴퓨터에 데이터를 전송하지 않으므로 네트워크 트래픽이 줄고 보안이 강화됐습니다.

그림 1-27 MAC 주소를 기억하는 스위치

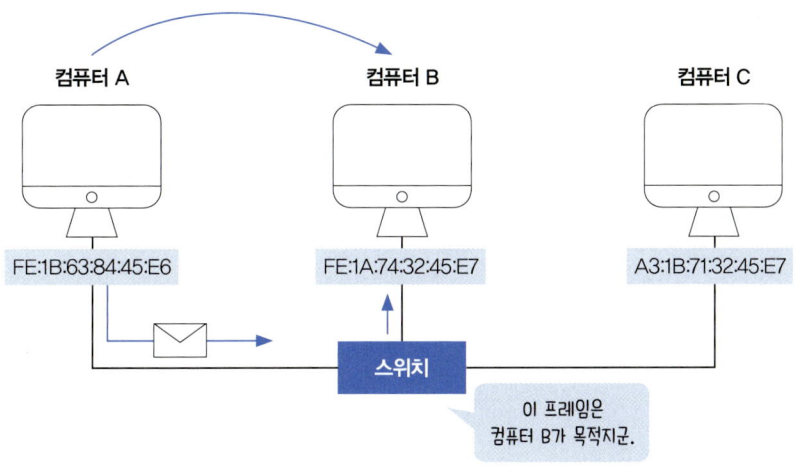

Note 스위치의 MAC 주소 업데이트 방식

새 컴퓨터가 스위치에 연결되면 스위치는 새 컴퓨터의 MAC 주소를 모릅니다. 이처럼 MAC 주소를 모르는 컴퓨터가 존재할 경우 해결하는 방법은 두 가지입니다.

첫째, 네트워크 관리자가 새 컴퓨터의 MAC 주소를 스위치의 MAC 주소 테이블에 일일이 업데이트시키는 것입니다. 그러나 이 작업은 굉장히 번거롭습니다.

둘째, ARP 프로토콜을 이용하는 것입니다. ARP는 해당 컴퓨터의 IP 주소로 MAC 주소를 알아내는 기술입니다. ARP 프로토콜을 이용하면 네트워크 관리자는 번번히 새 컴퓨터가 LAN에 연결될 때마다 MAC 주소를 업데이트하지 않아도 됩니다. 이에 대해서는 다음 장에서 자세히 알아보겠습니다.

1분 퀴즈

14. 스위치에 대한 설명으로 옳은 것은?

① 허브가 나오기 전부터 사용하던 장치이다.

② 자신과 연결된 모든 컴퓨터에 데이터를 보낸다.

③ MAC 주소를 기억해 특정 컴퓨터로만 데이터를 전송한다.

④ 허브처럼 더미 데이터를 보내 네트워크가 비어 있는지 확인한다.

15. 허브를 사용할 때보다 스위치를 사용할 때 네트워크 트래픽이 줄고 보안이 강화되는 이유를 설명하세요.

1. **OSI 7계층 모델**

   ① 네트워크 통신이 일어나는 과정을 물리 계층, 데이터 링크 계층, 네트워크 계층, 전송 계층, 세션 계층, 표현 계층, 응용 계층의 총 7계층으로 나누어 설명합니다.

   ② 네트워크 통신 과정을 이론적으로 설명하는 모델이라 실제 네트워크 시스템에 구현하지 못하고 교육용으로만 사용합니다.

2. **TCP/IP 모델**

   ① 네트워크 인터페이스 계층, 인터넷 계층, 전송 계층, 응용 계층의 총 4계층으로 구성됩니다.

   ② 인터넷에서 실제로 사용하는 모델로 OSI 7계층 모델보다 단순하고 실용적입니다.

3. **허브**

   ① 여러 컴퓨터를 연결하는 장치입니다. 멀티탭처럼 여러 컴퓨터를 허브에 연결해 데이터를 주고받을 수 있습니다.

   ② 단순히 신호를 증폭하거나 재생성하므로 데이터 충돌과 브로드캐스팅 문제가 있습니다. 데이터 충돌 문제는 CSMA/CD 기술을 이용해 해결하고, 데이터 브로드캐스팅 문제는 MAC 주소를 이용해 목적지 컴퓨터가 데이터를 걸러 받는 방식으로 해결합니다.

   ③ 허브는 스위치가 등장하기 전까지 널리 사용했지만 현재는 거의 사용하지 않습니다.

4. **CSMA/CD**

   ① 반송파 감지 다중 접속 및 충돌 탐지(Carrier Sense Multiple Access with Collision Detection) 기술입니다.

   ② 데이터 충돌 문제를 해결하기 위해 반송파 감지, 다중 접속, 충돌 탐지의 세 단계로 동작합니다.

5. MAC 주소

① 각 장치의 네트워크 인터페이스 카드(NIC)에 각인된 물리적 주소입니다.

② 6바이트로 구성되며, 앞의 3바이트는 IEEE에서 기업이나 단체에 할당하는 장비 제조업체 식별 번호이고, 뒤의 3바이트는 해당 기업이나 단체가 각 장비에 고유하게 부여하는 장비별 고유 일련 번호입니다.

6. 이더넷 프레임

① LAN에서 데이터를 주고받을 때 사용하는 데이터 전송 단위로, 유선 LAN에서는 대부분 IEEE 802.3 표준 이더넷 프레임을 사용합니다.

② 이더넷 프레임은 프리앰블, SFD, 목적지 MAC 주소, 출발지 MAC 주소, 길이/타입, 데이터, FCS 필드로 구성됩니다.

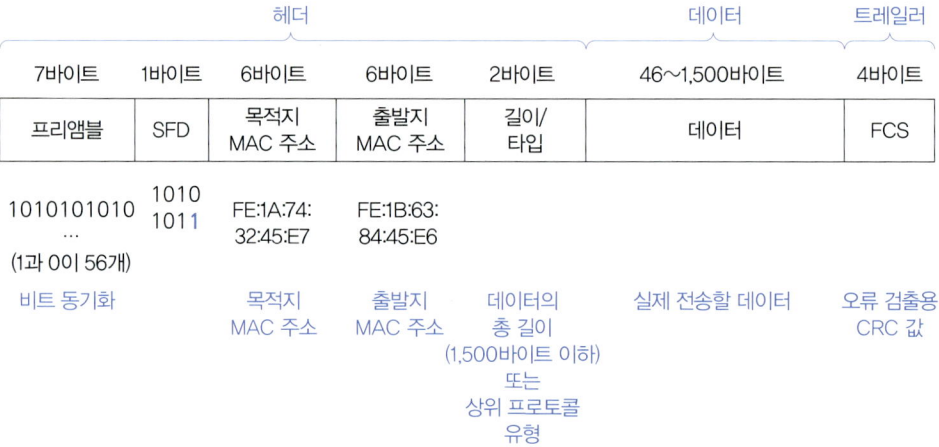

7. 스위치

① 허브의 단점을 극복하고 네트워크 효율성을 획기적으로 향상시키며 등장한 네트워크 장치입니다.

② 데이터를 받는 선과 보내는 선이 분리돼 있어 데이터 충돌이 발생하지 않고, 각 컴퓨터의 MAC 주소를 기억해 데이터를 해당 컴퓨터로만 전송하기 때문에 데이터 브로드캐스팅 문제가 없습니다.

2장
인터넷 계층
광역 통신망 WAN의 작동 원리

1장에서 근거리 통신망 LAN에 대해 알아봤습니다. LAN은 가까이에 있는 컴퓨터들을 연결하는 통신망으로, 네트워크 장치인 스위치를 사용하고 프레임을 주고받으며 통신합니다.

이 장에서는 LAN과 LAN을 연결하는 광역 통신망인 WAN에 대해 알아봅니다. LAN은 제한된 공간에서만 통신이 가능하지만, WAN은 지리적으로 멀리 떨어져 있는 컴퓨터끼리 데이터를 주고받을 수 있습니다. WAN이 어떤 원리로 작동하는지 살펴봅시다.

2.1

WAN의 개요

1장에서는 근거리 통신망 LAN에서 컴퓨터들이 데이터를 주고받는 방식을 알아봤습니다. **2장**과 **3장**에서는 LAN과 LAN을 연결한 WAN에서 데이터를 주고받는 방식을 알아봅니다. 이는 TCP/IP 모델에서 인터넷 계층이 담당하는 부분입니다.

표 2-1 2장에서 다루는 내용

관련 장	TCP/IP 모델 계층	주요 기술과 프로토콜	데이터 단위	주소 정보
5, 6장	응용 계층	DNS, 텔넷, FTP, SMTP, HTTP 등	데이터	–
4장	전송 계층	TCP, UDP	세그먼트, 데이터그램	포트 번호
2, 3장	인터넷 계층	ARP, IP	패킷	IP 주소
1장	네트워크 인터페이스 계층	이더넷	프레임	MAC 주소

2.1.1 WAN의 개념

여러 LAN을 연결해 만든 거대한 통신망을 **WAN**(Wide Area Network)이라고 합니다. WAN은 지리적으로 멀리 떨어져 있는 컴퓨터끼리 서로 데이터를 주고받을 수 있도록 연결한 광역 통신망입니다. 서울 본사의 LAN과 부산 지사의 LAN을 연결해 WAN을 만들면, 두 지역의 직원은 하나의 네트워크에 있는 것처럼 자유롭게 데이터를 주고받을 수 있습니다.

그림 2-1 WAN의 모습

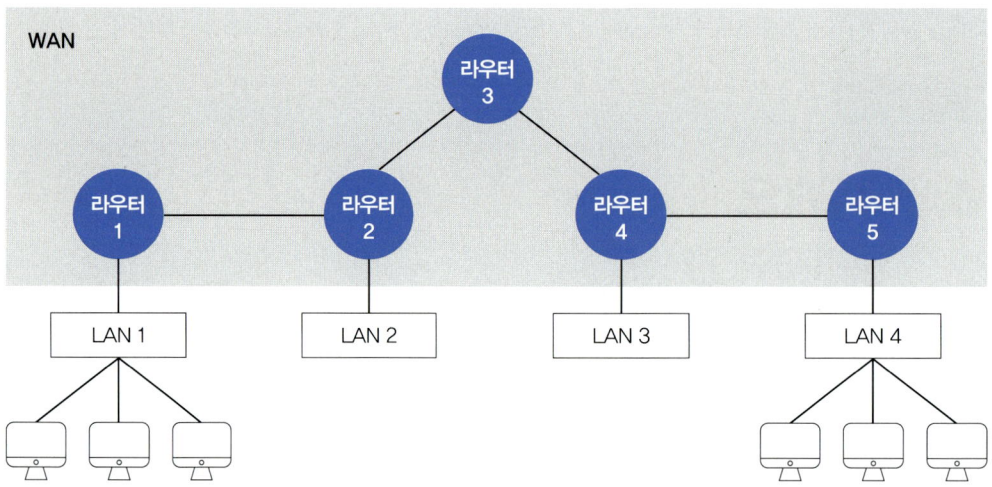

2.1.2 라우터

LAN에서 컴퓨터들을 연결하고 데이터를 전송하는 장치로 스위치를 사용하는 것처럼 WAN에서도 멀리 떨어져 있는 LAN을 연결하고 데이터를 전송하는 장치로 라우터를 사용합니다. **라우터**(router)는 서로 다른 LAN을 연결해 더 큰 네트워크를 구축하는 역할을 합니다.

그림 2-2 라우터의 역할

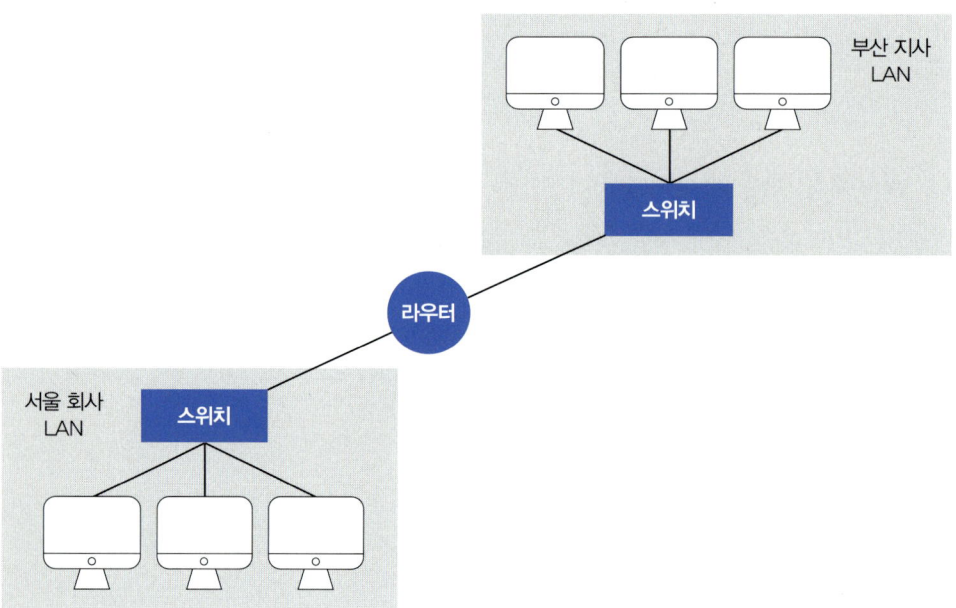

라우터는 출발지 컴퓨터부터 목적지 컴퓨터까지 최적의 경로를 계산해 데이터를 전송합니다. 이렇게 라우터들이 서로 통신하며 최적의 경로를 찾는 과정을 **라우팅**(routing)이라고 하며, 이는 라우팅 프로토콜과 스태틱 라우팅의 두 가지 방식이 있습니다.

- **라우팅 프로토콜**(routing protocol): 데이터가 목적지 컴퓨터까지 도달하기 위한 최적의 경로를 찾는 통신 규칙을 적용한 방식으로, 실제로 인터넷을 할 때 수백 또는 수천 개의 라우터가 라우팅 프로토콜을 이용합니다. 이에 대해서는 **2.4절**에서 자세히 알아보겠습니다.
- **스태틱 라우팅**(static routing): 네트워크 관리자가 직접 네트워크 경로를 설정하는 방식으로, 네트워크 규모가 작고 네트워크 경로가 거의 바뀌지 않는 경우 유용합니다. 소규모 사무실 네트워크처럼 단순한 구조를 가진 네트워크라면 스태틱 라우팅으로도 충분히 효율적인 네트워크를 운영할 수 있습니다.

라우팅 프로토콜을 사용하면 네트워크 장애가 발생해도 자동으로 우회 경로를 찾아 데이터를 전달해 줍니다. 하지만 스태틱 라우팅은 네트워크에 문제가 발생했을 때 네트워크 관리자가 개입해 직접 문제를 해결해야 합니다. 따라서 대부분의 WAN에서는 라우팅 프로토콜을 이용해 네트워크를 운영합니다. 하지만 스태틱 라우팅 또한 특정 상황에서 여전히 사용하고 있습니다.

2.1.3 스위치와 라우터의 차이

스위치와 라우터는 네트워크에서 데이터를 전송한다는 점에서 비슷하지만 세 가지 면에서 차이가 있습니다. 스위치는 작은 사무실에서 직원 간 소통을 돕는 것과 같고, 라우터는 여러 사무실을 연결한 큰 회사에서 직원 간 소통을 돕는 것과 같습니다.

● **사용하는 주소**

스위치는 MAC 주소를 사용하고, 라우터는 IP 주소를 사용합니다.

- **MAC 주소:** 각 장치의 네트워크 인터페이스 카드(NIC)에 부여된 물리적 주소로, LAN 내 장치들을 구분하고 데이터를 전송하는 데 사용합니다.
- **IP 주소:** WAN상의 모든 장치를 구분하기 위해 부여된 논리적 주소로, WAN 내 모든 장치를 구분하고 데이터를 전송하는 데 사용합니다. **그림 2-3**에서 x.x.x.x로 표시된 숫자가 IP 주소로, 0~255 범위의 숫자 네 개를 점으로 구분해 작성합니다.

그림 2-3 IP 주소를 활용한 통신

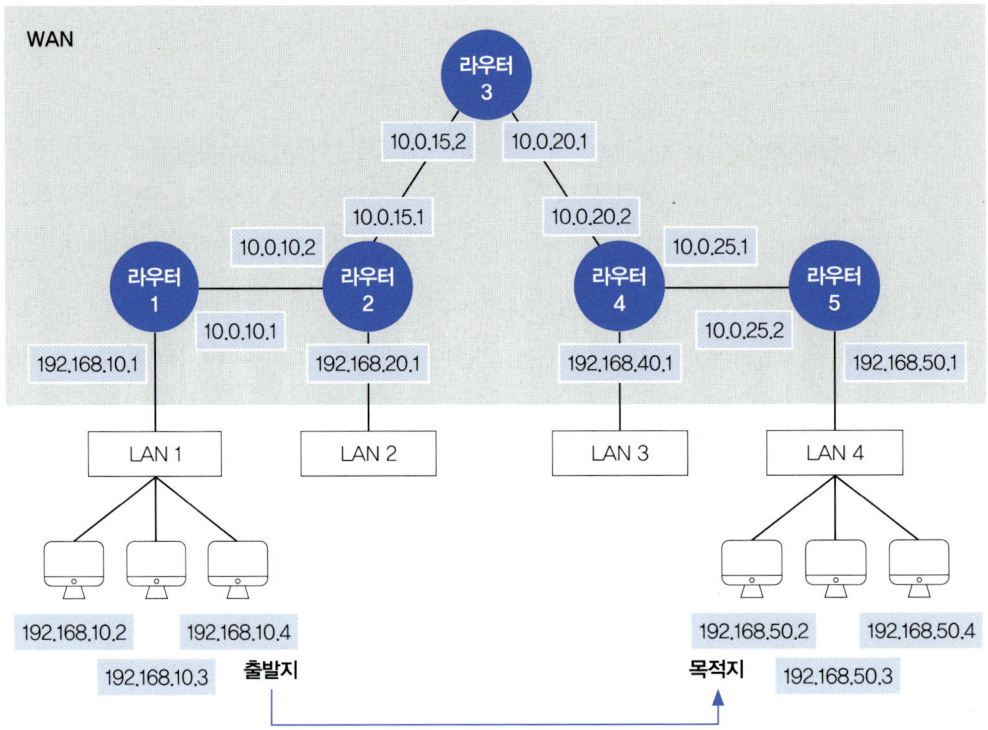

라우터는 여러 네트워크와 연결되기 때문에 네트워크에 연결된 인터페이스마다 고유한 IP 주소를 가집니다. 예를 들어 **그림 2-3**의 라우터 2는 라우터 1과 연결된 10.0.10.2, LAN 2와 연결된 192.168.20.1, 라우터 3과 연결된 10.0.15.1까지 총 세 개의 IP 주소를 가집니다. 이는 마치 한 사람에게 여러 개의 전화번호가 있는 것과 같습니다.

● **브로드캐스트 메시지 전송**

스위치는 LAN 내에서 브로드캐스트 메시지를 전송하지만 라우터는 LAN 간에 브로드캐스트 메시지를 전송하지 않고 차단합니다. 스위치로 연결된 LAN은 하나의 브로드캐스트 도메인을 구성하기 때문에 LAN 내 모든 컴퓨터가 브로드캐스트 메시지를 수신할 수 있습니다.

반면 라우터는 LAN별로 브로드캐스트 도메인을 분리하기 때문에 각 LAN의 브로드캐스트 메시지를 다른 LAN으로 전송하지 않습니다. 이는 네트워크 전체의 트래픽을 줄여 성능을 향상시킵니다.

● **네트워크 모델의 동작 계층**

스위치와 라우터는 네트워크 모델에서 동작하는 계층이 다릅니다. 스위치는 OSI 7계층 모델에서는 데이터 링크 계층, TCP/IP 모델에서는 네트워크 인터페이스 계층에서 동작합니다. 라우터는 OSI 7계층 모델에서는 네트워크 계층, TCP/IP 모델에서는 인터넷 계층에서 동작합니다. 참고로 허브는 단순히 데이터를 전기 신호로 변환해 전달하는 역할을 수행하므로 두 모델 모두 1계층(물리 계층, 네트워크 인터페이스 계층)에서 동작합니다.

그림 2-4 계층별 네트워크 장치

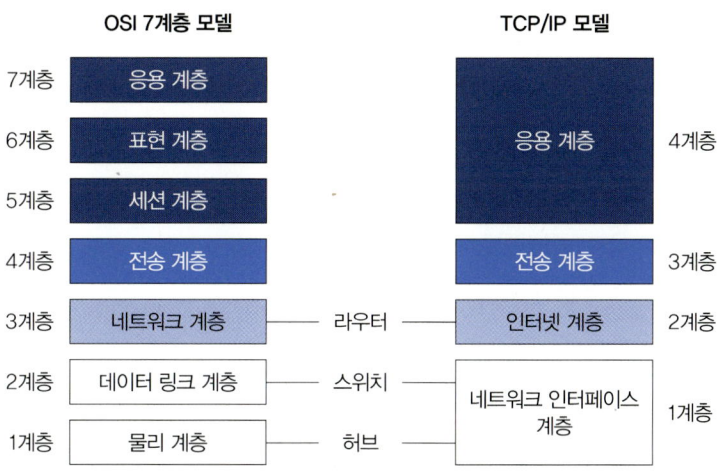

1분 퀴즈

정답 노트 p.278

01. WAN에 대한 설명으로 옳지 <u>않은</u> 것은?

① 여러 개의 LAN으로 구성된다.

② 넓은 지역을 연결하는 네트워크이다.

③ 라우터를 사용해 데이터를 전송한다.

④ MAC 주소를 기반으로 데이터를 전송한다.

○ 계속

02. 라우터에 대한 설명으로 옳지 않은 것은?

① IP 주소를 기반으로 데이터를 전송한다.

② OSI 7계층 모델의 2계층에서 동작한다.

③ 라우팅 프로토콜을 사용해 최적의 경로를 찾는다.

④ LAN과 LAN을 연결해 WAN을 구축하는 장치이다.

03. 스태틱 라우팅에 대한 설명으로 옳은 것은?

① 라우터의 CPU나 메모리 사용량이 많다.

② 네트워크 규모가 크고 복잡할 때 유용하다.

③ 네트워크 관리자가 직접 네트워크 경로를 설정한다.

④ 네트워크 장애가 발생하면 자동으로 우회 경로를 찾는다.

04. 스위치와 라우터에 대한 설명으로 옳지 않은 것은?

① 스위치는 LAN 내에서 브로드캐스트 메시지를 전송한다.

② 스위치는 IP 주소를 사용하고, 라우터는 MAC 주소를 사용한다.

③ 라우터는 LAN 간에 브로드캐스트 메시지를 차단한다.

④ OSI 7계층 모델에서 스위치는 2계층에서, 라우터는 3계층에서 동작한다.

IP 패킷

1장에서 LAN의 데이터 전송 단위는 프레임이라고 했습니다. 프레임은 목적지 MAC 주소, 출발지 MAC 주소, 데이터 등을 포함하고 LAN 내 컴퓨터들은 프레임의 MAC 주소로 데이터를 주고받을 수 있습니다.

WAN에서는 **패킷**(packet) 단위로 데이터를 전송합니다. 패킷은 TCP/IP 모델의 인터넷 계층에서 만들어지고 네트워크 인터페이스 계층의 프레임 내 데이터 필드에 담겨 네트워크로 전송됩니다.

그림 2-5 프레임 내 패킷 모습

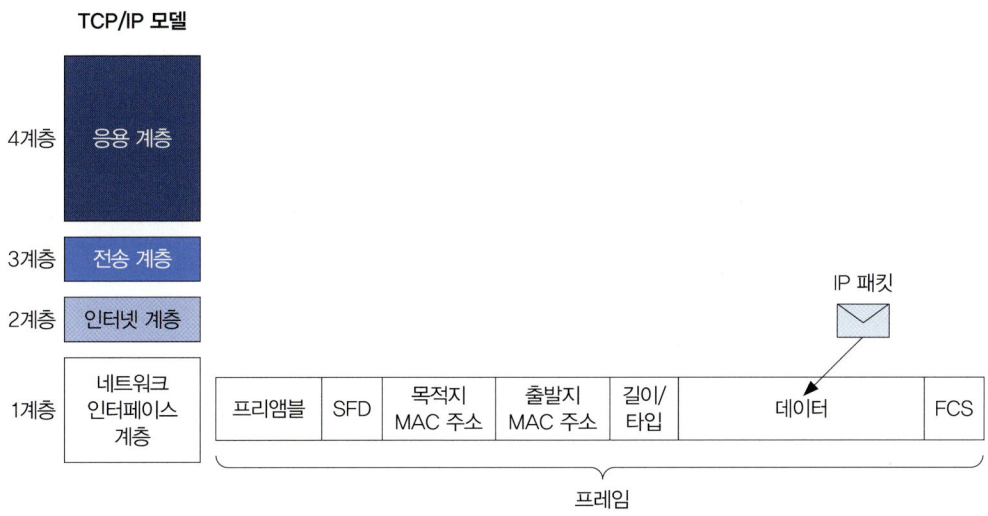

패킷은 여러 종류가 있지만 멀리 떨어져 있는 컴퓨터에 데이터를 보낼 때는 IP 패킷을 사용합니다. **IP 패킷**(IP packet)은 보내려는 데이터 외에도 출발지 IP 주소와 목적지 IP 주소를 포함하므

로 WAN에서 데이터를 목적지까지 정확하게 전송할 수 있습니다.

IP 패킷의 구조는 다음과 같습니다. 각 필드에 대해서는 다음 절에서 자세히 알아보겠습니다.

그림 2-6 IP 패킷의 구조

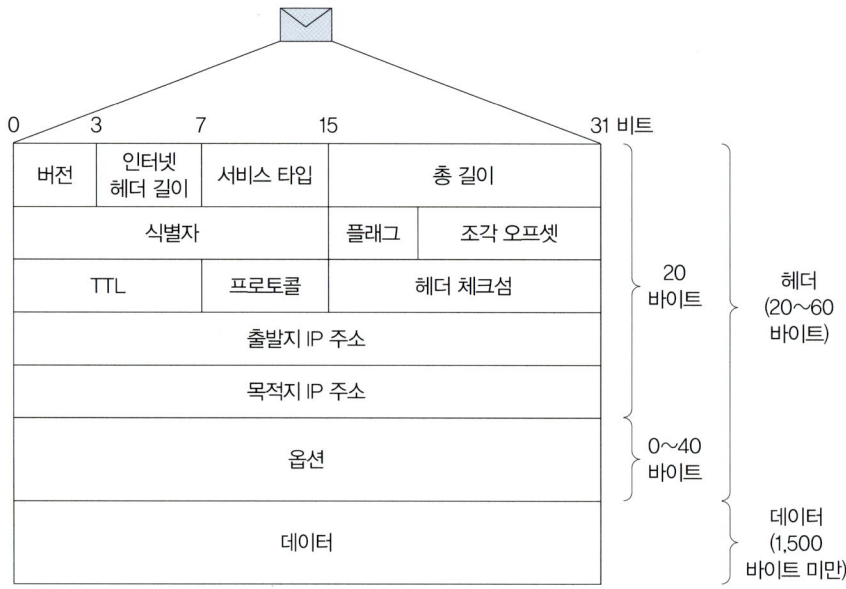

1분 퀴즈

정답 노트 p.278

05. IP 패킷에 대한 설명으로 옳지 <u>않은</u> 것은?

① 프레임의 데이터 필드에 포함돼 전송된다.

② MAC 주소를 기반으로 데이터를 전송한다.

③ TCP/IP 모델의 인터넷 계층에서 만들어진다.

④ 데이터를 목적지까지 전송하기 위해 필요한 정보를 담고 있다.

2.3 LAN에서 WAN으로 진입하기

WAN은 여러 LAN을 연결해 멀리 떨어진 컴퓨터끼리 서로 데이터를 주고받을 수 있도록 구축한 통신망입니다. 다음 그림과 같이 LAN 1의 출발지 컴퓨터에서 LAN 4의 목적지 컴퓨터로 데이터를 전송하려면, 먼저 LAN 1에서 WAN으로 진입하는 과정이 필요합니다.

그림 2-7 LAN 1에서 WAN으로 진입하기

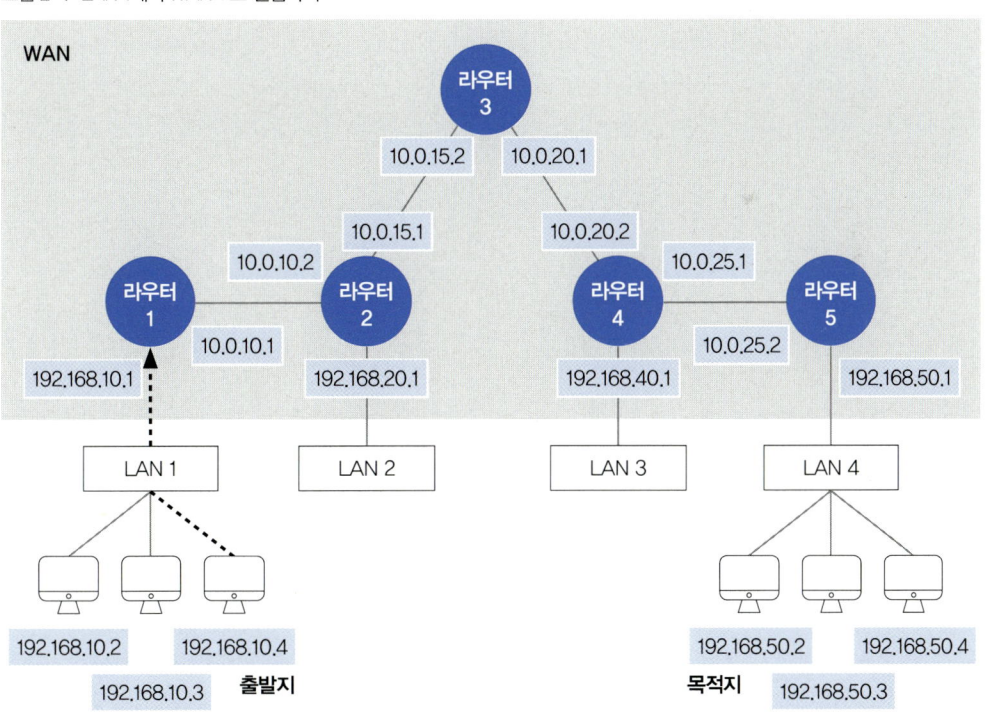

2.3.1 ARP의 개념

LAN 1에서 WAN으로 진입한다는 말은, 출발지 컴퓨터에서 라우터 1으로 데이터를 전송한다는 말입니다. 그런데 문제가 있습니다. LAN 1에 라우터 1을 막 연결한 상황이라면, 출발지 컴퓨터는 라우터 1의 MAC 주소를 모릅니다.

1장에서 LAN에서 통신할 때 MAC 주소를 사용한다고 배웠습니다. 그런데 MAC 주소는 장비 제조사가 할당하므로 네트워크 관리자가 따로 알려주지 않는 이상 출발지 컴퓨터가 라우터 1의 MAC 주소를 알 수 없습니다. 물론 라우터의 겉면에 MAC 주소가 적힌 경우도 있지만, 출발지 컴퓨터가 이를 직접 확인할 수 없습니다.

다행히 WAN의 모든 장치는 서로의 IP 주소를 알고 있습니다. IP 주소는 네트워크를 직접 설계한다면 네트워크 관리자가, 인터넷을 이용한다면 인터넷 서비스 제공 업체가 전략적으로 할당하는 논리적인 주소입니다. 따라서 네트워크 설계도를 통해 IP 주소를 쉽게 확인할 수 있습니다.

그림 2-8 라우터 1의 IP 주소를 알고 있는 출발지 컴퓨터

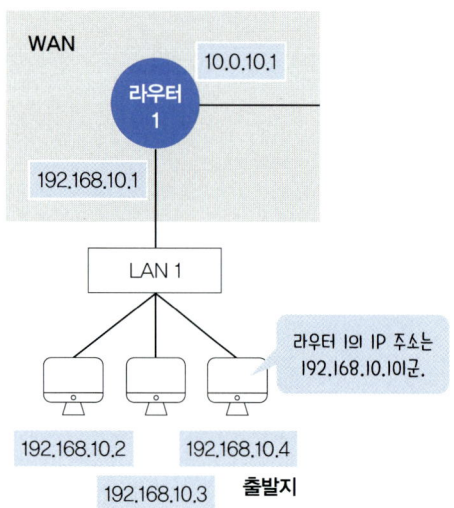

하지만 라우터 1의 IP 주소를 안다고 해도 프레임을 전송하려면 여전히 MAC 주소가 필요합니다.

이 문제는 IP 주소를 이용해 MAC 주소를 알아내는 ARP 프로토콜을 이용해 해결합니다. **ARP**는 Address Resolution Protocol의 약자로, 말 그대로 '주소를 해결해주는(알아내는) 프로토

콜'입니다. 여기서 주소란 MAC 주소를 말합니다.

ARP를 이용하면 원하는 장치의 MAC 주소를 묻는 브로드캐스트 메시지를 LAN 내 모든 장치에 보내 해당 장치로부터 직접 MAC 주소를 회신받을 수 있습니다.

2.3.2 ARP 패킷

프레임 안에는 IP 패킷 말고도 ARP 패킷처럼 다른 종류의 패킷을 넣을 수 있습니다. ARP 패킷은 IP 주소로 MAC 주소를 알아내는 데 사용하는 특별한 패킷으로, 네트워크 통신에서 중요한 역할을 합니다.

ARP 패킷은 용도에 따라 MAC 주소를 물어볼 때 사용하는 **ARP 요청 패킷**(ARP request packet)과, MAC 주소를 회신할 때 사용하는 **ARP 응답 패킷**(ARP response packet)이 있습니다. ARP 패킷의 구성은 다음과 같습니다.

그림 2-9 ARP 패킷의 구성

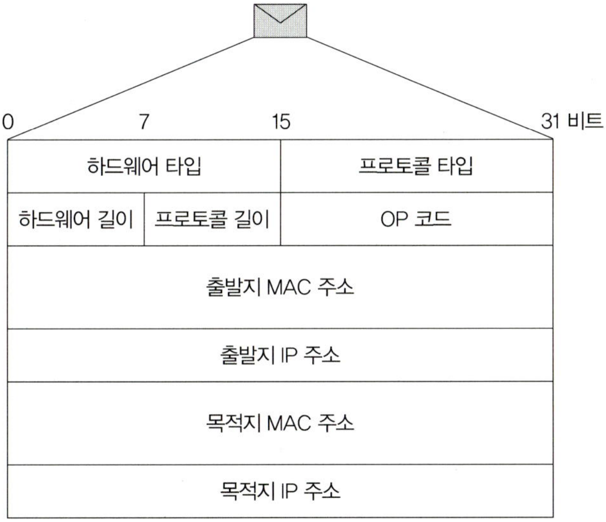

0	7	15	31 비트
하드웨어 타입		프로토콜 타입	
하드웨어 길이	프로토콜 길이	OP 코드	
출발지 MAC 주소			
출발지 IP 주소			
목적지 MAC 주소			
목적지 IP 주소			

- **하드웨어 타입**(hardware type): ARP가 사용하는 하드웨어 타입(예 이더넷)을 나타내며, 2바이트로 구성됩니다. 예를 들어 이더넷 통신망을 사용한다면 이 값은 1(0x0001)입니다.

- **프로토콜 타입**(protocol type): ARP가 사용하는 IP 버전을 나타내며, 2바이트로 구성됩

니다. IP 버전은 IPv4와 IPv6가 있으며 이 중에서 IPv4를 사용할 경우 이 값은 2,048(0x0800)입니다.

- **하드웨어 길이**(hardware length): MAC 주소의 길이를 바이트 단위로 나타내며, 1바이트로 구성됩니다. MAC 주소가 6바이트이기 때문에 이 값은 항상 6(0000 0110)입니다.

- **프로토콜 길이**(protocol length): IP 주소의 길이를 바이트 단위로 나타내며, 1바이트로 구성됩니다. IPv4와 IPv6 중에서 IPv4를 사용할 경우 4(0000 0100)입니다.

- **OP 코드**(OPeration code): ARP 패킷이 어떤 동작을 하는지 나타내며, 2바이트로 구성됩니다. MAC 주소를 물어보는 ARP 요청 패킷이면 1(0x0001), MAC 주소를 회신하는 ARP 응답 패킷이면 2(0x0002)입니다.

- **출발지 MAC 주소**(sender MAC address): ARP 패킷을 보내는 컴퓨터의 MAC 주소로, 6바이트로 구성됩니다.

- **출발지 IP 주소**(sender IP address): ARP 패킷을 보내는 컴퓨터의 IP 주소로, 4바이트로 구성됩니다.

- **목적지 MAC 주소**(target MAC address): ARP 패킷을 받는 컴퓨터의 MAC 주소로, 6바이트로 구성됩니다.

- **목적지 IP 주소**(target IP address): ARP 패킷을 받는 컴퓨터의 IP 주소로, 4바이트로 구성됩니다.

2.3.3 ARP 작동 과정

출발지 컴퓨터가 ARP 패킷을 실은 이더넷 프레임을 LAN상에 브로드캐스팅하면, 해당 IP 주소를 가진 라우터 1이 받아 ARP 응답 패킷에 자신의 MAC 주소를 담은 후 회신합니다. 출발지 컴퓨터는 회신받은 ARP 응답 패킷을 보고 라우터 1의 MAC 주소를 알아냅니다. 이 과정을 ARP 패킷을 보면서 이해해 보겠습니다.

● **출발지 컴퓨터: ARP 요청 패킷 생성 후 ARP 요청 프레임 전송**

출발지 컴퓨터는 라우터 1의 MAC 주소를 묻는 ARP 요청 패킷을 생성합니다. ARP 요청 패킷의 각 필드에는 다음과 같은 내용이 담깁니다. 목적지(라우터 1) MAC 주소는 모르기 때문에 0으로 채웁니다.

그림 2-10 ARP 요청 패킷

2바이트	2바이트	1바이트	1바이트	2바이트	6바이트	4바이트	6바이트	4바이트
하드웨어 타입	프로토콜 타입	하드웨어 길이	프로토콜 길이	OP 코드	출발지 MAC 주소	출발지 IP 주소	목적지 MAC 주소	목적지 IP 주소
0000 0000 0000 0001	0000 1000 0000 0000	0000 0110	0000 0100	0000 0000 0000 0001	FE:1B:63:84:45:E6	192.168.10.4	00:00:00:00:00:00	192.168.10.1
네트워크 타입 (이더넷은 1)	IP 버전 (IPv4는 2,048)	MAC 주소 길이 (6)	IP 주소 길이 (4)	요청 패킷: 1			라우터 1의 MAC 주소를 모르기 때문에 0으로 채움	라우터 1의 IP 주소

출발지 컴퓨터는 이더넷 프레임에 다음과 같이 ARP 요청 패킷을 싣습니다. 목적지 MAC 주소에는 브로드캐스팅 주소인 FF:FF:FF:FF:FF:FF가 들어갑니다. 길이/타입 필드는 타입 필드로 사용되며, ARP를 의미하는 0x0806이 들어갑니다(이더넷 프레임의 데이터 필드에 전송 데이터가 아닌 ARP 패킷이 실렸다는 것을 의미).

그림 2-11 ARP 요청 프레임

프리앰블	SFD	목적지 MAC 주소	출발지 MAC 주소	타입	데이터	FCS
10101010… (1과 0이 56개)	1010 1011	FF:FF:FF: FF:FF:FF	FE:1B:63: 84:45:E6	0x0806		
비트 동기화		브로드캐스팅 MAC 주소	출발지 MAC 주소	상위 프로토콜 유형 (이 뒤부터는 ARP 패킷임)	ARP 패킷	오류 검출용 CRC 값

출발지 컴퓨터는 ARP 요청 프레임을 LAN에 연결된 모든 장치에 전송합니다. 이는 모든 장치에 "목적지 IP 주소와 일치하는 장치는 자신의 MAC 주소를 알려주세요."라고 묻는 것입니다.

그림 2-12 ARP 요청 프레임 브로드캐스팅

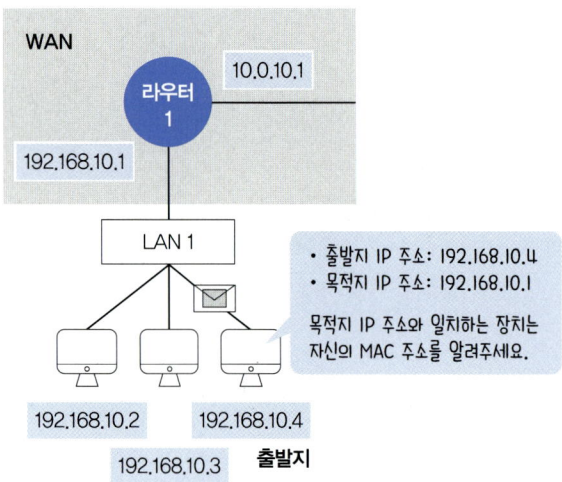

● **모든 장치: ARP 요청 프레임 확인**

LAN에 연결된 모든 장치는 ARP 요청 프레임을 받아 목적지 IP 주소를 확인합니다.

그림 2-13 ARP 요청 프레임 확인

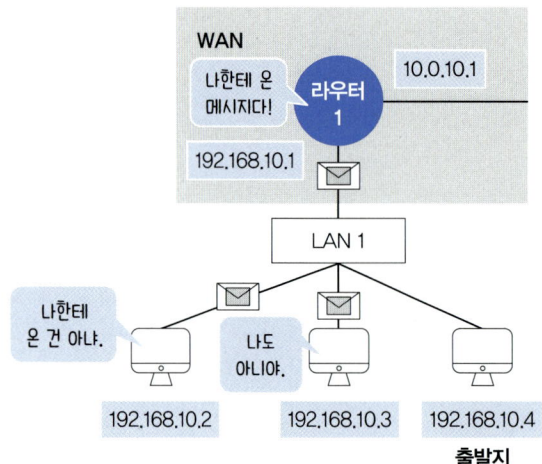

● 라우터 1: ARP 응답 패킷 생성 후 ARP 응답 프레임 전송

라우터 1은 ARP 요청 패킷을 받아 자신의 IP 주소와 일치한다는 사실을 확인하고, 자신의 MAC 주소를 담은 ARP 응답 패킷을 생성합니다.

그림 2-14 ARP 응답 패킷

2바이트	2바이트	1바이트	1바이트	2바이트	6바이트	4바이트	6바이트	4바이트
하드웨어 타입	프로토콜 타입	하드웨어 길이	프로토콜 길이	OP 코드	출발지 MAC 주소	출발지 IP 주소	목적지 MAC 주소	목적지 IP 주소
0000 0000 0000 0001	0000 1000 0000 0000	0000 0110	0000 0100	0000 0000 0000 0010	00:1A:74:33:44:E7	192.168.10.1	FE:1B:63:84:45:E6	192.168.10.4
네트워크 타입 (이더넷은 1)	IP 버전 (IPv4는 2,048)	MAC 주소 길이 (6)	IP 주소 길이 (4)	응답 패킷: 2	라우터 1의 MAC 주소	라우터 1의 IP 주소	요청을 보낸 컴퓨터의 MAC 주소	요청을 보낸 컴퓨터의 IP 주소

그리고 이를 이더넷 프레임에 싣습니다. 이때 프레임의 목적지 MAC 주소에는 FF:FF:FF:FF:FF:FF(브로드캐스팅)를 넣지 않고, ARP 요청 패킷에서 확인한 출발지 MAC 주소를 넣습니다. 요청을 보낸 컴퓨터의 MAC 주소를 알기 때문에 굳이 모든 컴퓨터에 브로드캐스팅할 필요가 없습니다.

그림 2-15 ARP 응답 프레임

프리앰블	SFD	목적지 MAC 주소	출발지 MAC 주소	타입	데이터	FCS
10101010… (1과 0이 56개)	1010 1011	FE:1B:63: 84:45:E6	00:1A:74: 33:44:E7	0x0806		
비트 동기화		요청을 보낸 컴퓨터의 MAC 주소	라우터 1의 MAC 주소	상위 프로토콜 유형 (이 뒤부터는 ARP 패킷임)	ARP 패킷	오류 검출용 CRC 값

라우터 1은 요청을 보낸 컴퓨터로 ARP 응답 프레임을 전송합니다.

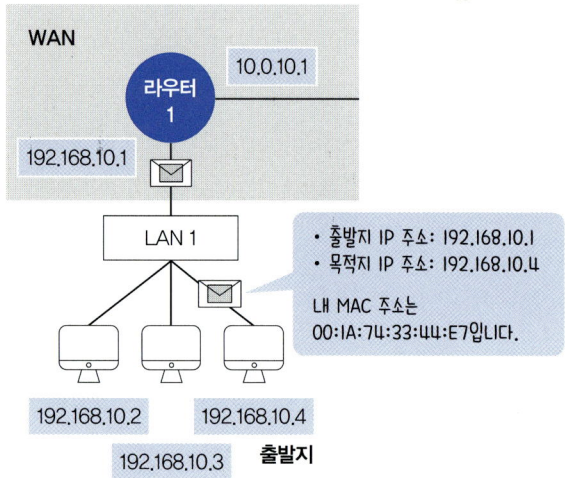

그림 2-16 ARP 응답 프레임 전송

● **출발지 컴퓨터: MAC 주소 획득**

출발지 컴퓨터는 라우터 1으로부터 회신받은 ARP 응답 프레임을 보고 라우터의 MAC 주소를 알아냅니다. 이렇게 알아낸 MAC 주소는 일정 시간 동안 출발지 컴퓨터에 기억되기 때문에 다음에 프레임을 보낼 때 ARP 요청 없이 바로 전송할 수 있습니다. 만약 MAC 주소가 삭제되면 다시 ARP 요청 패킷을 보내고 응답받는 과정을 거칩니다.

2.3.4 IP 패킷의 구조

라우터 1의 MAC 주소를 알아낸 출발지 컴퓨터는 드디어 라우터 1에 IP 패킷을 전송할 수 있습니다. **그림 2-17**은 IP 패킷의 구조입니다. IP 패킷은 패킷을 전달하기 위해 필요한 제어 정보를 담고 있는 헤더(header)와 실제 전송할 데이터(data)로 구성됩니다.

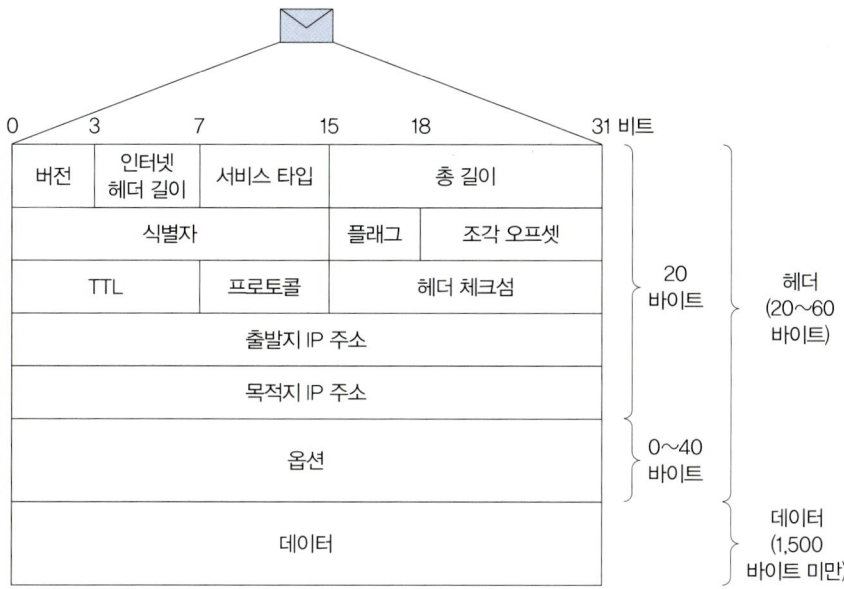

그림 2-17 IP 패킷의 구조

- **버전**(version): 사용하는 IP 버전을 나타내며, 4비트로 구성됩니다. 현재 널리 사용되는 IPv4의 값은 4(0010)입니다.

- **인터넷 헤더 길이**(IHL, Internet Header Length): IP 패킷의 헤더 길이를 4바이트(32비트) 단위로 나타내며, 4비트로 구성됩니다. 옵션 필드를 사용하지 않을 경우 이 값은 5(0101)로, 이는 총 헤더 길이가 20바이트(5×32비트=160비트, 160비트/8비트=20바이트)라는 뜻입니다.

- **서비스 타입**(type of service): IP 패킷의 서비스 유형을 나타내며, 1바이트로 구성됩니다. 이 필드는 패킷의 우선순위, 지연 요구사항, 처리량 요구사항 등을 지정하는 데 사용됩니다.

- **총 길이**(total length): IP 패킷의 총 길이를 바이트 단위로 나타내며, 2바이트로 구성됩니다.

- **식별자**(identification): 여러 IP 패킷이 한 번에 전송될 때 각 패킷을 구분하기 위한 식별자로, 2바이트로 구성됩니다. 여러 택배 상자를 보낼 때 택배 상자마다 번호를 붙여 구분하는 것과 같습니다.

- **플래그**(flag): IP 패킷이 너무 크면 여러 조각으로 나눠 전송하는데, 이 과정을 단편화라고 합니다. 플래그 필드는 IP 패킷이 단편화됐는지 여부를 나타내며, 3비트로 구성됩니다.
- **조각 오프셋**(fragment offset): 단편화된 IP 패킷 조각의 순서를 나타냅니다. 마치 퍼즐 조각을 맞추기 위해 각 조각에 번호를 매기는 것과 같습니다.
- **TTL**(Time To Live): IP 패킷이 네트워크상에 얼마나 오랫동안 돌아다닐 수 있는지 나타내며, 1바이트로 구성됩니다. TTL의 단위는 홉(hop)으로, 라우터를 한 번 거칠 때마다 1홉씩 감소하며, 0이 되면 패킷은 폐기됩니다.
- **프로토콜**(protocol): IP 패킷에 담긴 데이터가 어떤 프로토콜을 사용하는지 나타내며, 1바이트로 구성됩니다. 예를 들어 ICMP는 1(0000 0001), TCP는 6(0000 0110), UDP는 17(0001 0001)입니다.
- **헤더 체크섬**(header checksum): IP 패킷 헤더의 오류를 검출하기 위한 값으로, 2바이트로 구성됩니다.
- **출발지 IP 주소**(source address): 출발지 컴퓨터의 IP 주소를 나타내며, 4바이트로 구성됩니다.
- **목적지 IP 주소**(destination address): 목적지 컴퓨터의 IP 주소를 나타내며, 4바이트로 구성됩니다.
- **옵션**(option): 추가 옵션을 설정하기 위한 필드로, 거의 사용하지 않습니다.
- **데이터**(data): 실제로 전송하려는 데이터가 담겨 있으며, 최대 65,515바이트까지 저장할 수 있지만 이더넷 프레임의 데이터 크기가 1,500바이트로 제한되기 때문에 1,500바이트 미만의 데이터를 저장합니다.

출발지 컴퓨터는 IP 패킷을 이더넷 프레임에 싣습니다. **그림 2-18**의 이더넷 프레임 내부를 보면, 목적지 MAC 주소에는 ARP로 알아낸 라우터 1의 MAC 주소를, 데이터 필드에는 IP 패킷을, 길이/타입 필드는 타입 필드로 사용하며 IPv4를 의미하는 0x0800이 담겨 있습니다.

그림 2-18 IP 패킷을 실은 이더넷 프레임

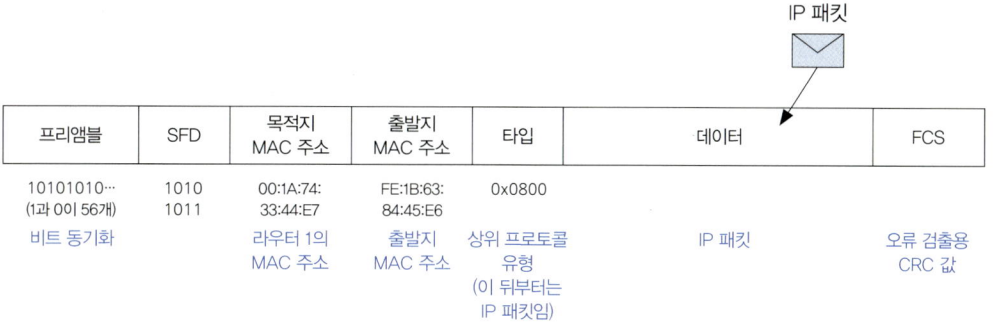

프리앰블	SFD	목적지 MAC 주소	출발지 MAC 주소	타입	데이터	FCS
10101010⋯ (1과 0이 56개)	1010 1011	00:1A:74: 33:44:E7	FE:1B:63: 84:45:E6	0x0800	IP 패킷	
비트 동기화		라우터 1의 MAC 주소	출발지 MAC 주소	상위 프로토콜 유형 (이 뒤부터는 IP 패킷임)		오류 검출용 CRC 값

출발지 컴퓨터는 IP 패킷을 실은 이더넷 프레임을 라우터 1으로 전송합니다. 이더넷 프레임을 수신한 라우터 1은 프레임을 열어 IP 패킷을 확인합니다.

그림 2-19 IP 패킷 확인

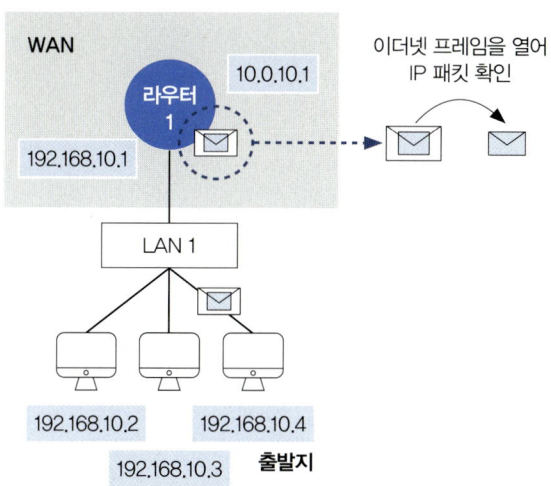

라우터는 IP 패킷에서 목적지 IP 주소를 보고 IP 패킷을 다음에 어느 경로로 전송할지 결정한 후 다음 경유지로 전송합니다. 이렇게 라우터들이 서로 통신하며 최적의 경로를 찾는 과정이 **라우팅**입니다. 라우팅에 대해서는 다음 절에서 자세히 알아보겠습니다.

1분 퀴즈

06. 다음 설명을 읽고 맞으면 O, 틀리면 X 표시를 하세요.

① ARP는 목적지 IP 주소와 MAC 주소를 동시에 알아내기 위해 사용한다. (   )

② ARP 요청 패킷은 브로드캐스트 방식으로 LAN 내 모든 장치에 전송된다. (   )

③ ARP 응답 패킷은 출발지 컴퓨터에게만 전송된다. (   )

07. 다음 중 ARP 요청 패킷을 전송하는 주체는 누구인가요?

① 브로드캐스트 메시지를 차단하는 라우터

② 목적지 컴퓨터의 MAC 주소를 알고 있는 출발지 컴퓨터

③ 목적지 컴퓨터의 MAC 주소와 IP 주소를 모두 알고 있는 출발지 컴퓨터

④ 목적지 컴퓨터의 IP 주소는 알고 있지만 MAC 주소는 모르는 출발지 컴퓨터

08. 다음 중 IP 패킷 헤더에 포함되지 않는 것은?

① 출발지 MAC 주소　　② 출발지 IP 주소

③ TTL　　④ 헤더 체크섬

09. IP 패킷이 단편화됐는지 여부를 나타내는 필드는?

① 플래그　　② 조각 오프셋

③ 식별자　　④ 서비스 타입

라우팅

앞서 LAN에서 WAN으로 진입하는 과정을 살펴봤습니다. 이 절에서는 라우터 1에서 라우터 5(최종 라우터)까지 WAN상에서 라우터들이 어떻게 소통하며 데이터를 전송하는지 살펴보겠습니다.

그림 2-20 WAN 내에서 라우팅

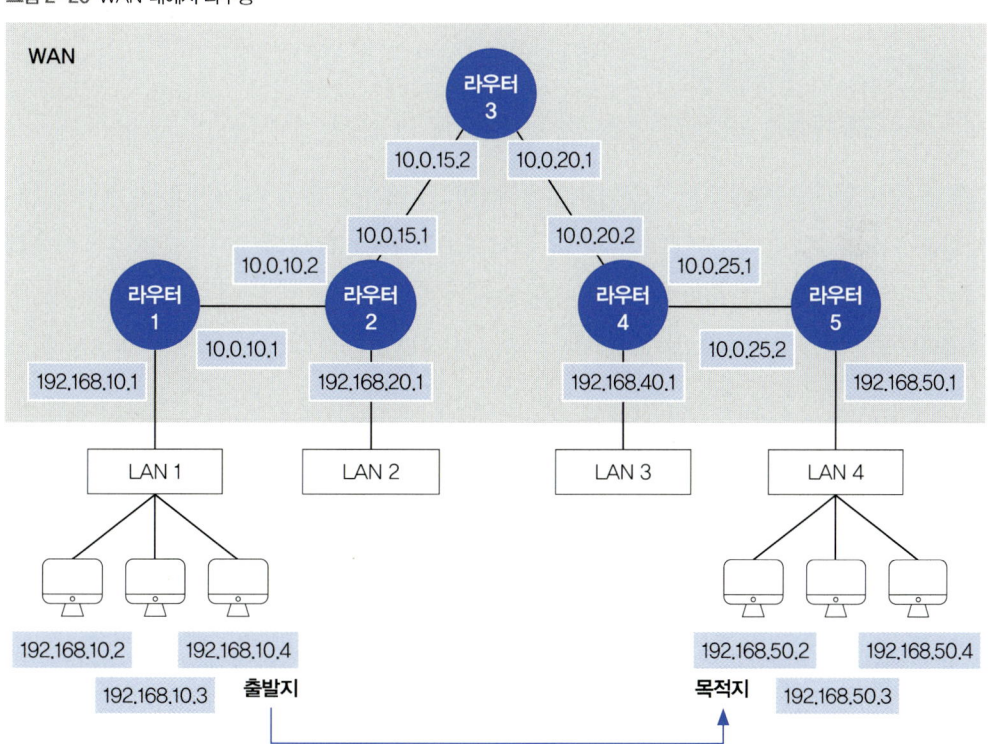

2.4.1 라우터 간 통신

LAN 1에 연결된 라우터 1은 WAN에 진입하기 위해 처음으로 거치는 장치로, **기본 게이트웨이**(default gateway)라고도 합니다. 말 그대로 기본으로 설정된 관문이라는 뜻으로, LAN에서 WAN으로 나가는 출입구 역할을 합니다.

그림 2-21 WAN으로 나가기 위한 첫 관문, 기본 게이트웨이

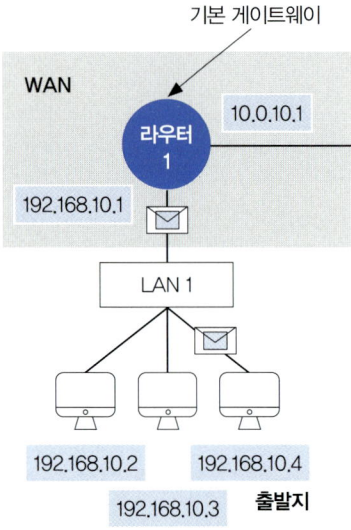

그림 2-22는 맥OS에서 조회한 TCP/IP 설정 화면으로, 여기서 라우터 항목이 기본 게이트웨이입니다. 그림을 보면 기본 게이트웨이의 IP 주소가 192.168.1.254임을 알 수 있습니다. 이처럼 각 컴퓨터에서 외부 네트워크와 통신할 때는 모두 기본 게이트웨이를 통해 데이터를 외부로 내보냅니다.

그림 2-22 기본 게이트웨이 확인

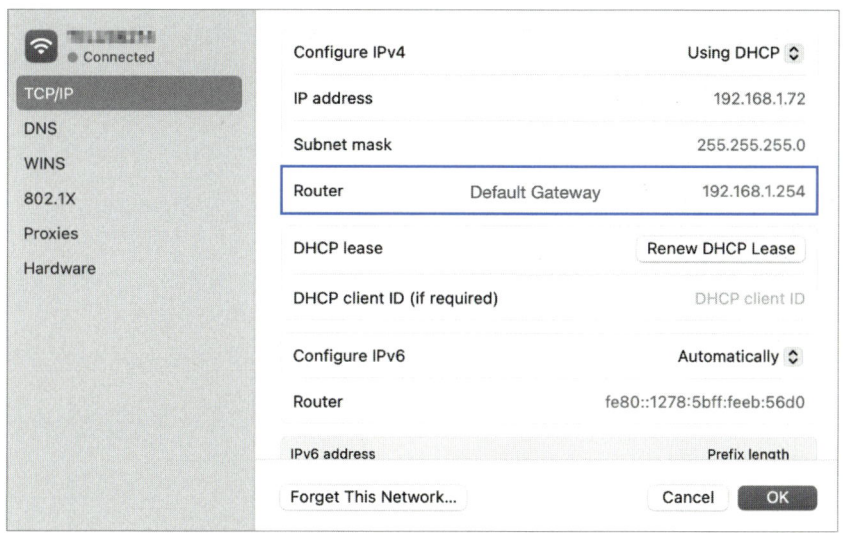

기본 게이트웨이는 출발지 컴퓨터로부터 받은 이더넷 프레임을 열어 IP 패킷을 확인하고, IP 패킷의 목적지 IP 주소(192.168.50.2)를 확인합니다.

그림 2-23 IP 패킷 확인

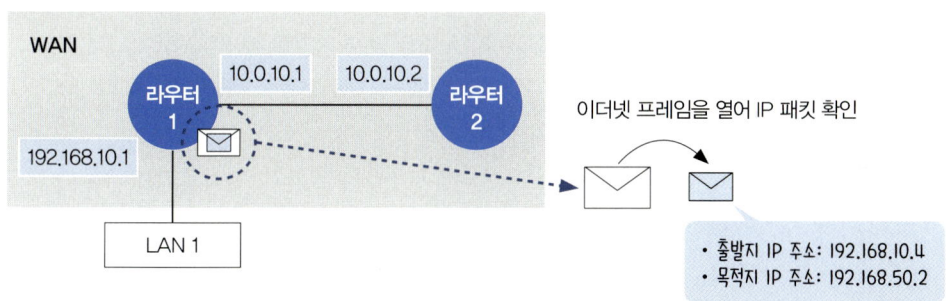

목적지 IP 주소를 확인한 기본 게이트웨이는 라우터 안에 있는 라우팅 테이블을 참조해 IP 패킷을 다음에 어느 라우터로 보낼지 결정합니다. **라우팅 테이블**(routing table)은 라우터가 받은 데이터를 어느 경로로 보낼지 결정하기 위해 사용하는 표로, 목적지 IP 주소와 해당 목적지로 가기 위한 다음 라우터의 IP 주소로 구성됩니다.

그림 2-24의 라우팅 테이블에는 IP 주소가 192.168.50.0이면 IP 주소가 10.0.10.2인 라우터로 IP 패킷을 보내라고 적혀 있습니다. 여기서 192.168.50.0의 맨 끝에 0은 네트워크 전체를

의미하는 것으로, 192.168.50.0~192.168.50.255까지의 모든 IP 주소를 포함합니다. 라우팅 테이블을 확인한 기본 게이트웨이는 IP 주소가 10.0.10.2인 라우터로 IP 패킷을 전송합니다.

그림 2-24 라우팅 테이블을 확인한 후 다음 라우터로 전송

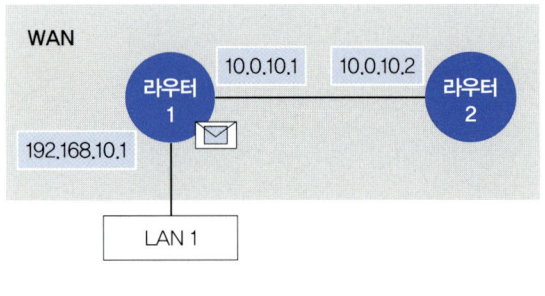
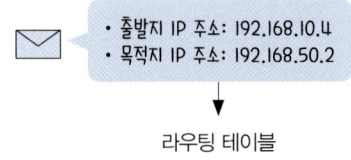

라우팅 테이블

목적지 IP 주소	다음 라우터 IP 주소
192.168.10.0	to 10.0.10.2
192.168.20.0	to 10.0.10.2
192.168.30.0	to 10.0.10.2
192.168.40.0	to 10.0.10.2
192.168.50.0	to 10.0.10.2

> **Note** 라우팅 테이블을 설정하는 방법
>
> 라우팅 테이블은 어떻게 설정할까요? 라우터 수가 적은 네트워크라면 네트워크 관리자가 직접 라우터의 라우팅 테이블을 설정하지만 라우터가 천 개 혹은 만 개라면 모든 라우터의 라우팅 테이블을 일일이 설정하기는 어렵습니다. 따라서 라우터가 자동으로 라우팅 테이블을 생성하고 업데이트하는 라우팅 프로토콜을 사용합니다. 주요 라우팅 프로토콜은 다음과 같습니다.
>
> - **RIP**(Routing Information Protocol): 거리 벡터 알고리즘을 사용하는 간단한 라우팅 프로토콜입니다.
> - **OSPF**(Open Shortest Path First): 링크 상태 알고리즘을 사용하는 효율적인 라우팅 프로토콜입니다.
> - **BGP**(Border Gateway Protocol): 인터넷과 같은 대규모 네트워크에서 사용하는 외부 게이트웨이 프로토콜입니다.

2.4.2 PPP 프레임

기본 게이트웨이가 목적지 IP 주소를 확인하고 라우팅 테이블을 참조해 다음 라우터로 IP 패킷을 전달하는 과정을 알아봤습니다. 그런데 라우터에서 라우터로 IP 패킷을 전송할 때 IP 패킷만 보내지 않습니다. 패킷의 시작과 끝을 구분하기 위해 특정한 패턴으로 감싸 보내는데, 이를 **PPP 프레임**(Point-to-Point frame)이라고 합니다.

그림 2-25 PPP 프레임

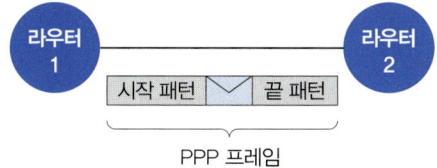

프레임 없이 IP 패킷을 전송하면 라우터에 여러 패킷이 몰리고 겹치면서 패킷을 구분할 수 없는 문제가 생깁니다. 라우터에는 다양한 네트워크에서 수많은 패킷이 몰리기 때문에 패킷을 정확하게 구분하는 것은 매우 중요합니다.

그림 2-26 PPP 프레임이 필요한 이유

이더넷 프레임은 MAC 주소를 활용합니다. 반면 PPP 프레임은 라우터와 라우터가 일대일로 연결돼 있기 때문에 MAC 주소를 사용할 필요가 없습니다. 대신 IP 패킷 앞에 플래그, 주소, 제어, 프로토콜 필드를 붙이고, 뒤에 FCS, 플래그 필드를 붙여 양 라우터 간에 주고받는 IP 패킷을 구분합니다.

그림 2-27 PPP 프레임의 구조

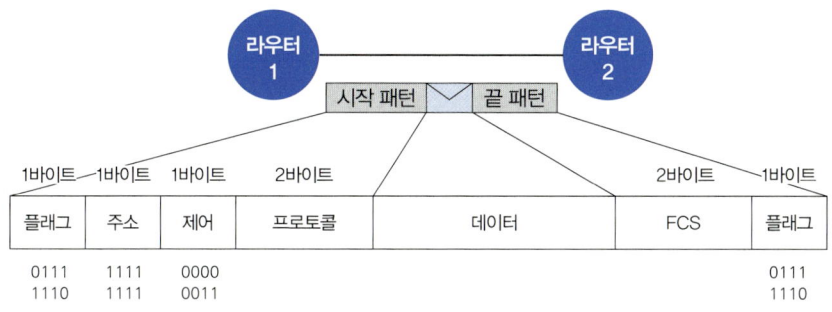

- **플래그**(flag): 프레임의 시작을 나타냅니다. 1바이트로 구성되며 값은 항상 0111 1110입니다.

- **주소**(address): 브로드캐스트 주소로, 1바이트로 구성되며 값은 항상 1111 1111입니다.

- **제어**(control): 단순히 데이터를 전달하는 프레임이라는 의미로, 1바이트로 구성되며 값은 항상 0000 0011입니다.
- **프로토콜**(protocol): PPP 프레임에 담긴 데이터가 어떤 프로토콜의 데이터인지 나타내며, 2바이트로 구성됩니다. 예를 들어 IP 패킷은 IP 프로토콜을 가리키는 값인 0x0021입니다.
- **데이터**(data): 실제로 전송할 IP 패킷입니다.
- **FCS**(Frame Check Sequence): 오류 검출용 데이터로, 2바이트로 구성됩니다.
- **플래그**(flag): 프레임의 끝을 나타냅니다. 1바이트로 구성되며 값은 항상 0111 1110입니다.

라우터 1은 IP 패킷을 PPP 프레임으로 감싸 라우터 2로 전송합니다. 라우터 2는 PPP 프레임을 열어 IP 패킷의 목적지 IP 주소가 192.168.50.2임을 확인하고, 라우팅 테이블을 참조해 목적지 컴퓨터로 가기 위해서는 IP 주소가 10.0.15.2인 라우터로 IP 패킷을 전송해야 한다는 것을 알아냅니다.

그림 2-28 라우팅 테이블 확인

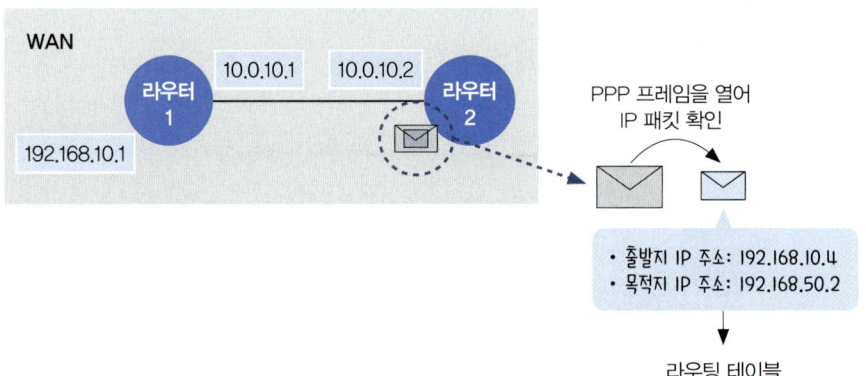

라우터 2는 IP 패킷을 다시 PPP 프레임으로 감싸 IP 주소가 10.0.15.2인 라우터 3로 전송합니다. 이 과정을 반복하며 IP 패킷은 LAN 4에 진입하기 전 최종 라우터인 라우터 5까지 전송됩니다.

그림 2-29 라우터 5까지 전송

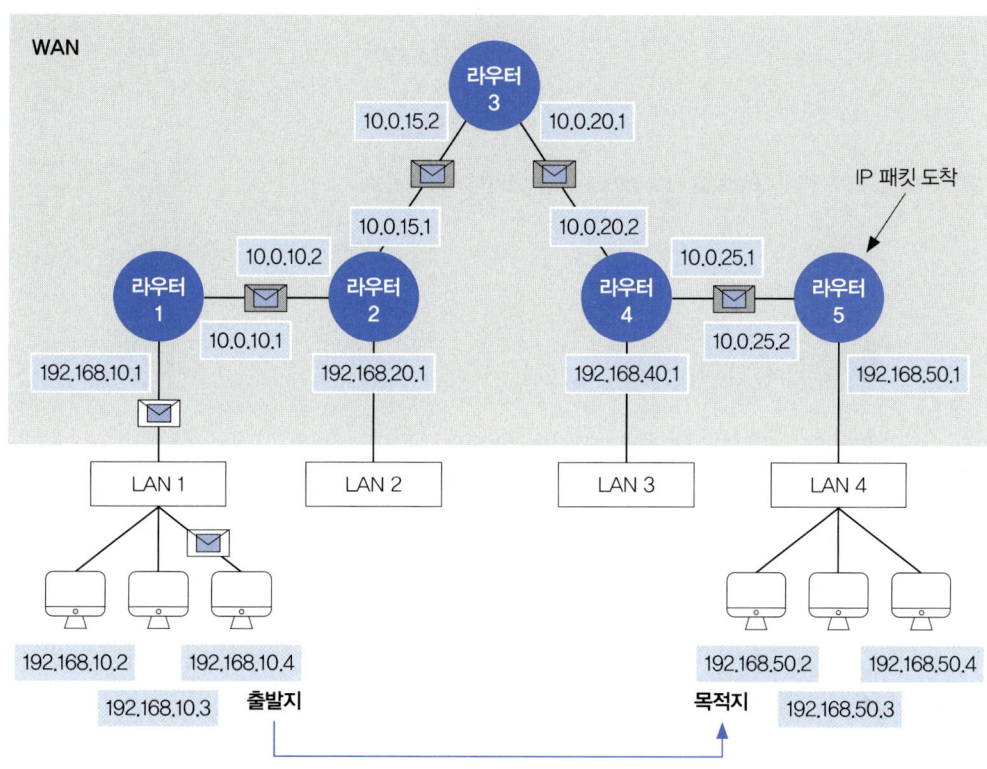

마지막으로 IP 패킷이 라우터 5에서 목적지 컴퓨터(192.168.50.2)로 전송되는 과정은 다음 절에서 살펴보겠습니다.

1분 퀴즈

정답 노트 p.278

10. WAN에서 라우터 간 통신에 대한 설명으로 옳지 <u>않은</u> 것은?

① 라우터는 여러 IP 주소를 가질 수 있다.

② 라우터끼리는 MAC 주소를 사용해 통신한다.

③ 라우터는 PPP 프레임을 사용해 패킷을 주고받는다.

④ 라우터는 라우팅 테이블을 참조해 다음으로 전송할 라우터를 결정한다.

○ 계속

077

11. 다음 중 라우팅 프로토콜이 아닌 것은?

① RIP ② OSPF

③ BGP ④ ARP

12. 라우터에서 라우터로 패킷을 전달할 때 사용하는 프레임 형식은?

① 이더넷 프레임 ② TCP 프레임

③ UDP 프레임 ④ PPP 프레임

13. WAN상에서 PPP 프레임을 사용하는 이유를 설명하세요.

14. 다음 설명을 읽고 맞으면 O, 틀리면 X 표시를 하세요.

① 라우팅은 LAN 내부에서만 이뤄진다. (   )

② 라우팅 테이블에는 MAC 주소 정보가 저장된다. (   )

③ PPP 프레임의 플래그 값은 항상 0111 1110이다. (   )

④ PPP 프레임에는 출발지 MAC 주소와 목적지 MAC 주소가 포함된다. (   )

⑤ PPP 프레임은 플래그-주소-제어-프로토콜-데이터-FCS-플래그 구조로 돼 있다. (   )

WAN에서 LAN으로 진입하기

라우터 5는 PPP 프레임을 열어 IP 패킷의 목적지 IP 주소를 확인하고, 라우팅 테이블을 참조해 목적지 IP 주소가 자신과 연결된 로컬 네트워크(LAN 4)에 있다는 사실을 확인합니다.

그림 2-30 목적지 IP 주소가 로컬 네트워크에 있다는 사실 확인

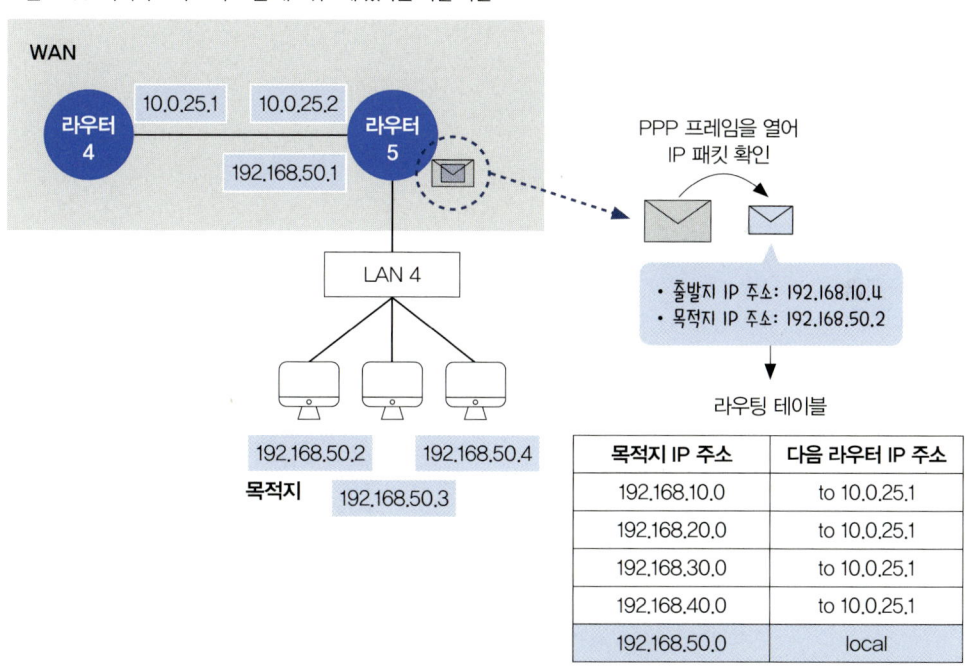

그런데 라우터가 목적지 컴퓨터와 처음 통신하는 경우라면 MAC 주소를 모릅니다. 이때는 ARP 요청 패킷을 보내 MAC 주소를 알아내야 합니다.

그림 2-31 목적지 컴퓨터의 MAC 주소 모를 때 ARP 요청

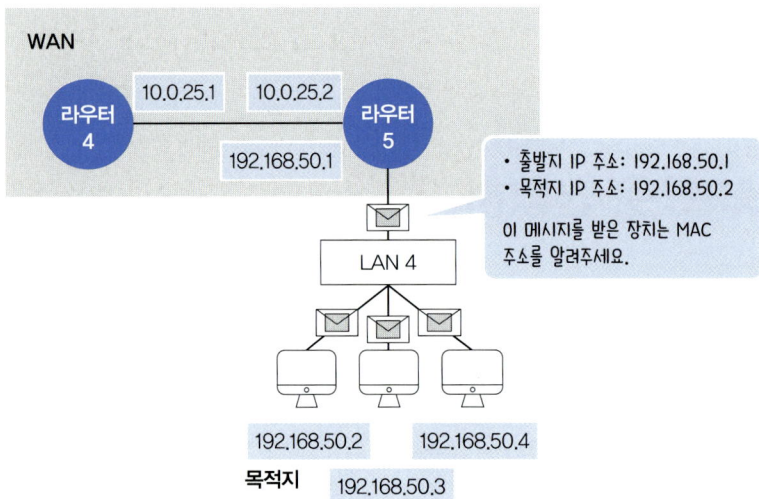

ARP를 통해 목적지 컴퓨터의 MAC 주소를 알아낸 라우터 5는 이더넷 프레임에 IP 패킷을 담아 로컬 네트워크(LAN 4)로 전송합니다. 최종적으로 IP 패킷은 LAN 4에 연결된 목적지 컴퓨터(192.168.50.2)에 도착합니다.

그림 2-32 목적지 컴퓨터에 도착

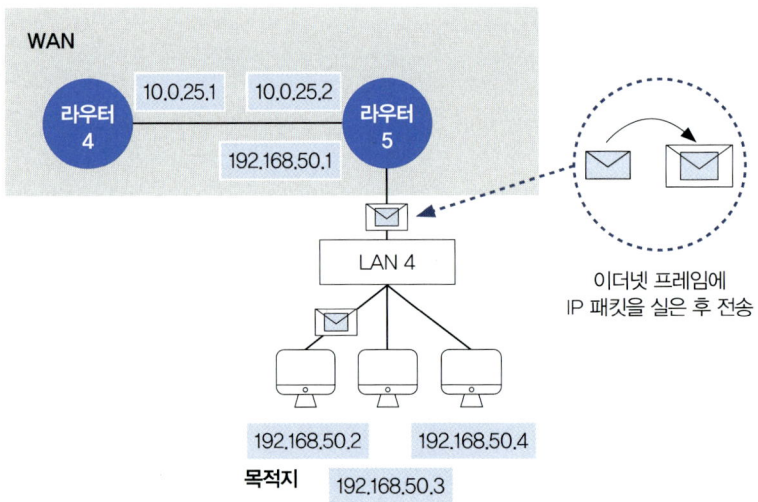

1분 퀴즈

15. 다음 빈칸에 공통으로 들어갈 용어를 쓰세요.

- (①)은/는 LAN 내에서 모든 장치를 식별하는 데 사용하는 물리적 주소이다.
- (②)은/는 WAN상의 모든 장치를 식별하는 데 사용하는 논리적 주소이다.
- LAN에서는 (①)을/를 사용하고, WAN에서는 (②)을/를 사용해 데이터를 전송한다.

① (   )　　② (   )

2.6 IP 프로토콜

지금까지 LAN에서 출발한 데이터가 WAN으로 진입하는 과정, WAN 내에서의 라우팅을 통해 최종 라우터로 도착하는 과정, WAN에서 LAN으로 진입하는 과정 전체를 살펴봤습니다. 이 내용을 MAC 주소와 IP 주소를 활용한 데이터 전송 관점에서 정리하면 다음과 같습니다.

❶ 출발지 컴퓨터에서 기본 게이트웨이의 MAC 주소로 데이터를 전송합니다.

❷ 데이터를 받은 기본 게이트웨이는 라우팅 테이블을 참조해 다음 라우터의 IP 주소로 데이터를 전송하며, 이 과정을 반복해 최종 라우터에 도착합니다.

❸ 최종 라우터는 목적지 컴퓨터가 로컬 네트워크에 있음을 확인하고, 목적지 컴퓨터의 MAC 주소로 데이터를 전송합니다.

WAN에서 데이터를 전송하는 과정은 TCP/IP 모델의 인터넷 계층에서 동작하는 IP 프로토콜을 통해 수행합니다. **IP**(Internet Protocol)는 데이터를 목적지까지 전송하기 위해 각 장치에 고유한 IP 주소를 부여하고, 네트워크 내에서 데이터를 어디로 보내면 좋을지 최적의 경로를 선택해 전송하는 라우팅을 합니다.

참고로 **프로토콜**(protocol)이란 컴퓨터 간 통신을 하기 위해 정해 놓은 규약을 말합니다. 사람들이 서로 소통하기 위해 미리 정해둔 문법이 있는 언어를 사용하는 것처럼, 네트워크에 연결된 컴퓨터들도 프로토콜을 사용해 서로 통신합니다.

마무리

1. **WAN**

   ① 여러 LAN을 연결해 만든 거대한 통신망입니다.

   ② WAN을 이용하면 지리적으로 멀리 떨어져 있는 컴퓨터끼리 서로 데이터를 주고받을 수 있습니다.

2. **라우터**

   ① 서로 다른 LAN을 연결해 WAN을 구축하는 네트워크 장치입니다.

   ② 라우터는 출발지 컴퓨터부터 목적지 컴퓨터까지 최적의 경로를 계산해 데이터를 전송하는 라우팅을 수행합니다.

3. **라우팅 방식**

   ① **라우팅 프로토콜:** 데이터가 목적지까지 도달하기 위한 최적의 경로를 찾는 통신 규칙을 사용하는 방식입니다. 주요 라우팅 프로토콜에는 RIP, OSPF, BGP 등이 있습니다.

   ② **스태틱 라우팅:** 네트워크 관리자가 직접 라우팅 경로를 설정하는 방식입니다. 네트워크 규모가 작고 내부 경로가 거의 변경되지 않는 경우에 유용하지만 라우터가 다운됐을 때 네트워크 관리자가 직접 문제를 해결해야 하는 단점이 있습니다.

4. **스위치 vs 라우터**

   ① 스위치는 LAN 내에서 MAC 주소를 사용해 데이터를 전송하고, 라우터는 WAN에서 IP 주소를 사용해 데이터를 전송합니다.

   ② 스위치는 하나의 브로드캐스트 도메인을 구성하기 때문에 LAN 내에서 브로드캐스트 메시지를 전송할 수 있습니다. 반면 라우터는 LAN마다 브로드캐스트 도메인을 분리하기 때문에 LAN 간 브로드캐스트 메시지를 전송하지 않고 차단합니다.

③ TCP/IP 모델에서 스위치는 네트워크 인터페이스 계층(1계층)에서 동작하고, 라우터는 인터넷 계층(2계층)에서 동작합니다.

5. **패킷**

① 패킷은 WAN에서 데이터를 전송하는 단위로, 멀리 떨어져 있는 컴퓨터에 데이터를 보낼 때는 IP 패킷을 사용합니다.

② IP 패킷은 패킷을 전달하기 위해 필요한 제어 정보를 담고 있는 헤더와 실제 전송할 데이터로 구성됩니다.

③ 패킷은 IP 패킷 외에도 ARP 패킷 등 다양한 종류가 있습니다.

6. **LAN에서 WAN으로 진입하는 과정**

① 출발지 컴퓨터는 전송할 데이터를 IP 패킷으로 만듭니다.

② 출발지 컴퓨터가 WAN에 진입하려면 처음으로 거치는 라우터의 MAC 주소를 알아야 합니다. 그러나 라우터가 LAN에 방금 연결됐다면 출발지 컴퓨터는 라우터의 MAC 주소를 모릅니다.

③ 출발지 컴퓨터는 라우터의 MAC 주소를 알아내기 위해 ARP를 이용합니다. ARP는 IP 주소를 이용해 MAC 주소를 알아내는 프로토콜로, 출발지 컴퓨터가 ARP 요청 패킷을 보내고, 라우터가 자신의 MAC 주소를 담은 ARP 응답 패킷을 회신하는 방식으로 작동합니다.

④ 출발지 컴퓨터는 이더넷 프레임을 생성해 목적지 MAC 주소에 라우터의 MAC 주소를 담고, 데이터 필드에 IP 패킷을 담아 라우터로 프레임을 전송합니다.

7. **WAN 내에서의 라우팅**

① WAN 내에서 IP 패킷을 전달할 때는 라우팅 테이블을 참조해 다음에 어느 라우터로 전송할지 결정합니다.

② 라우터 간 통신에는 IP 주소를 사용하며, 라우터 간 IP 패킷 전달에는 이더넷 프레임 대신 PPP 프레임을 사용합니다.

8. WAN에서 LAN으로 진입하는 과정

① WAN을 통해 최종 라우터에 도착하면 PPP 프레임을 열고 IP 패킷을 확인합니다.

② 최종 라우터는 라우팅 테이블을 참조해 목적지 IP 주소가 로컬 네트워크에 있다는 사실을 확인합니다.

③ 최종 라우터가 목적지 컴퓨터의 MAC 주소를 알지 못할 경우 ARP 프로토콜을 이용해 알아냅니다.

④ 최종 라우터는 IP 패킷을 이더넷 프레임에 실은 후 목적지 MAC 주소로 데이터를 전송합니다.

MEMO

3장
IP 주소
IP 주소 체계와 다양한 활용법

2장에서 WAN상에 멀리 떨어져 있는 컴퓨터들이 서로 통신하기 위해 IP 주소를 실은 IP 패킷을 주고받는 과정을 살펴봤습니다. 이 장에서는 네트워크 통신에서 핵심 역할을 하는 IP 주소에 대해 알아봅니다. IP 주소가 어떻게 구성되고, 실제로 어떻게 사용되는지 등 전반적인 내용을 파헤쳐 보겠습니다.

IP 주소의 개요

IP 주소는 TCP/IP 모델의 인터넷 계층에서 사용하는 주소 정보입니다. 이 장에서는 IP 주소가 어떤 규칙에 따라 구성되고, 네트워크상에서 어떤 방식으로 사용되는지 살펴봅니다.

표 3-1 3장에서 다루는 내용

관련 장	TCP/IP 모델 계층	주요 기술과 프로토콜	데이터 단위	주소 정보
5, 6장	응용 계층	DNS, 텔넷, FTP, SMTP, HTTP 등	데이터	–
4장	전송 계층	TCP, UDP	세그먼트, 데이터그램	포트 번호
2, 3장	인터넷 계층	ARP, IP	패킷	IP 주소
1장	네트워크 인터페이스 계층	이더넷	프레임	MAC 주소

IP 주소는 WAN상의 모든 컴퓨터를 구분하기 위해 부여한 논리적 주소로 IPv4와 IPv6, 두 가지 버전이 존재합니다.

- **IPv4**(Internet Protocol version 4): 인터넷 초창기부터 사용해온 주소 체계로 지금도 널리 사용합니다. 하지만 인터넷 이용자와 장치 수가 급증하면서 주소 부족 문제가 발생했습니다.

- **IPv6**(Internet Protocol version 6): IPv4의 주소 부족 문제를 해결하기 위해 도입했습니다. IPv4에 비해 훨씬 많은 주소를 제공하지만 구조가 복잡합니다.

이 책에서는 네트워크 입문자를 위해 구조가 단순해 이해하기 쉬운 IPv4를 중심으로 IP 주소에 대해 살펴보겠습니다.

3.1.1 IPv4 주소의 구조

IPv4 주소는 점(.)으로 구분된 네 부분으로 이뤄져 있습니다. 각 부분은 0~255까지의 숫자가 들어가며, 이를 2진수로 표현하면 0000 0000~1111 1111입니다.

그림 3-1 IPv4 주소 체계

0~255 . 0~255 . 0~255 . 0~255

0000 0000   0000 0000   0000 0000   0000 0000
~   ~   ~   ~
1111 1111   1111 1111   1111 1111   1111 1111

IPv4 주소는 총 32비트로 구성돼 2^{32}, 약 43억 개의 주소를 할당할 수 있습니다. 이는 128비트로 구성돼 총 2^{128}개의 주소를 할당할 수 있는 IPv6와 비교하면 턱없이 부족한 양이지만 지금도 여전히 사용하고 있습니다. 43억 개의 주소로 전 세계 컴퓨터 장치에 IP 주소를 할당하는 다양한 방법(서브네팅, 네트워크 주소 변환)은 뒤에서 자세히 알아보겠습니다.

> **Note**   IPv4 주소 수는 왜 2^{32}개일까?
>
> 2진수 한 자리로 표현할 수 있는 경우의 수는 0과 1, 두 개이며 이는 2^1으로 나타낼 수 있습니다. 같은 방식으로 2진수 두 자리로 표현할 수 있는 경우의 수는 4개(2^2), 세 자리로 표현할 수 있는 경우의 수는 8개(2^3)입니다.
>
> - **2진수 두 자리로 표현할 수 있는 경우의 수**: 00, 01, 10, 11 → 4개(2^2)
> - **2진수 세 자리로 표현할 수 있는 경우의 수**: 000, 001, 010, 011, 100, 101, 110, 111 → 8개(2^3)
>
> 결국 2진수 서른두 자리로 표현할 수 있는 경우의 수는 2^{32}, 약 43억 개가 됩니다.

3.1.2 IPv4 주소의 클래스

IPv4 주소는 단순히 컴퓨터 한 대 한 대를 식별하는 것 외에 네트워크 전체를 식별하는 역할도 합니다. 주소의 전체 4바이트 중 일부는 네트워크를 식별하는 네트워크 부분으로, 나머지는 해당 네트워크에 연결된 특정 장치를 식별하는 호스트 부분으로 사용하기 때문입니다. 이처럼 IP 주소를 용도와 규모에 따라 구분하는 주소 분류 방식을 **클래스**(class)라고 합니다.

IP 주소는 네트워크 부분과 호스트 부분의 크기에 따라 클래스 A, B, C로 나눕니다.

그림 3-2 IPv4 주소의 클래스

- **클래스 A:** 네트워크 부분이 1바이트, 호스트 부분이 3바이트입니다. 하나의 네트워크에 매우 많은 호스트 장치를 연결할 수 있습니다.
- **클래스 B:** 네트워크 부분이 2바이트, 호스트 부분이 2바이트입니다. 클래스 A와 C의 중간 정도 규모의 네트워크에 사용하기 적합합니다.
- **클래스 C:** 네트워크 부분이 3바이트, 호스트 부분이 1바이트입니다. 비교적 작은 규모의 네트워크에 사용하기 적합합니다.

네트워크 주소는 집 주소를 표기할 때 '시' 또는 '구' 단위의 큰 지명부터 표기하는 것과 같습니다. 이는 해당 IP 주소가 어떤 네트워크에 속하는지 나타냅니다. 호스트 주소는 해당 네트워크에 연결된 특정 컴퓨터, 스마트폰, 프린터 등 개별 장치를 나타냅니다. 결국 같은 네트워크에 연결된 장치들은 네트워크 주소가 동일하고, 호스트 주소만 다릅니다.

각 클래스의 구분은 IP 주소의 맨 앞 비트가 어떤 패턴을 가지느냐에 따라 정해집니다. 클래스 A는 0, 클래스 B는 10, 클래스 C는 110으로 고정됩니다.

그림 3-3 클래스 A, B, C의 맨 앞 비트 패턴

● **클래스 A 네트워크**

클래스 A는 IP 주소 체계에서 가장 큰 규모의 네트워크를 지원하는 클래스입니다. 네트워크 주소 1바이트(8비트), 호스트 주소 3바이트(24비트)로 구성되고 하나의 네트워크에 2^{24}, 약 1,670만 개의 장치를 연결할 수 있습니다.

클래스 A의 네트워크 주소는 1~126까지만 사용합니다. 네트워크 주소의 맨 앞 비트가 0으로 고정되므로 실제로는 나머지 7비트만 사용하는데, 7비트로 표현할 수 있는 숫자 범위 0~127(000 0000~111 1111) 중에 처음의 0(000 0000)과 마지막 127(111 1111)은 특수 목적용으로 예약돼 있어 이를 제외합니다. 따라서 클래스 A의 네트워크 주소는 1~126(0 000 0001~0 111 1110)만 사용합니다.

그림 3-4 클래스 A 네트워크 범위

클래스 A는 네트워크 규모가 매우 크기 때문에 컴퓨터, 라우터 등 수많은 호스트 장치를 연결해야 하는 초대형 기업이나 한 나라의 국방부 같은 거대한 정부 기관에서 주로 사용합니다. 또한 미국의 AT&T(American Telephone and Telegraph Company) 같은 초대형 인터넷 서비스 제공 업체도 광범위한 네트워크를 관리하기 위해 클래스 A를 사용합니다.

● **클래스 B 네트워크**

클래스 B는 네트워크 주소 2바이트(16비트), 호스트 주소 2바이트(16비트)로 구성됩니다. 클래스 A보다 네트워크 규모는 작지만, 여전히 많은 수의 호스트 장치를 수용할 수 있습니다.

클래스 B의 네트워크 주소 맨 앞 비트는 10로 고정됩니다. 따라서 첫 바이트의 주소 범위는 128~191(10 00 0000~10 11 1111)이고, 나머지 바이트는 0~255의 값을 가질 수 있습니다.

그림 3-5 클래스 B 네트워크 범위

클래스 B는 국내 KT, SKT와 같은 인터넷 서비스 제공 업체, 중견 기업, 규모가 큰 대학교에서 많이 사용합니다.

● **클래스 C 네트워크**

클래스 C는 네트워크 주소 3바이트(24비트), 호스트 주소 1바이트(8비트)로 구성됩니다. 세 클래스 중 네트워크 부분이 가장 크고, 호스트 부분이 가장 작은 구조입니다.

클래스 C의 네트워크 주소 맨 앞 비트는 110으로 고정됩니다. 따라서 첫 바이트의 주소 범위는 192(110 0 0000)~223(110 1 1111)입니다. 나머지 3바이트는 0~255의 값을 가질 수 있습니다.

그림 3-6 클래스 C 네트워크 범위

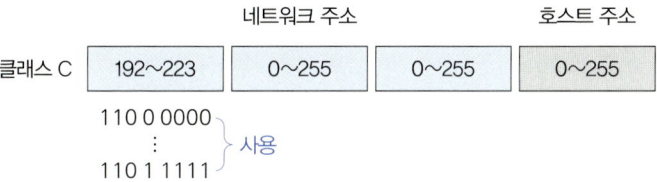

클래스 C는 클래스 A와 B에 비하면 네트워크 수는 훨씬 많고, 네트워크에 연결할 수 있는 호스트 장치 수는 작습니다. 그래서 소규모 네트워크 구축에 적합하며, 일반적으로 작은 기업이나 가정에서 많이 사용합니다.

> **Note 클래스 D와 클래스 E**
>
> IP 주소의 클래스는 흔히 사용하는 클래스 A, B, C 외에도 클래스 D와 클래스 E가 있습니다.
>
> - **클래스 D**: 맨 앞 비트 패턴이 1110으로 시작해 첫 바이트의 주소 범위가 224(1110 0000)~239(1110 1111)입니다. 멀티캐스트라는 특수한 통신 방식에 사용합니다.
> - **클래스 E**: 맨 앞 비트 패턴이 1111으로 시작해 첫 바이트의 주소 범위가 240(1111 0000)~255(1111 1111)입니다. 연구 및 실험 등 특별한 목적으로 사용합니다.

3.1.3 루프백 주소

루프백 주소(loopback address)는 첫 바이트가 127(0111 1111)로 시작하는 IP 주소로, 자기 자신을 가리킵니다. 127.0.0.0~127.255.255.255의 IP 주소는 클래스의 종류를 가리지 않고 모두 루프백 주소입니다.

그림 3-7 루프백 주소 범위

0111 1111

루프백 주소는 컴퓨터 내부에서 운영체제(윈도우, 리눅스 등)와 네트워크가 제대로 연결됐는지 확인하는 데 사용합니다. 예를 들어 127로 시작하는 IP 주소로 IP 패킷을 보내면, 해당 패킷은 외부 네트워크로 전송되지 않고 컴퓨터 내부에서 자체적으로 처리됩니다. 마치 뫼비우스의 띠처럼 시작점으로 다시 돌아옵니다.

루프백 주소를 이야기할 때 빼놓을 수 없는 것이 있습니다. 바로 localhost입니다. **localhost**는 IP 주소 **127.0.0.1**을 부르는 말로, 자기 자신의 컴퓨터를 가리킵니다. 127.0.0.0 ~127.255.255.255가 모두 루프백 주소라고 했는데, 127.0.0.1을 사용하는 이유는 IETF(Internet Engineering Task Force, 국제 인터넷 표준화 기구)의 RFC 문서에서 127.0.0.1을 루프백 통신의 기본 주소로 공식 지정했기 때문입니다. 많은 운영체제, 네트워크 프로그램, 개발 프레임워크 등에서 루프백의 대표 주소로 127.0.0.1을 사용합니다.

자신의 컴퓨터에서 웹 서버가 실행 중이라면 웹 브라우저 주소창에 127.0.0.1 또는 localhost를 입력할 경우 실행 중인 웹 서버에 접속할 수 있습니다. 이처럼 루프백 주소는 컴퓨터 내부에서 네트워크 통신을 테스트하거나, 네트워크 프로그램을 개발하는 데 유용하게 활용됩니다.

1분 퀴즈

정답 노트 p.279

01. IP 주소에 대한 설명으로 옳지 <u>않은</u> 것은?

① IPv4 주소는 32비트로 구성된다.

② IPv4 주소는 네트워크 부분과 호스트 부분의 크기가 고정돼 있다.

③ IPv6 주소는 IPv4 주소 부족 문제를 해결하기 위해 등장했다.

④ 루프백 주소는 127로 시작하는 IP 주소를 말한다.

02. 다음 중 클래스 B 네트워크에 속하는 IP 주소는?

① 10.10.10.10　　　　　　② 172.16.10.10

③ 192.168.1.1　　　　　　④ 224.0.0.1

03. 다음 빈칸에 들어갈 알맞은 말을 쓰세요.

① 클래스 A 주소의 맨 앞 비트 패턴은 (　　　)(이)다.

② 클래스 B 주소의 맨 앞 비트 패턴은 (　　　)(이)다.

③ 클래스 C 주소의 맨 앞 비트 패턴은 (　　　)(이)다.

④ 클래스 A의 첫 번째 바이트 범위(실제 사용 가능한)는 (　　　)(이)다.

⑤ 클래스 B의 첫 번째 바이트 범위는 (　　　)(이)다.

⑥ 클래스 C의 첫 번째 바이트 범위는 (　　　)(이)다.

⑦ 클래스 A 주소에서 처음 (　　　)바이트는 네트워크 주소이고, 나머지는 호스트 주소이다.

⑧ 클래스 B 주소에서 처음 (　　　)바이트는 네트워크 주소이고, 나머지는 호스트 주소이다.

⑨ 클래스 C 주소에서 처음 (　　　)바이트는 네트워크 주소이고, 나머지는 호스트 주소이다.

3.2 서브넷 마스크

3.2.1 서브넷 마스크의 개념

서브넷 마스크(subnet mask)는 IP 주소에서 네트워크 부분과 호스트 부분을 구분하는 데 사용하는 32비트 숫자로, 앞쪽에 연속된 1의 개수에 따라 네트워크 부분과 호스트 부분을 구분합니다. 예를 들어 클래스 A, B, C의 서브넷 마스크는 다음과 같이 1은 네트워크 부분, 0은 호스트 부분을 나타냅니다.

그림 3-8 클래스 A, B, C의 서브넷 마스크

	1바이트	1바이트	1바이트	1바이트
클래스 A	1111 1111	0000 0000	0000 0000	0000 0000
클래스 B	1111 1111	1111 1111	0000 0000	0000 0000
클래스 C	1111 1111	1111 1111	1111 1111	0000 0000

2진수로 1111 1111은 10진수로 255, 16진수로 FF입니다. 따라서 클래스 A, B, C의 서브넷 마스크를 **그림 3-9**와 같이 작성할 수도 있습니다. 10진수나 16진수 표현은 2진수 표현보다 간결하고 읽기 쉽습니다.

그림 3-9 클래스 A, B, C의 서브넷 마스크

(a) 10진수 표기

	1바이트	1바이트	1바이트	1바이트
클래스 A	255	0	0	0
클래스 B	255	255	0	0
클래스 C	255	255	255	0

(b) 16진수 표기

	1바이트	1바이트	1바이트	1바이트
클래스 A	FF	00	00	00
클래스 B	FF	FF	00	00
클래스 C	FF	FF	FF	00

그렇다면 다음 세 IP 주소의 서브넷 마스크는 무엇일까요? 각 IP 주소가 어느 클래스에 속하는지 생각해보면 금방 알 수 있습니다.

- **20.10.3.4:** 클래스 A 네트워크에 속하므로 서브넷 마스크는 255.0.0.0입니다.
- **132.10.0.1:** 클래스 B 네트워크에 속하므로 서브넷 마스크는 255.255.0.0입니다.
- **203.10.3.1:** 클래스 C 네트워크에 속하므로 서브넷 마스크는 255.255.255.0입니다.

그런데 '클래스 A, B, C의 구분이 있는데 왜 서브넷 마스크가 필요할까?'라는 의문이 들 수 있습니다. 클래스 A, B, C로 나누는 방식은 구성할 수 있는 네트워크의 규모가 고정돼 있어 비효율적입니다. 그래서 더 유연하고 효율적으로 네트워크를 구성하기 위해 서브넷 마스크를 사용해 서브네팅을 합니다. 서브네팅에 대해서는 다음 절에서 자세히 알아보겠습니다.

이론적으로 서브넷 마스크를 이해하는 것도 중요하지만, 실제로 내 컴퓨터에 IP 주소와 서브넷 마스크가 어떻게 설정돼 있는지 확인해보는 것도 도움이 됩니다. 내 컴퓨터가 어떤 네트워크에 속하는지, 네트워크 규모는 어느 정도인지 확인해 봅시다.

3.2.2 윈도우에서 IP 주소, 서브넷 마스크 확인하기

윈도우 검색창에 **cmd**를 입력하고 명령 프롬프트를 실행합니다. 명령 프롬프트 창에서 **ipconfig**를 입력하고 [Enter]를 누릅니다. ipconfig는 현재 컴퓨터의 네트워크 설정 정보를 확인하는 명령으로, 실행 결과는 사용자의 네트워크 환경에 따라 다르게 나옵니다.

```
∨ 명령 프롬프트
C:\User\Administrator>ipconfig

윈도우 IP 구성
이더넷 어댑터 이더넷 2:
연결별 DNS 접미사 . : ap-northeast-2.compute.internal
링크-로컬 IPv6 주소 . . . . . : fe80::aa5d:d06a:9aa9:16d7%14
IPv4 주소 . . . . . . . . . . : 172.31.2.4       ----------- ❶
서브넷 마스크 . . . . . . . . : 255.255.240.0    --------- ❷
기본 게이트웨이 . . . . . . . : 172.31.0.1       ----------- ❸
```

❶ **IPv4 주소:** 현재 컴퓨터에 할당된 IP 주소입니다. 예시의 172.31.2.4에서 맨 앞 숫자가 172이므로 클래스 B 네트워크에 속합니다.

❷ **서브넷 마스크:** 서브넷 마스크를 나타냅니다. 예시의 255.255.240.0에서 세 번째 바이트가 240이라는 점이 조금 특이한데, 이는 서브네팅 기술이 적용됐기 때문입니다. 서브네팅은 다음 절에서 자세히 알아보겠습니다.

예시에서 확인한 서브넷 마스크 255.255.240.0을 2진수로 표현하면 1111 1111.1111 1111.1111 0000.0000 0000입니다. 여기서 1로 표현한 부분이 네트워크 부분이고, 0으로 표현한 부분이 호스트 부분입니다. 이 네트워크에는 0이 총 12개 있으므로 2^{12}, 즉 4,096개의 호스트 IP 주소를 할당할 수 있습니다. 하지만 4,096개의 IP 주소 중에서 실제 호스트에 할당할 수 있는 주소는 다음 두 개의 주소를 제외한 4,094개입니다.

- **네트워크 주소:** 네트워크 자체를 식별하는 주소입니다. 호스트 부분의 모든 비트가 0입니다.

- **브로드캐스트 주소:** 네트워크 내 모든 호스트에 메시지를 전송하는 데 사용하는 주소입니다. 호스트 부분의 모든 비트가 1입니다.

이처럼 한 네트워크에 할당할 수 있는 호스트 주소 수는 모든 비트가 0인 네트워크 주소와 모든 비트가 1인 브로드캐스트 주소를 제외한 수입니다.

❸ **기본 게이트웨이:** WAN으로 나가는 관문 역할을 하는 라우터의 IP 주소입니다. 이 컴퓨터가 외부 네트워크와 통신하려면 IP 주소가 172.31.0.1인 기본 게이트웨이를 통해 데이터를 주고받아야 합니다.

3.2.3 맥OS에서 IP 주소, 서브넷 마스크 확인하기

command + space 를 눌러 **terminal**을 입력해 터미널을 실행한 후 **ifconfig** 명령어를 입력하고 Enter 를 누릅니다. ifconfig는 맥OS에서 네트워크 설정 정보를 확인하는 명령으로, 실행 결과는 사용자의 네트워크 환경에 따라 다릅니다.

❶ **en0:** 이더넷 인터페이스를 의미하며, 무선 LAN의 경우 와이파이 연결 정보를 포함하기도 합니다.

❷ **inet:** IPv4 주소를 나타냅니다. 예시의 192.168.1.73은 맨 앞 숫자가 192이므로 클래스 C 네트워크에 속합니다.

❸ **netmask:** 서브넷 마스크를 16진수(0xffffff00)로 나타낸 것입니다. ff가 십진수로 255이므로 서브넷 마스크는 255.255.255.0이며, 이를 이진수로 표현하면 1111 1111.1111 1111.1111 1111.0000 0000이 됩니다.

이 네트워크에는 0이 총 8개이므로 2^8, 즉 256개의 호스트 IP 주소를 할당할 수 있습니다. 하지만 앞에서 배운 것처럼 특별한 용도로 사용하는 네트워크 주소와 브로드캐스트 주소를 제외해야 하기 때문에 실제 호스트에 할당할 수 있는 주소는 254개입니다.

❹ **broadcast:** 네트워크 내 모든 장치에 메시지를 보낼 수 있는 브로드캐스트 주소(192. 168.1.255)입니다. 앞서 배운 것처럼 호스트 주소(마지막 바이트)의 모든 비트가 1인 255 입니다. 이 주소로 메시지를 전송하면 네트워크 내 모든 장치가 메시지를 수신합니다.

3.2.4 CIDR 표기법

CIDR 표기법(Classless Inter-Domain Routing notation)은 네트워크 부분을 나타내는 1이 몇 개인 지를 슬래시(/) 뒤에 숫자로 표시하는 방식으로, **슬래시 표기법**(slash notation)이라고도 합니다.

예를 들어 서브넷 마스크 255.0.0.0을 CIDR 표기법으로 나타내면 /8이 됩니다. 255.0.0.0 을 이진수로 변환하면 1111 1111.0000 0000.0000 0000.0000 0000이고, 여기서 네트워크 부분을 나타내는 1이 8개이기 때문에 /8로 작성합니다.

마찬가지로 서브넷 마스크 255.255.240.0은 CIDR 표기법으로 /20이 됩니다. 255. 255.240.0을 이진수로 변환하면 1111 1111.1111 1111.1111 0000.0000 0000이고, 네트워크 부분에 1이 20개이기 때문에 /20으로 작성합니다.

CIDR 표기법을 사용하면 서브넷 마스크를 255.255.255.0처럼 길게 표현하지 않고 /24처럼 간단하게 표현할 수 있어 편리합니다.

표 3-2 서브넷 마스크의 CIDR 표기 예

서브넷 마스크	CIDR	호스트 수
255.0.0.0	/8	16,777,214개($2^{24}-2$)
255.255.240.0	/20	4,094개($2^{12}-2$)
255.255.255.0	/24	254개($2^{8}-2$)

IP 주소와 CIDR 표기법을 같이 쓸 때는 다음과 같이 'IP 주소/네트워크 비트 수' 형식으로 작성합니다.

- **20.10.3.4/8:** IP 주소가 20.10.3.4이며, 앞의 8비트가 네트워크 주소입니다.
- **132.10.0.1/16:** IP 주소가 132.10.0.1이며, 앞의 16비트가 네트워크 주소입니다.
- **203.10.3.1/24:** IP 주소가 203.10.3.1이며, 앞의 24비트가 네트워크 주소입니다.

CIDR 표기법은 네트워크 부분을 처음 8비트, 16비트, 24비트로 한정한 클래스 A, B, C 구분법에 머무르지 않고 /9, / 20 등으로 네트워크 부분을 지정해 네트워크를 더욱 유연하게 구성할 수 있습니다.

CIDR 표기법으로 사용 가능한 숫자 범위는 /8~/30입니다. /31과 /32를 제외하는 이유는 다음과 같습니다.

- **/31**: 호스트 부분을 나타내는 0이 하나만 있으므로 두 개의 호스트 IP 주소가 생성(0, 1)됩니다. 하지만 네트워크 주소와 브로드캐스트 주소로 예약된 주소를 빼고 나면 실제 호스트에 할당할 수 있는 주소가 없습니다. 따라서 /31은 사용하지 않습니다(다만, 예외적으로 point-to-point 링크와 같이 두 장치만 연결하는 경우에 사용하기도 합니다).

- **/32**: 이론적으로는 가능하지만 실제로는 거의 사용하지 않습니다. /32는 서브넷 마스크가 1111 1111.1111 1111.1111 1111.1111 1111로, 모든 비트가 1입니다. 이는 IP 주소 전체가 네트워크 부분이고 호스트 부분은 없다는 뜻입니다. 네트워크를 형성하려면 최소 두 개 이상의 장치가 필요한데, 호스트 부분이 없다면 해당 네트워크에는 오직 하나의 장치만 존재할 수 있으므로 네트워크 통신이 불가능합니다. /32는 혼자 사용하는 기기, 즉 네트워크에 연결하지 않은 독립적인 장치에 할당할 수 있지만 이 경우에도 실질적인 의미는 없습니다. 따라서 /32는 이론적으로 가능하지만 실제 네트워크 환경에서는 거의 사용하지 않습니다.

1분 퀴즈

정답 노트 p.279

04. 다음 중 클래스 C 네트워크의 서브넷 마스크를 2진수로 바르게 표현한 것은?

① 1111 1111.0000 0000.0000 0000.0000 0000

② 1111 1111.1111 1111.0000 0000.0000 0000

③ 1111 1111.1111 1111.1111 1111.0000 0000

④ 1111 1111.1111 1111.1111 1111.1111 1111

○ 계속

05. IP 주소가 192.168.10.20이고 서브넷 마스크가 255.255.255.0인 네트워크에서 호스트에 할당할 수 있는 IP 주소의 개수는?

① 254개 ② 256개
③ 65,534개 ④ 4,294,967,294개

06. 다음 괄호의 각 번호에 들어갈 용어를 쓰세요.

- (①)은/는 네트워크 자체를 식별하는 주소로, 호스트 부분의 모든 비트가 0이다.
- (②)은/는 네트워크 내 모든 장치에 메시지를 전송하는 데 사용하는 주소로, 호스트 부분의 모든 비트가 1이다.
- (①)와/과 (②)은/는 특별한 용도로 사용되므로 실제 호스트에 할당할 수 없다.

① (　　　　　)　　　② (　　　　　)

07. CIDR 표기법에 대한 설명으로 옳지 않은 것은?

① IP 주소 뒤에 '/숫자' 형태로 네트워크 비트 수를 표시한다.
② 클래스 주소 체계보다 더 유연하게 주소를 할당할 수 있다.
③ /24는 IP 주소의 앞 24비트가 네트워크 부분임을 의미한다.
④ 네트워크 주소와 브로드캐스트 주소를 따로 구분하지 않는다.

08. CIDR 표기법에서 /30 네트워크는 몇 대의 호스트를 연결할 수 있는가?

09. CIDR 표기법에서 /20의 서브넷 마스크를 10진수로 작성하세요.

3.3 서브네팅

3.3.1 서브네팅의 개념

직원 수가 240명인 A사가 있다고 합시다. A사는 60명씩 나눠 기획팀, 편집팀, 회계팀, 행정팀 네 개의 부서로 이뤄져 있습니다. A사는 사내에 네트워크를 구축하기 위해 지역의 인터넷 서비스 제공 업체로부터 200.100.100.0/24라는 클래스 C 네트워크를 할당받았습니다.

A사는 스위치를 이용해 다음과 같이 LAN을 구축했습니다. 클래스 C는 호스트 주소로 254개를 쓸 수 있으므로 한 부서에 최소 60개 이상씩 돌아가도록 IP 주소를 할당했습니다.

- **기획팀**: 200.100.100.1~200.100.100.64
- **편집팀**: 200.100.100.65~200.100.100.129
- **회계팀**: 200.100.100.130~200.100.100.194
- **행정팀**: 200.100.100.195~200.100.100.254

그림 3-10 A사의 네트워크 구성

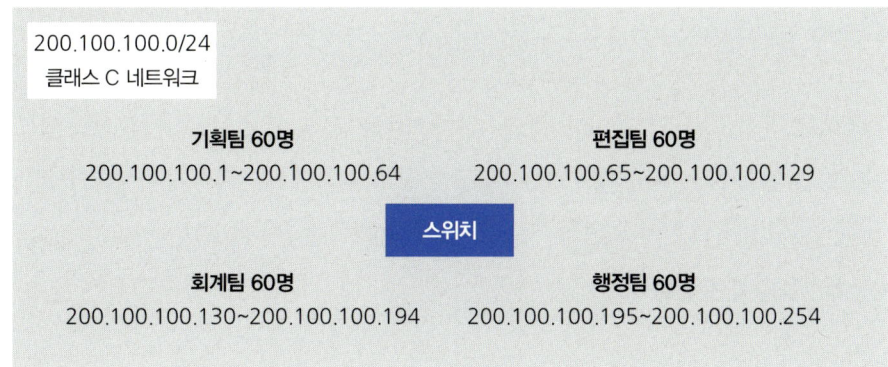

A사의 네트워크 구성은 잘된 걸까요? 이렇게 구축해도 당장 문제가 없을 수 있지만, 언제 보안 문제가 발생할지 모릅니다. 예를 들어 회계팀 컴퓨터에 민감한 자료가 있다면 다른 부서에서 접근하지 못하도록 차단해야 하는데, 모든 장치가 하나의 네트워크에 있기 때문에 이론상 접근이 가능해 보안이 취약합니다. 물론 회계팀 컴퓨터에 방화벽을 설정할 수 있지만, 회계팀이 사용하는 모든 장치에 일일이 방화벽을 설정하기란 매우 번거로운 일입니다.

모든 장치가 하나의 네트워크로 연결돼 브로드캐스트 도메인이 커지는 것도 문제입니다. 그러면 브로드캐스트 메시지가 증가해 네트워크 트래픽이 과다하게 몰려 네트워크의 성능이 저하될 수 있습니다.

이러한 상황에서 부서마다 클래스 C 네트워크를 받아 사용하는 방법도 생각해볼 수 있습니다. 하지만 60대 남짓되는 장치를 연결하려고 254개의 호스트 주소를 사용할 수 있는 클래스 C 네트워크를 사용하는 것은 낭비입니다. 금전적으로 부담일 뿐만 아니라 전 세계적으로 IPv4 주소가 부족한 상황에서 용납할 수 없는 일입니다.

그림 3-11 네 개의 클래스 C 네트워크로 구성한 경우

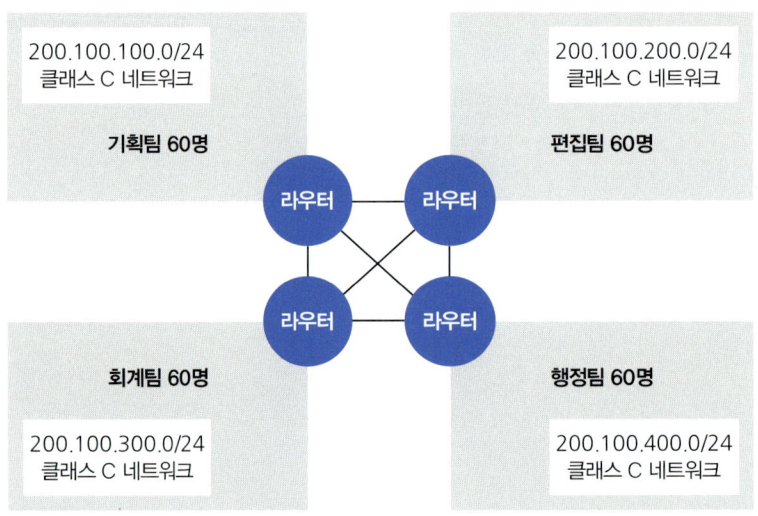

이 문제를 해결하는 방법으로 서브네팅이 있습니다. **서브네팅**(subnetting)이란 하나의 네트워크를 여러 개의 작은 네트워크로 분할하는 기술로, 호스트 부분을 빌려 네트워크 부분으로 확장하는 방식입니다. 자세한 내용은 바로 이어서 서브네팅의 원리를 통해 알아보겠습니다.

서브네팅의 장점은 다음과 같습니다.

- **보안 강화:** 하나의 네트워크를 분리해 각각 쪼개진 네트워크에 대해 접근 권한을 제한할 수 있어 보안이 강화됩니다.

- **네트워크 성능 향상:** 브로드캐스트 도메인 사이즈를 줄여 네트워크의 성능을 향상할 수 있습니다.

- **IP 주소 낭비 개선:** IP 주소 낭비를 줄이고 네트워크를 효율적으로 관리할 수 있습니다.

- **네트워크 문제 해결 용이:** 네트워크에 문제가 발생했을 때 문제의 범위를 좁혀 원인을 파악하고 해결하기가 용이합니다.

3.3.2 서브네팅의 원리

서브네팅으로 네트워크를 어떻게 분할하는지 살펴봅시다. 다음은 200.100.100.0/24 클래스 C 네트워크를 서브네팅해 네 개로 분할한 모습입니다.

그림 3-12 네 개로 분할한 클래스 C 네트워크

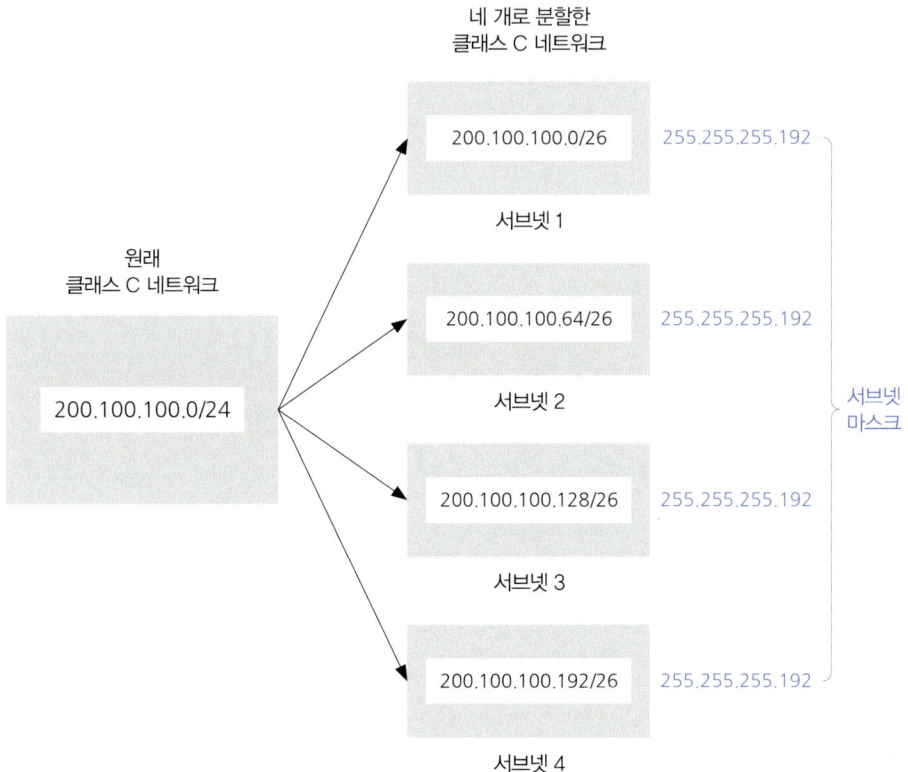

여기서 주목해야 할 점은 슬래시 표기법이 /24에서 /26으로 변경됐다는 것입니다. /26은 네트워크 부분을 나타내는 1이 총 26개 있다는 의미입니다. 이를 이진수로 표현하면 1111 1111.1111 1111.1111 1111.1100 0000이며, 10진수로는 255.255.255.192입니다. 네 번째 바이트에서 처음 두 비트가 11이라는 것은 호스트 부분에서 두 비트를 빌려와 네트워크 부분으로 만들었다는 의미입니다. 이렇게 하면 하나의 클래스 C 네트워크를 분할해 2^2, 즉 4개로 나눌 수 있으며, 이렇게 분리한 네트워크를 **서브넷**(subnet)이라고 합니다.

그림 3-13 서브네팅의 원리

	1바이트	1바이트	1바이트	1바이트	
원래 클래스 C 네트워크/24	200 1100 1000	100 0110 0100	100 0110 0100		0 0000 0000
서브네팅된 클래스 C 네트워크/26	200 1100 1000	100 0110 0100	100 0110 0100	00	0 00 0000
	200 1100 1000	100 0110 0100	100 0110 0100	01	64 00 0000
	200 1100 1000	100 0110 0100	100 0110 0100	10	128 00 0000
	200 1100 1000	100 0110 0100	100 0110 0100	11	192 00 0000

호스트 주소 부분을 빌려 네트워크 주소로 활용

네 개의 서브넷으로 분할된 기획팀, 편집팀, 회계팀, 행정팀의 IP 주소 범위는 **그림 3-14**와 같습니다. 네 번째 바이트의 맨 앞 두 비트까지 네트워크 주소로 사용하고, 나머지 여섯 비트를 호스트 주소로 사용합니다. 이때 호스트 주소의 모든 비트가 0인 경우는 서브넷의 네트워크 주소로, 1인 경우는 서브넷의 브로드캐스트 주소로 활용하므로 이 두 가지를 제외하고 호스트 주소를 할당합니다.

그림 3-14 서브넷의 호스트 주소 범위

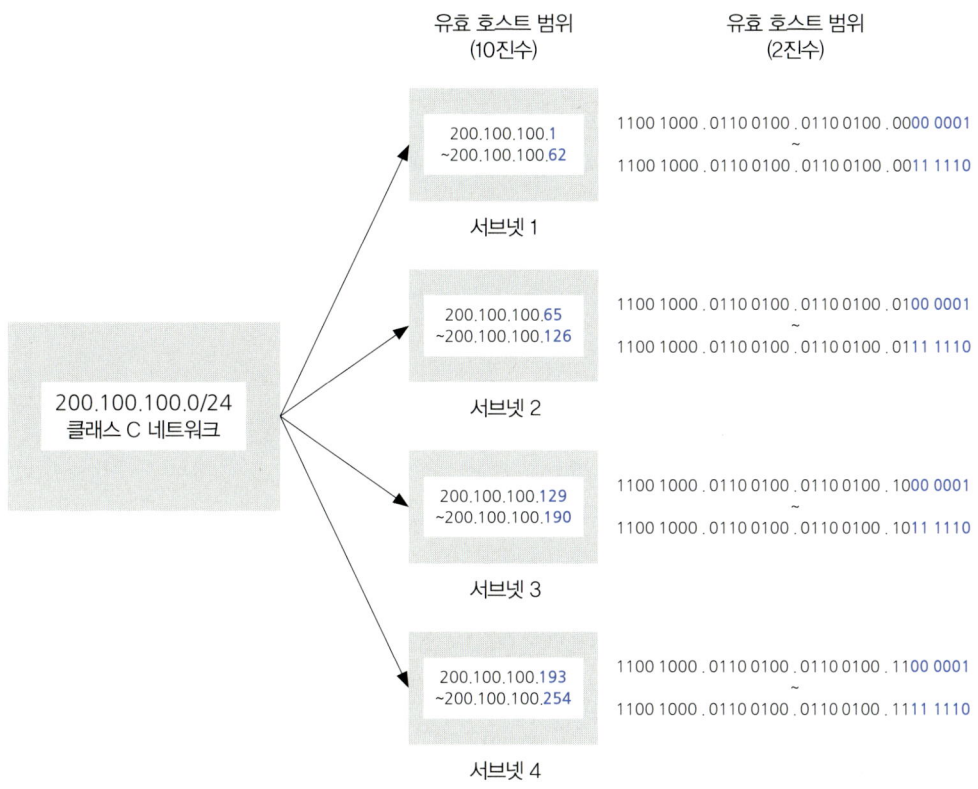

3.3.3 서브네팅의 범위

그렇다면 하나의 네트워크를 서브네팅으로 얼마나 쪼갤 수 있을까요?

클래스 C 네트워크를 예로 들어, 호스트 자리에서 1비트를 빌려오면 네트워크를 2^1, 2개로 나눌 수 있습니다. 마찬가지로 호스트 자리에서 2비트를 빌려오면 2^2, 4개로 나눌 수 있습니다. 같은 방식으로 호스트 부분에서 최대 6비트까지 빌려올 수 있습니다.

호스트 부분에서 최대 6비트까지 빌려올 수 있는 이유는 IP 주소에서 최소 2비트는 호스트 부분으로 남겨야 하기 때문입니다. 2비트는 2^2, 4개의 호스트 주소를 나타낼 수 있지만, 이 중에서 네트워크 주소(호스트 주소의 비트가 모두 0인 경우)와 브로드캐스트 주소(호스트 주소의 비트가 모두 1인 경우)를 빼면 실제로 호스트에 할당 가능한 주소는 두 개뿐입니다. 이는 네트워크를 형성하려면 적어도 두 개의 장치가 필요하다는 것을 만족하는 최소 숫자이므로 IP 주소에서 최소 2비트는 호스트 부분으로 남겨야 합니다.

표 3-3 클래스 C 네트워크의 서브네팅 가능한 범위

호스트에서 빌려온 비트 수	CIDR	서브넷 수	호스트 수
0	/24	0개	254개(2^8-2)
1	/25	2개(2^1)	126개(2^7-2)
2	/26	4개(2^2)	62개(2^6-2)
3	/27	8개(2^3)	30개(2^5-2)
4	/28	16개(2^4)	14개(2^4-2)
5	/29	32개(2^5)	6개(2^3-2)
6	/30	64개(2^6)	2개(2^2-2)

클래스 A, B 네트워크 역시 클래스 C 네트워크와 같은 방식으로 서브네팅할 수 있으며, 이때 최소 2비트는 호스트 부분에 남겨야 합니다. 클래스 네트워크별로 호스트 부분에서 빌려올 수 있는 비트 수와 그로 인해 나눌 수 있는 최대 서브넷 수는 다음과 같습니다.

표 3-4 클래스 A, B, C 네트워크의 서브네팅 가능한 범위

구분	호스트에서 빌려올 수 있는 최대 비트 수	최대 서브넷 수
클래스 A	22	4,194,304개(2^{22})
클래스 B	14	16,384개(2^{14})
클래스 C	6	64개(2^6)

1분 퀴즈

정답 노트 p.279

10. 서브네팅의 주요 목적이 <u>아닌</u> 것은 무엇인가?

① 보안 강화　　　　　　　　② 네트워크 성능 향상

③ IP 주소 낭비 개선　　　　　④ 서버 성능 개선

11. 200.100.100.0/24 네트워크를 네 개의 서브넷으로 나눴을 때, 각 서브넷의 네트워크 주소로 올바른 것은?

① 200.100.100.0/26, 200.100.100.1/26, 200.100.100.2/26, 200.100.100.3/26

② 200.100.100.0/24, 200.100.100.64/24, 200.100.100.128/24, 200.100.100.192/24

③ 200.100.100.0/25, 200.100.100.64/25, 200.100.100.128/25, 200.100.100.192/25

④ 200.100.100.0/26, 200.100.100.64/26, 200.100.100.128/26, 200.100.100.192/26

공인 IP 주소와 사설 IP 주소

1980년대에 설계된 IPv4 주소는 2^{32}, 약 43억 개의 IP 주소를 할당할 수 있습니다. 그러나 1990년대 들어 인터넷 사용이 급증하면서 43억 개의 IP 주소가 바닥나기 시작했고, 이 문제를 해결하기 위해 사설 IP 주소라는 개념이 등장했습니다. 이 절에서는 공인 IP 주소와 사설 IP 주소의 차이점을 알아보고, 사설 IP 주소를 어떻게 사용하는지 살펴보겠습니다.

3.4.1 공인 IP 주소와 사설 IP 주소의 개념

공인 IP 주소(public IP address)는 전 세계적으로 인터넷에 직접 연결할 수 있는 고유한 IP 주소로, IANA(Internet Assigned Numbers Authority, 국제 인터넷 주소 관리 기구)에서 배정하고 관리합니다. 이 주소는 해당 장치의 논리적인 위치 정보를 포함하므로 인터넷상에서 고유하게 식별 가능한 주소 정보로 사용합니다.

공인 IP 주소의 개념은 1980년에 공개된 초기 인터넷 프로토콜 스펙을 정의한 RFC 760 문서에서 표준화한 후 1983년부터 인터넷에서 광범위하게 사용되기 시작했습니다.

사설 IP 주소(private IP address)는 인터넷에 직접 연결되지 않고 개인 네트워크에서만 사용하는 IP 주소로, 전 세계적으로 중복돼도 괜찮기 때문에 IANA가 특정 범위를 사설용으로 예약해 뒀습니다. IP 주소가 부여된 장치의 위치 정보를 포함하지 않으며, 라우팅이 불가능해 인터넷상 통신에서는 사용할 수 없고 특정 LAN에서의 통신에만 사용합니다.

사설 IP 주소의 개념은 1996년 IETF(Internet Engineering Task Force, 국제 인터넷 표준화 기구)에서 발표한 〈Address Allocation for Private Internets(사설 네트워크를 위한 IP 주소 할당)〉이라는 제목의 RFC 1918 문서에서 처음 소개됐습니다. 이 문서는 인터넷에 직접 연결되지 않고 내부 네트워크에서만 쓸 목적으로 IP 주소 범위를 지정하자고 했으며, 그 결과로 사설 IP 주소가 나왔습니다.

3.4.2 사설 IP 주소의 범위

클래스 A, B, C의 사설 IP 주소는 클래스별로 일부 범위를 지정해 사용합니다. 이는 1996년 IETF의 RFC 1918 문서에서 공식적으로 정해졌습니다.

그림 3-15 클래스 A, B, C의 전체 IP 주소 범위와 사설 IP 주소 범위

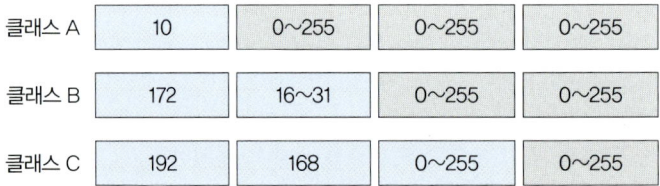

IP 주소의 맨 앞자리가 10이면 클래스 A의 사설 IP 주소입니다. 또한 IP 주소의 맨 앞자리가 172로 시작하면 클래스 B, 192로 시작하면 클래스 C의 사설 IP 주소일 가능성이 높습니다(가능성이 높다는 것이지 반드시 그런 것은 아닙니다. 클래스 B와 C는 두 번째 바이트의 주소까지 봐야 사설 IP 주소인지 아닌지 알 수 있습니다).

클래스 A, B, C의 사설 IP 주소 범위, 네트워크 주소, 네트워크에 할당할 수 있는 호스트 수는 **표 3-5**와 같습니다.

표 3-5 클래스 A, B, C의 사설 IP 주소 범위, 네트워크 주소, 호스트 수

구분	사설 IP 주소 범위	네트워크 주소	호스트 수
클래스 A	10.0.0.0 ~10.255.255.255	10.0.0.0/8	16,777,214개($2^{24}-2$)
클래스 B	172.16.0.0 ~172.31.255.255	172.16.0.0/16 ~172.31.0.0/16	65,534개($2^{16}-2$)
클래스 C	192.168.0.0 ~192.168.255.255	192.168.0.0/24 ~192.168.255.0/24	254개($2^{8}-2$)

그러나 실제 네트워크를 운영할 때는 이런 고정된 클래스 구분 방식에 한계가 있습니다. 다양한 규모의 네트워크에 유연하게 대처하기 위해 클래스 구분 없이 CIDR 방식으로 IP 주소를 관리하는 것처럼 사설 IP 주소도 CIDR 방식으로 네트워크 주소와 호스트 주소를 구분합니다.

RFC 1918 문서에 정의된 세 가지 사설 IP 주소 범위는 다음과 같습니다. 이는 클래스 A, 클래스 B, 클래스 C의 네트워크 주소가 /8, /16, /24인 것과 달리 /8, /12, /16으로 구분합니다. 특히 /12와 /16은 전통적인 클래스 B, C 네트워크에서 네트워크 주소 일부를 호스트 주소로 사용함으로써 훨씬 더 유연한 서브넷 분할이 가능합니다.

- **10.0.0.0/8**: 전통적인 클래스 A 대역에 해당하며, 앞쪽 8비트가 네트워크 주소로 고정됩니다.
- **172.16.0.0/12**: 전통적인 클래스 B 대역처럼 보이지만 실제로는 172.16.0.0부터 172.31.255.255까지를 포함하는 /12 범위의 CIDR 기반 주소입니다.
- **192.168.0.0/16**: 전통적인 클래스 C 대역처럼 보이지만 실제로는 192.168.0.0부터 192.168.255.255까지를 포함하는 /16 범위의 CIDR 기반 주소입니다.

RFC 1918 문서에 정의된 사설 IP 주소 범위, 네트워크 주소, 호스트 수는 다음과 같습니다.

표 3-6 RFC 1918 문서의 사설 IP 주소 범위, 네트워크 주소, 호스트 수

구분	사설 IP 주소 범위	네트워크 주소	호스트 수
클래스 A	10.0.0.0 ~10.255.255.255	10.0.0.0/8	16,777,214개($2^{24}-2$)
클래스 B	172.16.0.0 ~172.31.255.255	172.16.0.0/12 ~172.31.0.0/12	1,048,574개($2^{20}-2$)
클래스 C	192.168.0.0 ~192.168.255.255	192.168.0.0/16	65,534개($2^{16}-2$)

3.4.3 네트워크 주소 변환

인터넷을 사용하기 위해서는 공인 IP 주소가 필요하지만 LAN 내에서는 사설 IP 주소로도 충분히 통신할 수 있습니다. 따라서 LAN 내에 장치가 인터넷으로 데이터를 전송하려면 사설 IP 주소를 공인 IP 주소로 변환하는 **네트워크 주소 변환**(NAT, Network Address Translation)을 해야 합니다.

네트워크 주소 변환은 기본 게이트웨이가 LAN에 있는 장치의 사설 IP 주소를 자신(기본 게이트웨이)의 공인 IP 주소로 대체하는 방식으로 수행합니다. 이렇게 하면 LAN 내에 여러 장치가 하나의 공인 IP 주소를 공유하면서 인터넷에 접근할 수 있습니다. 반대로 데이터가 되돌아올 때는 기본 게이트웨이가 공인 IP 주소를 LAN에 있는 장치의 원래 사설 IP 주소로 다시 변환합니다. 결과적으로 사설 IP 주소와 공인 IP 주소를 함께 사용하면 IP 주소가 낭비되는 일을 막고 부족한 IP 주소를 효율적으로 사용할 수 있습니다.

그림 3-16 네트워크 주소 변환

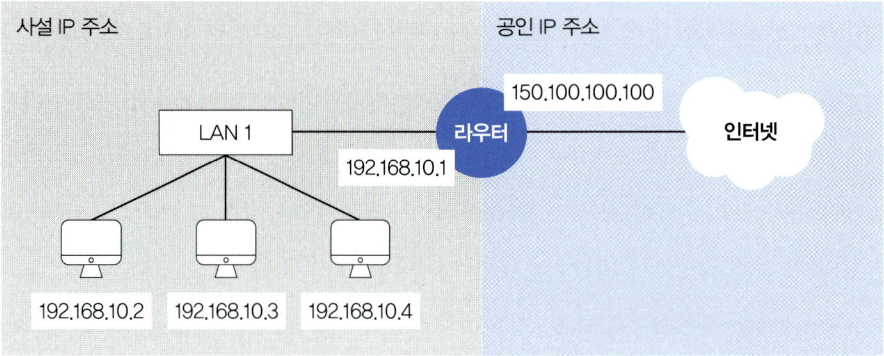

3.4.4 사설 네트워크

네트워크를 설계할 때 반드시 공인 IP 주소를 사용해야 하는 것은 아닙니다. 앞서 배운 것처럼 내부 네트워크는 사설 IP 주소만으로도 충분히 구성할 수 있으며, 이렇게 구성한 네트워크를 **사설 네트워크**(private network)라고 합니다.

사설 네트워크는 내부에서 인터넷에 바로 접근할 수 없기 때문에 보안에 유리합니다. 또한 발급받을 때 비용이 드는 공인 IP 주소를 사용하지 않기 때문에 네트워크 구축 비용을 절약할 수 있습니다.

하지만 인터넷에 연결하려면 공인 IP 주소를 가진 기본 게이트웨이와 연결해야 합니다. 또한 외부에서 원격으로 사설 네트워크에 접속할 때 포트 포워딩이라는 다소 번거로운 과정을 거쳐야 합니다. **포트 포워딩**(port forwarding)이란 외부에서 사설 네트워크의 특정 장치에 접속할 수 있도록 기본 게이트웨이에 데이터의 목적지를 지정해주는 일입니다.

사설 IP 주소 역시 서브네팅을 통해 사용 가능한 네트워크 수를 늘릴 수 있습니다. 하지만 개인이나 소규모 기업의 경우 사용 가능한 사설 IP 주소가 충분히 많기 때문에 굳이 서브네팅을 하지 않고도 여러 네트워크를 구축해 사용할 수 있습니다.

1분 퀴즈

정답 노트 p.279

12. 다음 중 클래스 B 네트워크의 사설 IP 주소의 전체 범위는?

① 10.0.0.0 ~ 10.255.255.255
② 192.168.0.0 ~ 192.168.255.255
③ 172.16.0.0 ~ 172.16.255.255
④ 172.16.0.0 ~ 172.31.255.255

13. 다음 중 사설 IP 주소 대역이 <u>아닌</u> 것은?

① 10.0.0.0 ~ 10.255.255.255
② 172.16.0.0 ~ 172.31.255.255
③ 192.0.0.0 ~ 192.167.255.255
④ 192.168.0.0 ~ 192.168.255.255

14. 다음 중 네트워크 주소 변환에 대한 설명으로 옳은 것은?

① MAC 주소를 IP 주소로 변환한다.

② IPv4 주소를 IPv6 주소로 변환한다.

③ IP 주소를 도메인 이름으로 변환한다.

④ 사설 IP 주소를 공인 IP 주소로 변환한다.

3.5

DHCP

네트워크를 설계할 때 작거나 간단한 네트워크는 직접 IP 주소를 할당할 수 있습니다. 하지만 네트워크가 복잡해질 경우 IP 주소를 직접 할당하는 일은 매우 어렵고 시간이 오래 걸립니다. 이 문제를 해결하기 위해 IP 주소를 자동으로 할당해주는 DHCP 프로토콜이 등장했습니다.

3.5.1 DHCP의 개념

DHCP(Dynamic Host Configuration Protocol)는 네트워크에 연결된 장치에 IP 주소를 비롯해 서브넷 마스크, 게이트웨이, DNS 서버 주소 등을 자동으로 할당해주는 프로토콜입니다. DHCP를 사용하면 네트워크 관리자가 IP 주소를 수동으로 할당하지 않아도 되므로 그에 따른 시간과 노력을 절약할 수 있습니다.

다음은 DHCP를 사용하는 맥OS의 네트워크 설정입니다.

그림 3-17 맥OS 네트워크 설정

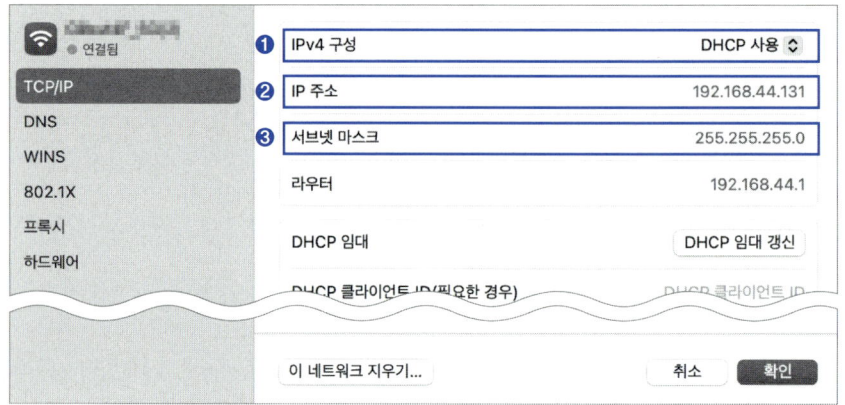

❶ IPv4 구성이 'DHCP 사용'이므로 DHCP를 이용해 자동으로 할당받은 IP 주소를 사용합니다.

❷ IP 주소는 192.168.44.131로 앞의 두 자리가 192.168이므로 클래스 C 네트워크의 사설 IP 주소를 사용합니다.

❸ 서브넷 마스크는 255.255.255.0으로, 호스트 주소의 일부를 네트워크 주소로 사용하는 서브네팅은 하지 않았습니다.

DHCP를 사용하는 윈도우의 네트워크 설정도 보겠습니다.

그림 3-18 윈도우 네트워크 설정

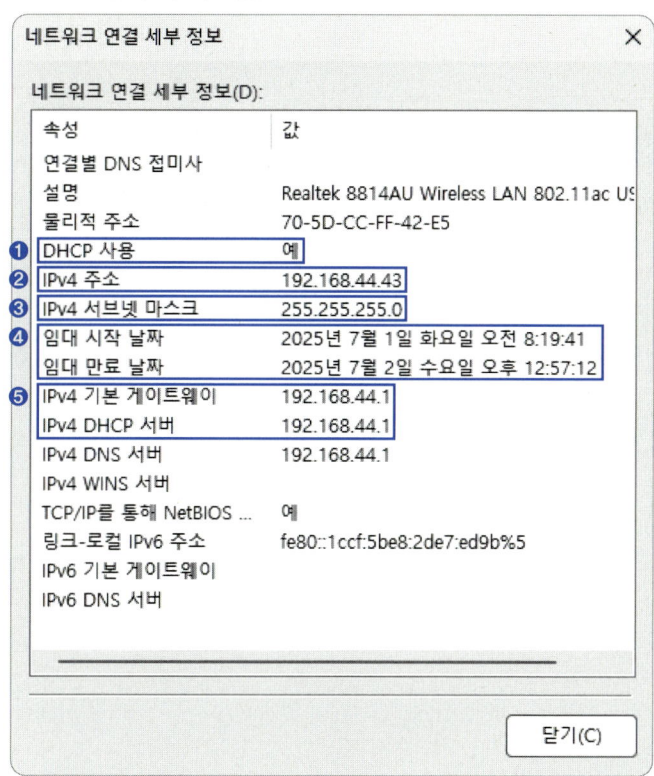

❶ 이 컴퓨터도 DHCP를 사용합니다.

❷ IPv4 주소는 192.168.44.43으로, 앞의 두 자리가 192.168이므로 클래스 C 네트워크의 사설 IP 주소를 사용합니다.

❸ 서브넷 마스크는 255.255.255.0으로, 호스트 주소의 일부를 네트워크 주소로 사용하는 서브네팅은 하지 않았습니다.

❹ DHCP 임대 시작 날짜와 만료 날짜입니다. DHCP는 IP 주소를 동적으로 할당하기 때문에 특정 기간 동안만 IP 주소를 임대해 쓸 수 있습니다. 이 기간이 지나면 장치는 임대 갱신을 요청해야 하며, 네트워크에 사용 가능한 IP 주소 풀에 따라 기존 IP 주소를 연장하거나 새 IP 주소를 할당받아 사용합니다.

❺ 기본 게이트웨이의 IPv4 주소와 DHCP 서버의 IPv4 주소가 192.168.44.1로 동일합니다. 이는 하나의 장비가 기본 게이트웨이와 DHCP 서버 역할을 동시에 하고 있음을 의미합니다.

3.5.2 DHCP의 작동 방식

컴퓨터 네 대가 연결된 LAN이 있다고 가정해 봅시다. 여기에 DHCP 서버 기능을 가진 스위치를 추가로 연결하면, 스위치를 통해 자동으로 각 컴퓨터에 IP 주소를 할당할 수 있습니다. DHCP 서버는 보통 가정에서 사용하는 유무선 공유기나 모뎀에 탑재돼 있습니다.

그림 3-19 DHCP 서버를 탑재한 스위치와 연결된 LAN

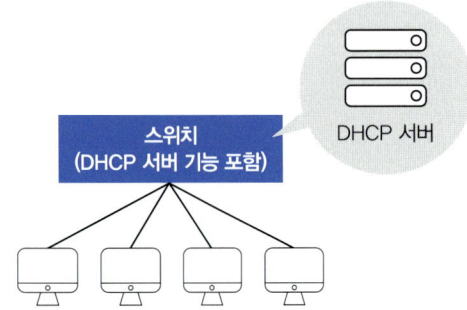

DHCP 서버는 네 단계로 작동합니다.

[1단계] DHCP 탐색

IP 주소를 요청하는 컴퓨터가 DHCP Discover(DHCP 탐색) 메시지를 LAN 전체에 브로드캐스트합니다. 이는 LAN에 DHCP 서버가 있다면 IP 주소를 할당해 달라고 요청하는 메시지로, 메시지의 목적지 MAC 주소에는 FF:FF:FF:FF:FF:FF를, 목적지 IP 주소에는 IPv4의 브로드캐스트 주소인 255.255.255.255를 넣어 보냅니다.

그림 3-20 DHCP 탐색

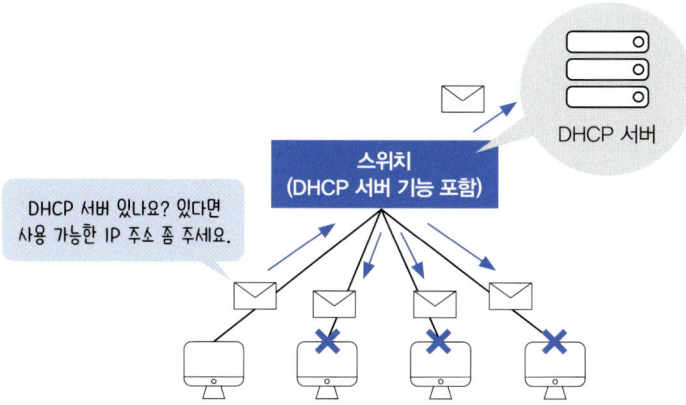

[2단계] **DHCP 제공**

DHCP Discover 메시지를 받은 DHCP 서버는 사용 가능한 IP 주소를 주며 이 주소를 사용하겠냐고 묻는 DHCP Offer(DHCP 제공) 메시지를 브로드캐스트합니다.

그림 3-21 DHCP 제공

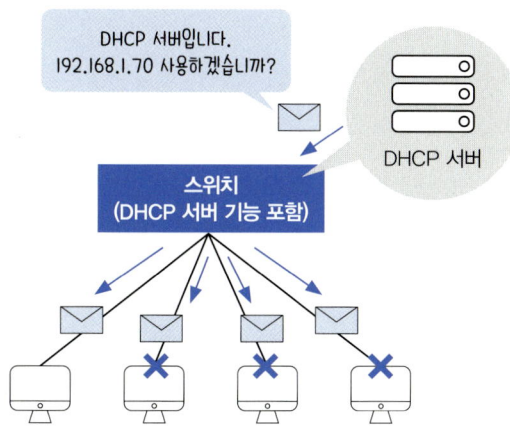

[3단계] DHCP 요청

IP 주소를 요청한 컴퓨터는 DHCP 서버가 제공한 IP 주소를 사용하겠다는 의미로 DHCP Request(DHCP 요청) 메시지를 브로드캐스트합니다.

그림 3-22 DHCP 요청

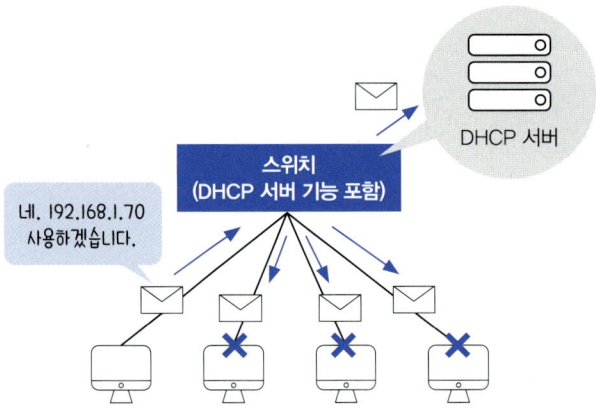

[4단계] DHCP 확인 응답

DHCP 서버는 IP 주소, 서브넷 마스크, 기본 게이트웨이 IP 주소, 임대 시간(lease time) 등의 정보를 담은 DHCP Acknowledgement(DHCP 확인 응답) 메시지를 브로드캐스트합니다. 이때부터 컴퓨터는 정식으로 IP 주소를 얻어 LAN에 접속할 수 있습니다. 임대 시간은 보통 24시간이 주어지며, 컴퓨터는 임대 시간이 만료되기 전에 DHCP 서버에 갱신 요청을 해 IP 주소를 연장해 사용합니다. 만약 갱신이 실패하면 새로운 IP 주소를 다시 할당받아 사용합니다.

그림 3-23 DHCP 확인 응답

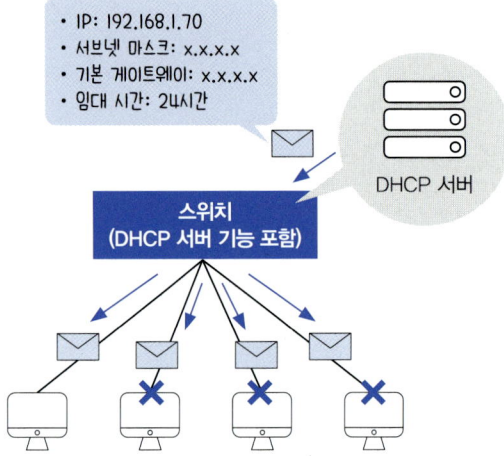

DHCP를 이용하면 사용하지 않는 IP 주소를 다른 장치가 사용할 수 있도록 해 IP 주소 부족 문제를 효율적으로 해결할 수 있습니다.

1분 퀴즈

정답 노트 p.279

15. DHCP의 작동 단계를 바르게 나열한 것은?

① DHCP 탐색 – DHCP 제공 – DHCP 요청 – DHCP 확인 응답

② DHCP 제공 – DHCP 탐색 – DHCP 요청 – DHCP 확인 응답

③ DHCP 탐색 – DHCP 요청 – DHCP 제공 – DHCP 확인 응답

④ DHCP 제공 – DHCP 요청 – DHCP 확인 응답 – DHCP 탐색

16. 다음 중 DHCP 임대 시간에 대한 설명으로 옳은 것은?

① IP 주소를 사용할 수 있는 기간   ② DHCP 서버를 사용할 수 있는 기간

③ MAC 주소를 사용할 수 있는 기간   ④ 네트워크 대역폭이 안정적인 기간

마무리

1. **IPv4 주소**

   ① IPv4 주소는 점(.)으로 구분된 네 부분으로 나뉘며, 각 부분이 8비트씩 총32비트, 4바이트로 구성됩니다.

   ② IPv4 주소는 2^{32}, 약 43억 개의 주소를 할당할 수 있습니다.

2. **IPv4 주소 클래스**

   ① IPv4 주소는 네트워크 부분과 호스트 부분으로 구성되며, 각 부분의 크기에 따라 클래스 A, B, C 세 가지로 나눕니다.

   ② **클래스 A:** 네트워크 부분이 1바이트, 호스트 부분이 3바이트로, 대규모 네트워크에 적합합니다.

   ③ **클래스 B:** 네트워크 부분이 2바이트, 호스트 부분이 2바이트로, 중간 규모 네트워크에 적합합니다.

   ④ **클래스 C:** 네트워크 부분이 3바이트, 호스트 부분이 1바이트로, 소규모 네트워크에 적합합니다.

3. **서브넷 마스크**

   ① IP 주소에서 네트워크 부분과 호스트 부분을 구분하는 데 사용하는 32비트 숫자로, 앞쪽에 연속된 1의 개수에 따라 네트워크 부분과 호스트 부분을 구분합니다.

   ② 이진수로 1111 1111은 십진수로 255, 16진수로 FF입니다. 예를 들어 클래스 A, B, C의 서브넷 마스크는 다음과 같이 작성할 수 있습니다.

   - **클래스 A:** 255.0.0.0 또는 FF.00.00.00
   - **클래스 B:** 255.255.0.0 또는 FF.FF.00.00
   - **클래스 C:** 255.255.255.0 또는 FF.FF.FF.00

4. CIDR 표기법

① 네트워크 부분을 나타내는 1이 몇 개인지를 슬래시(/) 뒤에 숫자로 작성해 표현하는 방식입니다.

② 서브넷 마스크 255.255.255.0은 CIDR 표기법으로 /24와 같습니다.

③ IP 주소와 CIDR 표기법을 같이 쓸 때는 'IP 주소/네트워크 비트 수(예 20.10.3.4/8)'와 같은 형식으로 작성합니다.

5. 서브네팅

① 하나의 네트워크를 여러 개의 작은 네트워크로 분할하는 기술로, 호스트 부분을 빌려 네트워크 부분을 확장하는 방식입니다.

② 새로운 네트워크를 구축해 IP 주소가 낭비되는 문제를 줄이고, 기존 네트워크를 서브넷으로 분할함으로써 네트워크 관리의 효율성을 높입니다.

③ 클래스 A, B, C 네트워크는 호스트 부분에서 빌려올 수 있는 비트 수와 최대로 분할할 수 있는 서브넷 수가 제한돼 있습니다.

6. 공인 IP 주소와 사설 IP 주소

① 공인 IP 주소는 인터넷에 접속하는 장치에 할당되는 주소로, 전 세계적으로 유일합니다.

② 사설 IP 주소는 LAN 내에서 사용하는 주소로, 인터넷에 직접 접속할 수 없습니다.

③ 네트워크 주소 변환(NAT)은 사설 IP 주소를 사용하는 장치가 공인 IP 주소를 사용해 인터넷에 접속할 수 있도록 하는 기술입니다.

7. DHCP

① 네트워크에 연결된 장치에 IP 주소, 서브넷 마스크, 게이트웨이, DNS 서버 주소 등을 자동으로 할당해주는 프로토콜입니다.

② DHCP를 사용하면 네트워크 관리자는 IP 주소를 수동으로 할당하는 데 드는 시간과 노력을 절약할 수 있습니다.

8. DHCP 작동 방식

① **DHCP 탐색:** IP 주소를 요청하는 컴퓨터가 DHCP Discover 메시지를 LAN 전체에 브로드캐스트합니다.

② **DHCP 제공:** DHCP Discover 메시지를 받은 DHCP 서버는 사용 가능한 IP 주소를 주며 이 주소를 사용하겠냐고 제안하는 DHCP Offer 메시지를 브로드캐스트합니다.

③ **DHCP 요청:** 컴퓨터는 DHCP 서버가 제공한 IP 주소를 사용하겠다는 의미로 DHCP Request 메시지를 브로드캐스트합니다.

④ **DHCP 확인 응답:** DHCP 서버는 IP 주소, 서브넷 마스크, 기본 게이트웨이 IP 주소, 임대 시간 등의 정보를 담은 DHCP Acknowledgement 메시지를 브로드캐스트합니다. 이때부터 컴퓨터는 정식으로 IP 주소를 얻어 네트워크에 접속할 수 있습니다.

4장
전송 계층

전송 계층의 프로토콜 종류와 작동 방식

1장부터 3장까지 LAN의 작동 원리, WAN의 작동 원리, IP 주소 체계 및 다양한 활용법을 알아봤습니다. 이는 TCP/IP 모델의 1~2계층에서 수행하는 작업으로, 네트워크 엔지니어가 네트워크 인프라를 구축하고 관리하는 데 필요한 지식이기도 합니다.

이 장에서는 TCP/IP 모델의 3계층인 전송 계층에서 동작하는 프로토콜에 대해 알아봅니다. 전송 계층 프로토콜은 컴퓨터에서 동작하는 애플리케이션 간에 데이터를 주고받을 수 있도록 도와주는 역할을 합니다. 실제로 개발자는 전송 계층 프로토콜을 사용해 애플리케이션 간 데이터 송수신 방식을 결정하고, 그 과정에서 안정성과 성능을 최적화합니다.

포트

본격적으로 전송 계층 프로토콜에 대해 알아보기 전에 반드시 짚고 넘어가야 할 개념이 있습니다. 바로 포트입니다.

4.1.1 포트의 개념

컴퓨터 간에 통신할 때는 동일한 프로토콜을 사용합니다. 예를 들어 웹 브라우저를 띄워 웹 서버와 데이터를 주고받을 때는 HTTP(HyperText Transfer Protocol), 원격지에 있는 서버에 접속할 때는 SSH(Secure Shell), 파일 서버에 데이터를 업로드하거나 다운로드할 때는 FTP(File Transfer Protocol) 프로토콜을 사용합니다(이들은 응용 계층에서 동작하는 프로토콜로 자세한 내용은 **5장**에서 살펴봅니다).

그런데 한 컴퓨터 안에 웹 브라우저, 원격 접속 애플리케이션, 파일 전송 애플리케이션이 동시에 실행되고 있다면 이들을 어떻게 구분해 통신할까요?

그림 4-1 IP 주소로 구분할 수 없는 애플리케이션

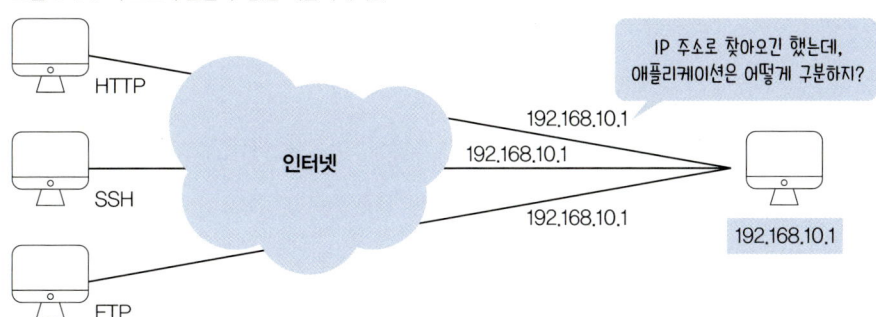

이 문제는 포트를 사용해 해결합니다. **포트**(port)는 컴퓨터 내부에 실행되는 특정 애플리케이션이나 서비스를 식별하는 논리적인 위치를 나타내는 것으로, 애플리케이션마다 포트 번호를 붙여 구분합니다. 컴퓨터가 수신한 메시지를 웹 브라우저, 원격 접속 애플리케이션, 파일 전송 애플리케이션과 같이 정확한 프로그램으로 전달할 수 있는 것은 포트가 있기 때문입니다. 포트는 하나의 IP 주소를 가진 컴퓨터에서 여러 애플리케이션이 동시에 운영될 수 있도록 데이터를 정확하게 각 프로그램으로 전달하는 길잡이 역할을 합니다. IP 주소가 '집 주소'라면, 포트는 '집 안의 방 번호'와 같습니다.

그림 4-2 포트를 이용해 애플리케이션 구분

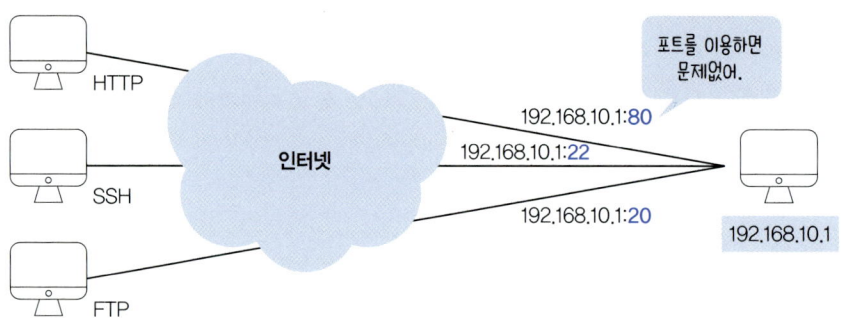

4.1.2 포트의 유형

포트는 사용 목적에 따라 잘 알려진 포트, 등록된 포트, 동적 포트의 세 가지로 나뉩니다.

- **잘 알려진 포트**

잘 알려진 포트(well-known port)는 인터넷에서 기본적으로 사용되는 프로토콜을 위해 예약된 포트로, 0~1,023번을 사용합니다. IANA(국제 인터넷 주소 관리 기구)에서 관리하며, 특정 프로토콜이나 서비스가 항상 이 포트를 사용하도록 약속돼 있습니다.

잘 알려진 포트의 예는 다음과 같습니다.

- **20, 21번**: FTP 프로토콜로 파일을 전송할 때 사용합니다.
- **22번**: SSH 프로토콜로 원격 컴퓨터에 로그인할 때 사용합니다.
- **25번**: SMTP 프로토콜로 이메일을 보낼 때 사용합니다.

- **110번**: POP3 프로토콜로 이메일을 받아 내 컴퓨터에 다운로드할 때 사용합니다.
- **143번**: IMAP 프로토콜로 이메일을 받아 서버에 보관한 상태로 관리할 때 사용합니다.
- **80번**: HTTP 프로토콜로 웹 페이지를 주고받을 때 사용합니다.
- **443번**: HTTPS 프로토콜로 암호화한 웹 페이지를 주고받을 때 사용합니다.

● **등록된 포트**

등록된 포트(registered port)는 잘 알려진 포트만큼은 아니지만 널리 사용하는 프로토콜 또는 특정 회사나 단체에서 자체 개발한 애플리케이션에 사용하는 포트입니다. 1,024~49,151번을 사용하며, 이 범위의 포트 번호는 누구나 IANA에 신청해 특정 애플리케이션이나 서비스 용도로 등록한 후 사용할 수 있습니다. 포트 번호의 유효 기간은 따로 정해져 있지 않으며, 별도의 취소나 반납 요청이 없는 한 계속 사용할 수 있습니다.

다음은 등록된 포트의 예입니다.

- **3,306번**: MySQL 데이터베이스의 기본 포트로 사용합니다.
- **5,432번**: PostgreSQL 데이터베이스의 기본 포트로 사용합니다.
- **8,080번**: HTTP 대체 포트로 자주 사용합니다.

● **동적 포트**

동적 포트(dynamic port)는 특정 프로토콜이나 서비스에 고정되지 않고 필요할 때마다 운영체제가 자동으로 할당해주는 포트로, 49,152~65,535번을 사용합니다.

예를 들어 웹 브라우저(클라이언트)가 웹 사이트(서버)에 접속할 때를 생각해 보겠습니다. 서버는 잘 알려진 포트(예 HTTP는 80번, HTTPS는 443번)를 사용합니다. 반면 클라이언트는 매번 같은 포트를 쓰지 않고, 운영체제가 사용 가능한 동적 포트 중에서 하나를 골라 자동으로 할당해 줍니다. 동시에 여러 서버와 연결할 때 각각의 연결을 명확히 구분하기 위해서입니다. 통신이 완료돼 연결이 해제되면 동적 포트는 자동으로 반환되고, 이후 다른 연결에 재사용할 수 있습니다.

세 포트 유형을 정리하면 **표 4-1**과 같습니다.

표 4-1 포트의 유형 정리

포트 유형	포트 번호	설명
잘 알려진 포트	0~1,023번	잘 알려진 프로토콜용 포트입니다.
등록된 포트	1,024~49,151번	잘 알려지진 않았지만 널리 사용하는 프로토콜용 포트입니다.
동적 포트	49,152~65,535번	누구나 임시로 사용하고 해제할 수 있는 포트입니다.

4.1.3 포트를 이용한 통신 연결 과정

두 컴퓨터가 통신할 때 같은 프로토콜을 사용한다고 해서 반드시 같은 포트를 써야 하는 것은 아닙니다. 일반적으로 클라이언트는 동적 포트를 사용하고, 서버는 잘 알려진 포트를 사용합니다. 클라이언트 입장에서는 요청할 때마다 새 연결을 만들어야 하기 때문에 동적 포트를 사용하고, 서버 입장에서는 누구나 "이 포트로 접속하면 이 서비스가 있다."라고 알 수 있어야 하기 때문에 잘 알려진 포트를 사용합니다.

HTTP 통신을 하는 두 컴퓨터 간에 포트를 이용한 연결 과정을 살펴봅시다. 이 경우 클라이언트는 자신의 운영체제로부터 임시로 할당받은 동적 포트 50,000번을 사용한다고 가정하겠습니다. 서버는 HTTP용 포트인 80번을 사용하고 현재, 웹 서버, SSH 서버, FTP 서버의 세 프로그램이 실행 중입니다.

클라이언트는 서버에 "HTTP 통신을 하기 위해 80번 포트로 연결하고 싶은데 가능할까요?"라고 메시지를 보냅니다.

그림 4-3 HTTP 연결 요청

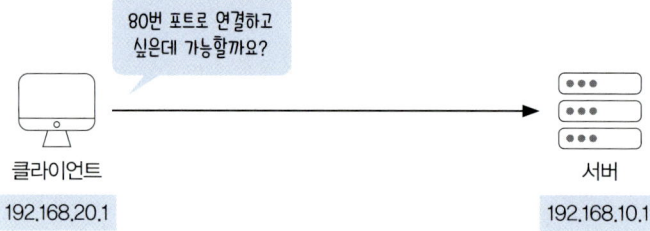

메시지를 받은 서버는 내부에 실행 중인 애플리케이션들에 "80번 포트로 연결 요청이 들어왔습니다. 이 포트를 사용하고 있는 애플리케이션, 연결 가능한가요?"라고 확인합니다.

그림 4-4 대기 중인 애플리케이션에 연결 여부 확인

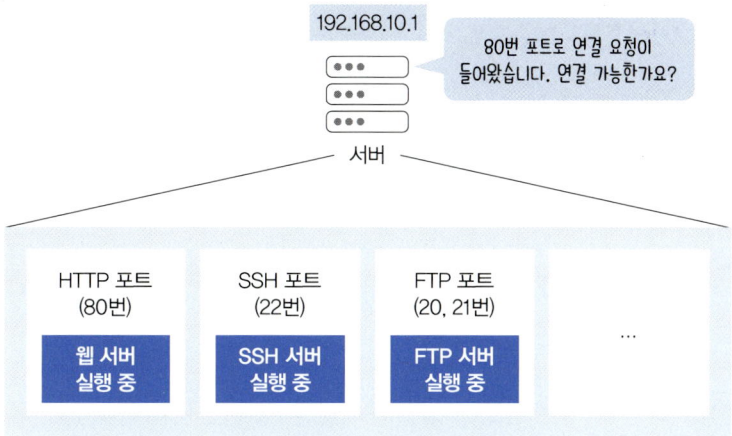

80번 포트를 사용하는 웹 서버는 "80번 포트로 연결 가능합니다."라고 대답합니다.

그림 4-5 대기 중인 애플리케이션에 연결 여부 확인 완료

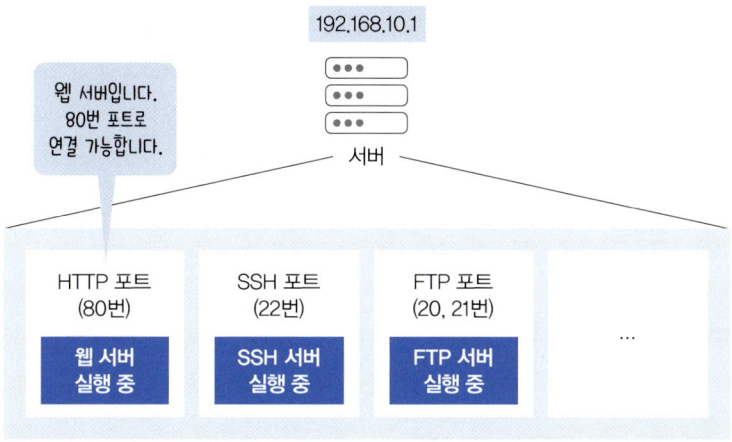

웹 서버로 연결 가능하다는 사실을 파악한 서버는 클라이언트에 "네. 80번 포트 연결 가능합니다. 연결하시겠습니까?"라고 메시지를 보냅니다.

그림 4-6 HTTP 연결 응답

- 목적지: 192.168.20.1:50000
- 출발지: 192.168.10.1:80

마지막으로 클라이언트가 "네, 연결하겠습니다."라고 메시지를 보내면 두 컴퓨터 간에 HTTP 통신을 하기 위한 연결 설정이 완료됩니다.

그림 4-7 HTTP 연결 설정 완료

- 목적지: 192.168.10.1:80
- 출발지: 192.168.20.1:50000

이렇게 두 컴퓨터가 통신을 하기 위해 연결된 끝점을 **소켓**(socket)이라고 합니다. 소켓은 'IP 주소:포트 번호'의 쌍으로 표현합니다.

그림 4-8 소켓

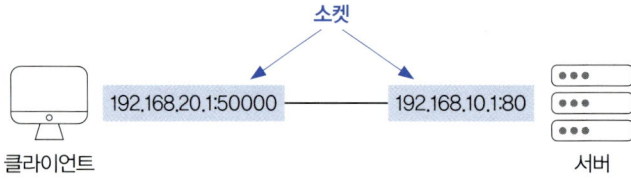

1분 퀴즈

01. 포트에 대한 설명으로 옳은 것은?

① 네 개의 유형으로 나뉜다.

② IP 주소와 같은 역할을 한다.

③ 눈에 보이는 물리적인 장치이다.

④ 컴퓨터 내부의 특정 애플리케이션이나 서비스를 식별하는 역할을 한다.

02. 다음 빈칸에 들어갈 용어를 쓰세요.

- (①)은/는 인터넷에서 기본적으로 사용되는 프로토콜을 위해 예약된 포트이다.
- (②)은/는 (①)만큼은 아니지만 널리 사용되는 프로토콜이나 특정 회사나 단체에서 자체 개발한 애플리케이션에 사용하는 포트이다.
- (③)은/는 특정 프로토콜이나 서비스에 고정되지 않고 필요할 때마다 운영체제가 자동으로 할당해주는 포트이다.

① (　　　　) ② (　　　　) ③ (　　　　)

03. 소켓에 대한 다음 설명을 읽고 맞으면 O, 틀리면 X 표시를 하세요.

① IP 주소와 포트 번호의 조합으로 식별한다. (　　)

② 네트워크 통신에서 데이터를 주고받기 위한 끝점이다. (　　)

③ 네트워크 통신에서 반드시 하나의 컴퓨터만 사용할 수 있다. (　　)

4.2

TCP

포트의 개념을 이해했으니 지금부터 전송 계층의 프로토콜에 대해 알아보겠습니다. 전송 계층의 프로토콜은 대표적으로 TCP와 UDP가 있으며, 이 절에서 TCP, 다음 절에서 UDP에 대해 알아봅니다.

표 4-2 4장에서 다루는 내용

관련 장	TCP/IP 모델 계층	주요 기술과 프로토콜	데이터 단위	주소 정보
5, 6장	응용 계층	DNS, 텔넷, FTP, SMTP, HTTP 등	데이터	–
4장	전송 계층	TCP, UDP	세그먼트, 데이터그램	포트 번호
2, 3장	인터넷 계층	ARP, IP	패킷	IP 주소
1장	네트워크 인터페이스 계층	이더넷	프레임	MAC 주소

4.2.1 TCP의 개념

2장에서 출발지 컴퓨터와 목적지 컴퓨터가 IP 프로토콜로 데이터를 주고받는 과정을 배웠습니다. IP 프로토콜은 프레임 속에 IP 패킷을 넣어 전송합니다. IP 패킷에는 출발지 IP 주소와 목적지 IP 주소가 포함돼 있고, 라우터가 이 주소를 기반으로 라우팅을 수행해 IP 패킷을 목적지까지 전송합니다.

IP 프로토콜은 한 가지 단점이 있습니다. 바로 IP 패킷이 목적지에 제대로 도착했는지 보장하지 않는다는 것입니다. IP 프로토콜은 단순히 IP 패킷을 전송하는 역할만 할 뿐, 패킷이 중간에 유실됐는지, 순서가 바뀌었는지 혹은 손상됐는지 확인하지 않습니다. 그래서 IP를 '신뢰할 수 없는 프로토콜'이라고 합니다.

TCP(Transmission Control Protocol)는 IP의 한계를 보완하고 신뢰성 있는 데이터 전송을 보장하는 프로토콜입니다. TCP의 가장 큰 특징은 **연결 지향**(connection-oriented)이라는 점입니다. 이는 애플리케이션 간 통신이 시작되기 전에 TCP 연결(connection)을 설정하고, 통신이 끝날 때까지 이 연결을 유지한다는 의미입니다.

TCP 연결은 앞에서 배운 소켓을 이용합니다. 소켓은 두 애플리케이션 간에 연결된 가상의 파이프라고 할 수 있습니다. 데이터는 이 파이프를 통해 안정적으로 양방향으로 흐르며, 데이터를 전송한 후 반드시 응답(acknowledgment)을 받아 데이터가 잘 도착했는지 확인합니다. 만약 응답이 없거나 오류가 발생하면 데이터를 재전송합니다. 이러한 연결 지향적 특성 덕분에 TCP는 데이터 유실, 순서 오류, 손상 없이 안전하게 데이터를 전달할 수 있습니다.

4.2.2 TCP 세그먼트

TCP의 데이터 전송 단위는 **세그먼트**(segment)입니다. 세그먼트는 IP 패킷의 데이터 필드에 담겨 전송됩니다. TCP/IP 모델의 계층 구조로 보면 3계층의 TCP 세그먼트가 2계층의 IP 패킷에 실리고, 2계층의 IP 패킷이 다시 1계층의 프레임에 실려 전송됩니다.

그림 4-9 TCP 세그먼트가 IP 패킷, 프레임을 거쳐 캡슐화되는 과정

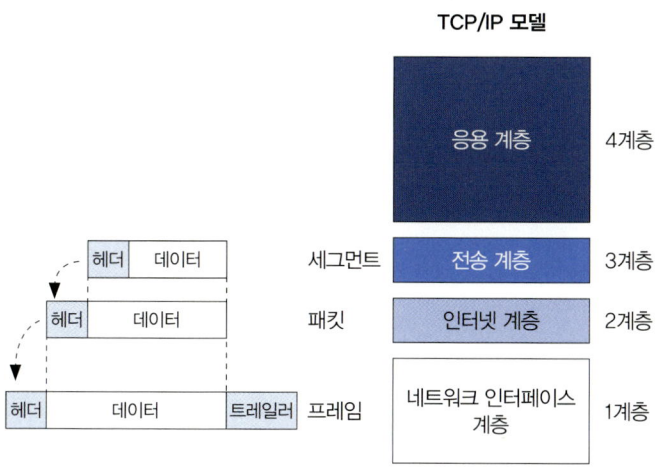

IP 패킷에는 프로토콜이라는 필드가 있습니다. 이 필드는 IP 패킷에 담긴 데이터가 어떤 프로토콜을 사용하는지 나타내는데, 데이터 필드에 TCP 세그먼트가 들어갈 경우 이 값은 6입니다.

그림 4-10 TCP 세그먼트를 실은 IP 패킷

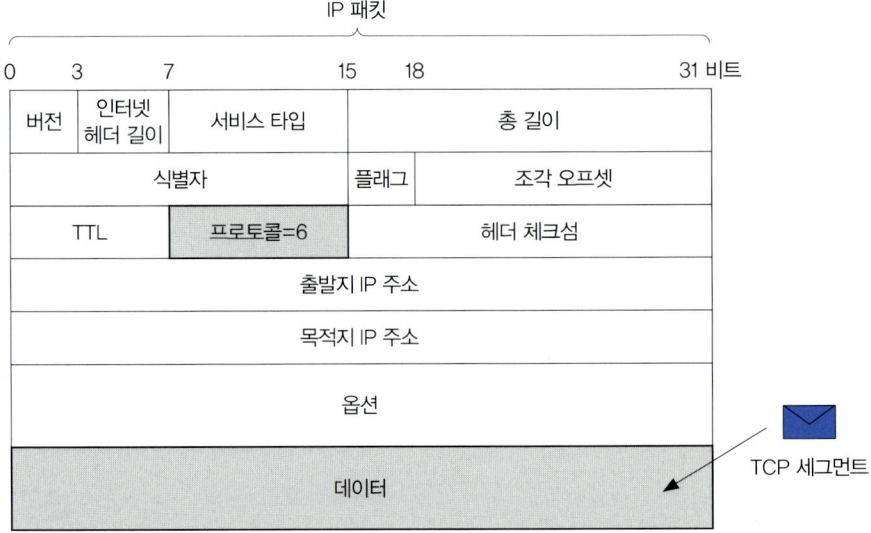

TCP 세그먼트는 다음과 같이 헤더와 데이터로 구성됩니다. TCP 헤더는 기본적으로 20바이트이고, 옵션 필드가 있으면 더 커질 수 있습니다.

그림 4-11 TCP 세그먼트의 구조

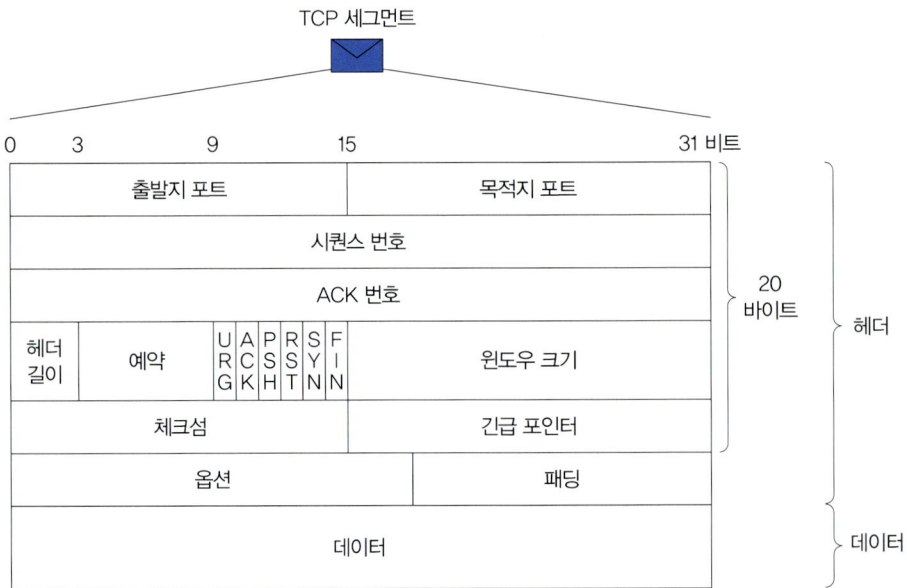

- **출발지 포트**(source port): 출발지 컴퓨터의 애플리케이션 포트 번호로, 2바이트로 구성됩니다.

- **목적지 포트**(destination port): 목적지 컴퓨터의 애플리케이션 포트 번호로, 2바이트로 구성됩니다.

- **시퀀스 번호**(sequence number): 세그먼트의 순서를 관리하기 위한 번호로, 4바이트로 구성됩니다. TCP는 응용 계층으로부터 받은 데이터가 클 경우 여러 세그먼트로 나눠 시퀀스 번호를 붙입니다. 시퀀스 번호는 '전송 데이터의 바이트 스트림에서 각 바이트가 몇 번째인가'를 나타냅니다. 즉 1바이트마다 시퀀스 번호가 1씩 증가합니다. 목적지 컴퓨터는 세그먼트들이 순서대로 도착하지 않았을 때 시퀀스 번호를 보고 원래 순서대로 재조립합니다.

- **ACK 번호**(ACKnowledgment number): 목적지 컴퓨터에서 다음에 받기를 기대하는 세그먼트의 시퀀스 번호로, 4바이트로 구성됩니다. 이 번호를 보고 출발지 컴퓨터는 앞서 보낸 데이터가 제대로 전송됐는지 확인할 수 있습니다.

- **헤더 길이**(data offset): TCP 헤더의 길이를 4바이트 단위로 나타내며, 4비트로 구성되어 최대 16바이트까지 표현할 수 있습니다.

- **예약**(reserved): 예약된 비트로, 사용하지 않기 때문에 0으로 설정합니다. 크기는 6비트입니다.

- **플래그**(flags): TCP 연결 설정, 종료, 데이터 전송 상태 등을 나타내는 6개의 플래그입니다. 각 플래그는 1비트씩 총 6비트로 구성되며, 플래그가 1로 설정되면 해당 플래그가 활성화합니다. 플래그는 단독으로 사용되기도 하지만 여러 플래그가 동시에 설정될 수도 있습니다. 각 플래그에 대한 설명은 **표 4-3**을 참고하고, 자세한 내용은 잠시 후에 자세히 살펴보겠습니다.

표 4-3 TCP 세그먼트 플래그의 종류

플래그	원문	설명
URG	Urgent	긴급 데이터가 있으니 일반 데이터보다 먼저 처리해야 한다는 뜻입니다. 긴급 포인터 필드를 참조해야 합니다.
ACK	Acknowledgment	데이터를 잘 수신했다는 뜻으로 반드시 ACK 번호 필드에 값이 존재해야 합니다.
PSH	Push	데이터를 버퍼에 쌓지 않고 즉시 응용 계층에서 동작하는 애플리케이션으로 전달하도록 요청합니다.
RST	Reset	비정상적인 상황에서 연결을 강제로 끊습니다.
SYN	Synchronize	TCP 연결을 설정하고, 시퀀스 번호를 초기화합니다.
FIN	Finish	TCP 연결을 종료합니다.

- **윈도우 크기**(window size): 출발지 컴퓨터와 목적지 컴퓨터 간에 한 번에 전송할 수 있는 데이터의 크기를 지정하며, 2바이트로 구성됩니다. 처음에는 작은 크기로 시작해 네트워크 상황에 따라 점차 윈도우 크기를 늘려가며 전송하는 것이 효율적입니다.

- **체크섬**(checksum): TCP 세그먼트(헤더와 데이터 모두)의 오류를 검출하기 위한 값으로, 2바이트로 구성됩니다.

- **긴급 포인터**(urgent pointer): 긴급 데이터의 끝 위치를 나타내며, 2바이트로 구성됩니다. URG 플래그가 켜져 있을 때만 사용합니다.

- **옵션**(option): 선택 필드로 윈도우 크기 조정 등을 나타내며, 크기는 가변 길이입니다.

- **패딩**(padding): TCP 헤더 길이를 4바이트 단위로 맞추기 위해 추가하는 비트로, 가변 길이입니다.

- **데이터**(data): 전송할 데이터입니다. 응용 계층으로부터 받은 데이터가 들어갑니다.

4.2.3 TCP 통신 과정

멀리 떨어져 있는 클라이언트와 서버, 두 컴퓨터가 TCP 프로토콜을 이용해 어떻게 통신하는지 알아보겠습니다. 서버의 현재 날짜와 시간을 알기 위해 통신한다고 가정할 때, 클라이언트와 서버의 소켓(IP 주소+포트 번호) 정보는 다음과 같습니다.

- **클라이언트:** IP 주소는 192.168.100.1, 포트 번호는 운영체제로부터 할당받은 50,708번 동적 포트를 사용합니다. 따라서 소켓은 192.168.100.1:50708입니다.

- **서버:** IP 주소는 192.168.10.1, 포트 번호는 13번입니다. 13번은 잘 알려진 포트로, 서버의 현재 날짜와 시간을 간단한 텍스트 형식으로 제공하는 Daytime 프로토콜에 사용합니다. 따라서 소켓은 192.168.10.1:13입니다.

그림 4-12 TCP로 통신 대기 중인 클라이언트와 서버

클라이언트와 서버는 TCP 연결 설정, 데이터 전송 및 확인, TCP 연결 종료의 과정으로 통신합니다.

● **TCP 연결 설정**

두 컴퓨터 간에 TCP 연결 설정은 **3-웨이 핸드셰이크**(3-way handshake)의 세 단계를 거칩니다.

[1단계] **클라이언트→서버: SYN**

- **SYN:** 클라이언트가 서버로 TCP 연결을 요청합니다.

- **시퀀스 번호=0:** 클라이언트에서 서버로 데이터를 전송할 때 세그먼트 시작 번호입니다. 보통 무작위로 설정되지만 여기서는 0부터 시작한다고 가정합니다.

- **데이터=0바이트:** 전송 데이터가 없으므로 0바이트입니다.

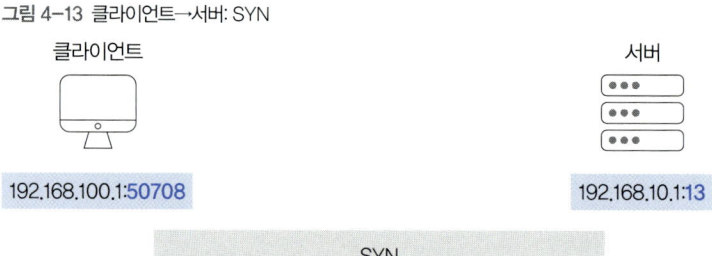

그림 4-13 클라이언트→서버: SYN

[2단계] 서버→클라이언트: SYN+ACK

- **SYN+ACK:** 서버도 클라이언트에 연결 요청(SYN)을 하고, 그와 동시에 클라이언트로부터 받은 연결 요청을 수락(ACK)합니다. 이처럼 TCP 세그먼트는 동시에 여러 플래그를 활성화할 수 있습니다.

- **시퀀스 번호=0:** 서버에서 클라이언트로 데이터를 전송할 때 세그먼트 시작 번호입니다. 서버도 0부터 시작한다고 가정합니다.

- **ACK 번호=1:** 클라이언트로부터 받은 연결 요청(SYN) 세그먼트는 데이터가 실리지 않았지만(데이터=0바이트) 시퀀스 번호 하나를 소비합니다. 클라이언트와 서버가 세그먼트 시작 번호를 서로 맞춰야 하기 때문입니다. 이에 SYN에 대한 ACK(확인 응답) 번호는 클라이언트가 보낸 시퀀스 번호에 1을 더합니다(0+1=1). 다음에 받을 시퀀스 번호로 1을 기대한다는 의미입니다.

- **데이터=0바이트:** 전송 데이터가 없으므로 0바이트입니다.

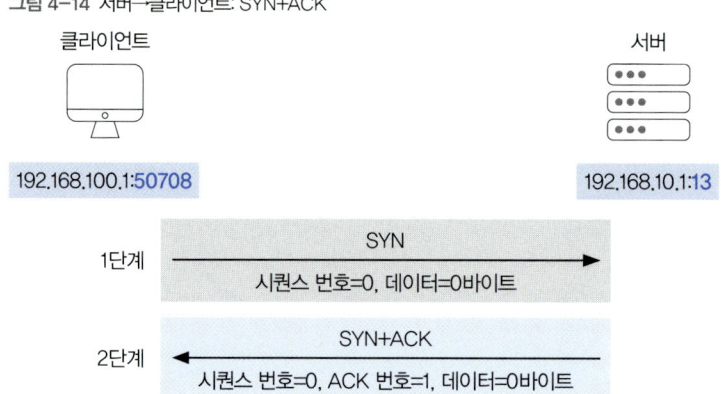

그림 4-14 서버→클라이언트: SYN+ACK

[3단계] 클라이언트→서버: ACK

- **ACK:** 서버의 연결 요청을 수락(ACK)합니다.
- **시퀀스 번호=1:** 1단계에서 클라이언트가 보낸 SYN 세그먼트는 시퀀스 번호 하나를 소비합니다. 따라서 다음 세그먼트의 시퀀스 번호를 1 증가합니다(0+1=1).
- **ACK 번호=1:** 서버로부터 받은 SYN+ACK 세그먼트 역시 시퀀스 번호 하나를 소비합니다. 이에 다음에 받기를 기대하는 시퀀스 번호, 즉 ACK 번호는 이전 시퀀스 번호에 1을 더합니다(0+1=1).
- **데이터=0바이트:** 전송 데이터가 없으므로 0바이트입니다.

그림 4-15 클라이언트→서버: ACK

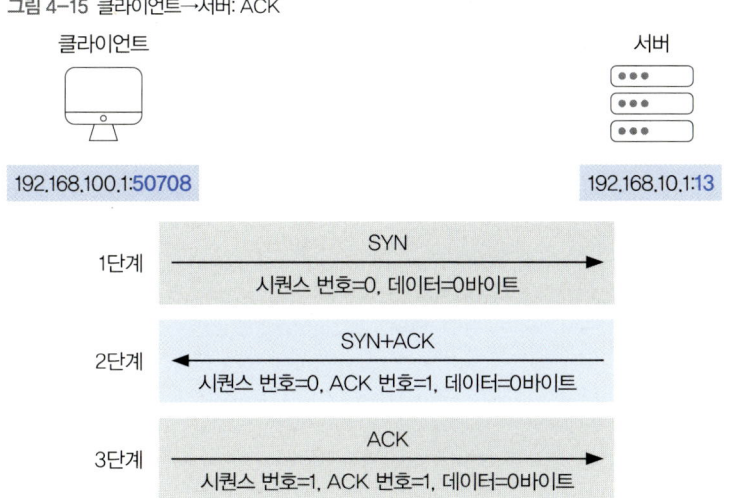

3-웨이 핸드셰이크 과정을 통해 양쪽 모두 통신할 준비가 완료됐습니다.

● **데이터 전송 및 확인**

13번 포트를 사용하는 Daytime 프로토콜은 통신 연결이 맺어지면 즉시 서버의 날짜와 시간 데이터를 클라이언트에 전송합니다. 날짜와 시간 데이터는 22바이트라고 가정하겠습니다.

[4단계] 서버→클라이언트: 데이터 전송

- **ACK:** 데이터 전송 시에도 ACK 플래그를 활성화합니다.
- **시퀀스 번호=1:** 2단계에서 서버가 보낸 SYN+ACK는 시퀀스 번호를 하나 소비합니다. 따라서 다음 세그먼트의 시퀀스 번호를 1 증가합니다(0+1=1).

- **ACK 번호=1:** 3단계에서 클라이언트가 보낸 ACK 세그먼트는 시퀀스 번호를 소비하지 않습니다. SYN이나 FIN 세그먼트는 데이터가 없더라도 전송의 시작과 끝을 맞춰야 하므로 시퀀스 번호를 소비하지만, 데이터가 없는 순수 ACK 세그먼트는 단순히 응답만 하기 때문에 시퀀스 번호를 소비하지 않습니다. 따라서 서버는 클라이언트에 다음에 받길 원하는 시퀀스 번호, 즉 ACK 번호를 1로 유지합니다.

- **데이터=22바이트:** 22바이트 크기의 날짜와 시간 데이터를 전송합니다.

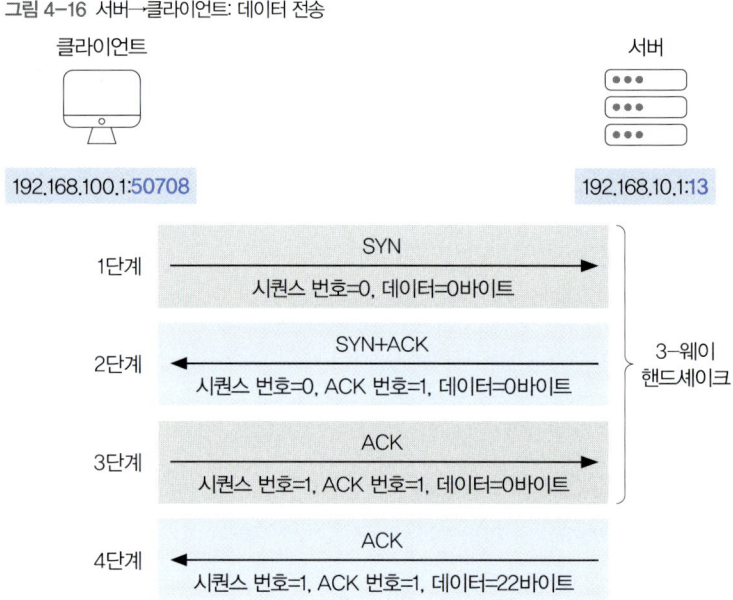

그림 4-16 서버→클라이언트: 데이터 전송

[5단계] **클라이언트→서버: ACK**

- **ACK:** 클라이언트는 날짜와 시간 데이터를 잘 받았다고 응답(ACK)합니다.

- **시퀀스 번호=1:** 3단계에서 클라이언트가 보낸 ACK 세그먼트는 데이터가 없는 순수 ACK 세그먼트입니다. 따라서 시퀀스 번호는 증가하지 않고 1로 유지합니다.

- **ACK 번호=23:** 4단계에서 서버가 보낸 시퀀스 번호에 데이터의 크기를 더합니다 (1+22=23). 이는 22바이트까지 잘 받았고, 다음 시퀀스 번호로 23을 기대한다는 의미입니다.

- **데이터=0바이트:** 전송 데이터가 없으므로 0바이트입니다.

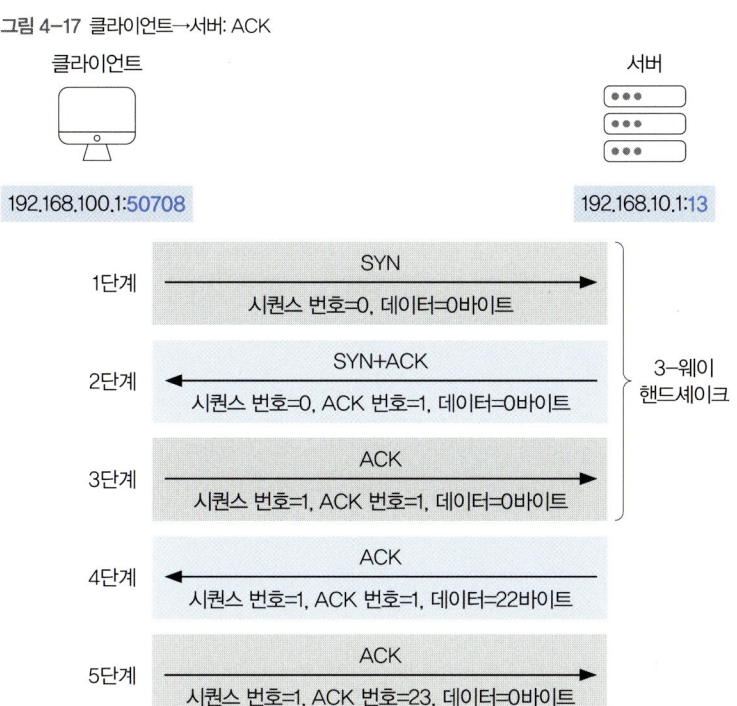

그림 4-17 클라이언트→서버: ACK

데이터 전송 및 확인 과정이 완료됐습니다. 이해를 돕기 위해 데이터를 한 번만 전송하는 간단한 예를 들었지만 실제 TCP 통신을 할 때는 수많은 데이터를 주고받으며, 이 과정에서 데이터를 받은 목적지 컴퓨터는 '몇 번 바이트까지 잘 받았다'는 것을 알려주기 위해 ACK 플래그와 함께 ACK 번호를 출발지 컴퓨터에 보냅니다.

그런데 만약 중간에 데이터 일부가 손실돼 중간 데이터 없이 그 뒤의 데이터가 먼저 도착하면 어떻게 될까요? 목적지 컴퓨터는 ACK 번호를 증가시키지 않고 계속 같은 번호를 반복해서 보냅니다. 그러면 출발지 컴퓨터는 중간에 데이터가 빠졌다는 것을 눈치채고 ACK 번호로 확인한 마지막 바이트 이후부터 다시 전송하며, 이를 **재전송**(retransmission)이라고 합니다. TCP는 데이터 손실 외에도 중복 도착, 순서 바뀜 등을 확인하고 오류가 발생했을 때 재전송함으로써 통신의 신뢰성을 보장합니다.

이어서 TCP 연결 종료 과정을 살펴보겠습니다.

● **TCP 연결 종료**

TCP 연결 종료는 **4-웨이 핸드셰이크**(4-way handshake)의 네 단계를 거칩니다.

[6단계] 서버→클라이언트: FIN

- **FIN:** 서버는 더 이상 보낼 데이터가 없어 클라이언트에 연결 종료 요청(FIN)을 합니다.
- **시퀀스 번호=23:** 4단계에서 서버는 22바이트 데이터를 전송했습니다. 따라서 다음 세그먼트의 시퀀스 번호는 이전 시퀀스 번호에 22를 더합니다(1+22=23).
- **ACK 번호=1:** 5단계에서 클라이언트가 보낸 ACK 세그먼트는 시퀀스 번호를 소비하지 않습니다. 따라서 서버는 클라이언트에 다음에 받길 원하는 시퀀스 번호, 즉 ACK 번호를 1로 유지합니다.
- **데이터=0바이트:** 전송 데이터가 없으므로 0바이트입니다.

그림 4-18 서버→클라이언트: FIN

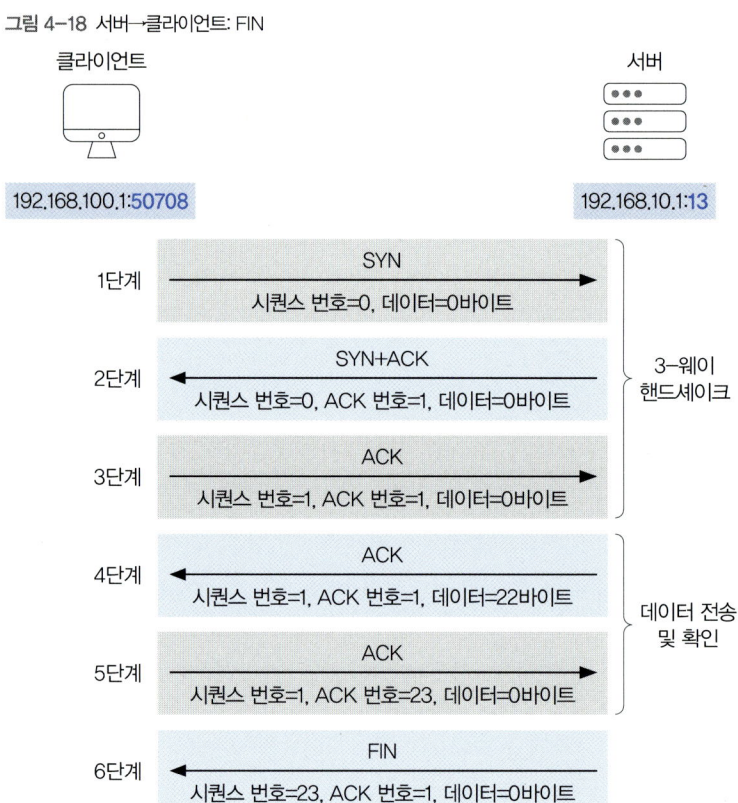

[7단계] 클라이언트→서버: ACK

- **ACK:** 서버의 연결 종료 요청을 수락(ACK)합니다.
- **시퀀스 번호=1:** 5단계에서 클라이언트가 보낸 ACK 세그먼트는 데이터가 없는 순수 ACK 세그먼트입니다. 따라서 시퀀스 번호는 증가하지 않고 1을 유지합니다.
- **ACK 번호=24:** 6단계에서 서버로부터 받은 FIN 세그먼트는 시퀀스 번호 하나를 소비합니다. 이에 다음에 받기를 기대하는 시퀀스 번호, 즉 ACK 번호는 이전 시퀀스 번호에 1을 더합니다(23+1=24). 이는 23번 바이트까지 잘 받았고, 다음 시퀀스 번호로 24를 기대한다는 의미입니다.
- **데이터=0바이트:** 전송 데이터가 없으므로 0바이트입니다.

그림 4-19 클라이언트→서버: ACK

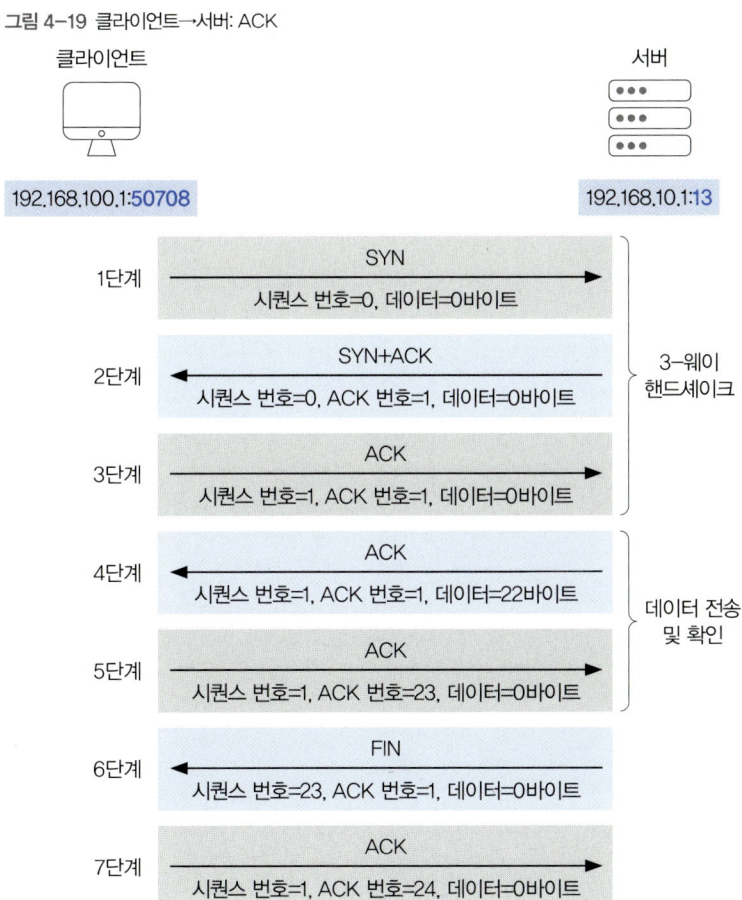

[8단계] 클라이언트→서버: FIN

- **FIN:** 클라이언트도 더 이상 보낼 데이터가 없다면 서버로 연결 종료 요청(FIN)을 합니다.
- **시퀀스 번호=1:** 7단계에서 클라이언트가 보낸 ACK 세그먼트는 데이터가 없는 순수 ACK 세그먼트입니다. 따라서 시퀀스 번호는 증가하지 않고 1을 유지합니다.
- **ACK 번호=24:** 서버로부터 다음에 받기를 기대하는 시퀀스 번호, 즉 ACK 번호는 24를 유지합니다.
- **데이터=0바이트:** 전송 데이터가 없으므로 0바이트입니다.

그림 4-20 클라이언트→서버: FIN

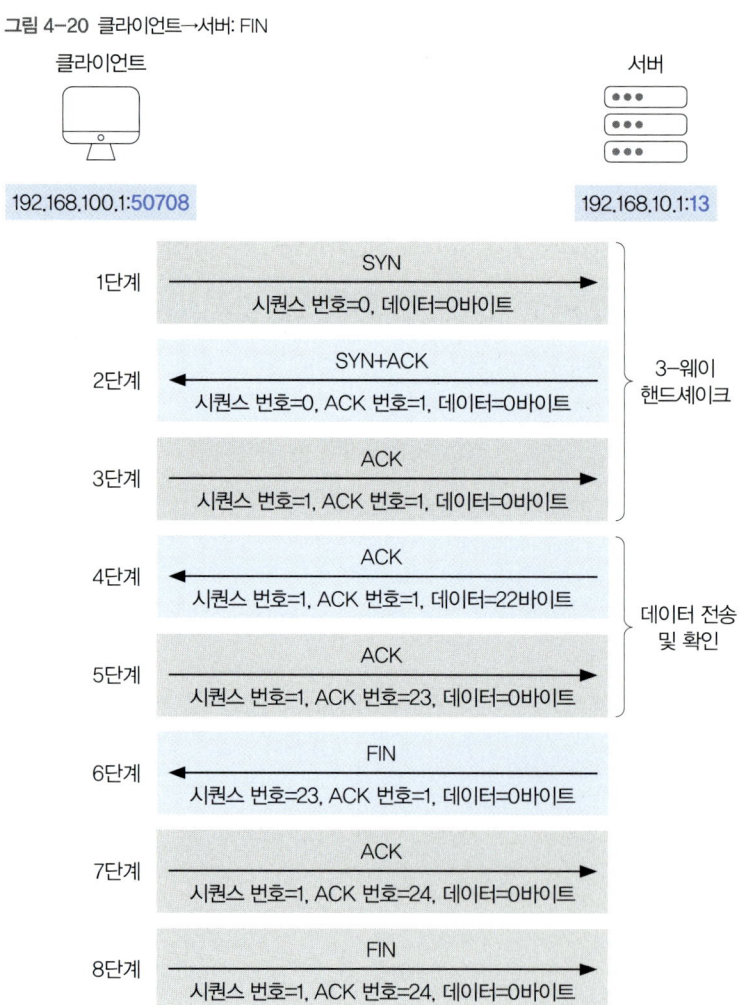

[9단계] 서버→클라이언트: ACK

- **ACK:** 서버는 클라이언트의 연결 종료 요청을 수락(ACK)합니다.
- **시퀀스 번호=24:** 6단계에서 서버는 시퀀스 번호 하나를 소비합니다. 따라서 다음 세그먼트의 시퀀스 번호는 이전 시퀀스 번호에 1을 더합니다(23+1=24).
- **ACK 번호=2:** 8단계에서 클라이언트가 보낸 FIN 세그먼트는 시퀀스 번호를 하나 소비합니다. 따라서 서버는 클라이언트에 다음에 받길 원하는 시퀀스 번호, 즉 ACK 번호를 1 증가합니다(1+1=2).
- **데이터=0바이트:** 전송 데이터가 없으므로 0바이트입니다.

그림 4-21 서버→클라이언트: ACK

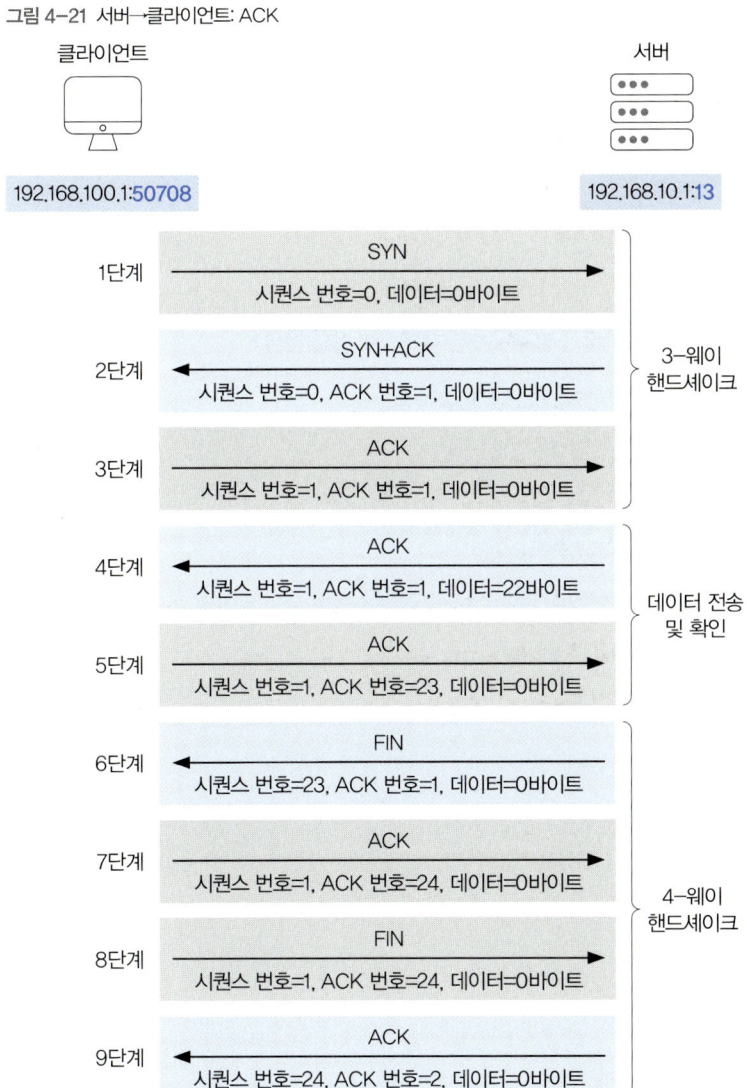

이로써 클라이언트와 서버 간 TCP 연결 종료 절차가 완료됐습니다. 이 순간부터 TCP 연결은 완전히 종료됩니다.

1분 퀴즈

정답 노트 p.279

04. 전송 계층에서 동작하는 주요 프로토콜을 바르게 작성한 것은?

① HTTP, FTP ② IP, MAC

③ TCP, UDP ④ SMTP, POP3

05. 다음 중 TCP 세그먼트 헤더에 포함되지 <u>않는</u> 정보는?

① 출발지 포트 ② ACK 번호

③ 출발지 IP 주소 ④ 체크섬

06. 3-웨이 핸드셰이크에서 처음으로 연결 설정을 하기 위해 보내는 플래그로 옳은 것은?

① SYN ② ACK

③ FIN ④ RST

07. 4-웨이 핸드셰이크에서 연결 종료를 하기 위해 보내는 플래그로 옳은 것은?

① SYN ② ACK

③ FIN ④ URG

08. 다음은 TCP 세그먼트에 대한 설명입니다. 빈칸에 들어갈 플래그를 작성하세요.

> ① _____ : 데이터를 잘 수신했다는 뜻으로 반드시 ACK 번호 필드에 값이 존재해야 한다.
>
> ② _____ : 비정상적인 상황에서 연결을 강제로 끊을 때 사용한다.
>
> ③ _____ : TCP 연결을 설정하고, 시퀀스 번호를 동기화한다.
>
> ④ _____ : TCP 연결을 종료한다.

UDP

4.3.1 UDP의 개념

전송 계층 프로토콜에는 TCP 외에 UDP도 있습니다. TCP는 연결 지향형 프로토콜로, 데이터를 전송하기 전에 두 컴퓨터 간에 연결을 설정하고, 데이터가 손실 없이 순서대로 잘 전달됐는지 확인하는 과정을 거칩니다.

반면 **UDP**(User Datagram Protocol)는 비연결형(connectionless) 프로토콜로, 두 컴퓨터 간 연결 설정 과정 없이 데이터를 전송합니다. TCP와 달리 데이터가 제대로 전달됐는지 확인하지 않기 때문에 UDP를 사용한 애플리케이션 간 통신은 안전하지 않을 수 있습니다.

하지만 UDP는 TCP보다 데이터 전송 속도가 빠르다는 장점이 있습니다. 따라서 실시간 스트리밍 서비스처럼 데이터의 일부가 손실되더라도 끊김 없이 빠르게 전송되는 것이 더 중요한 상황에서 널리 사용합니다.

4.3.2 UDP 데이터그램

UDP의 데이터 전송 단위는 **데이터그램**(datagram)입니다. UDP 데이터그램은 TCP 세그먼트와 마찬가지로 IP 패킷의 데이터 필드에 실려 전송됩니다.

그림 4-22 UDP 데이터그램을 실은 IP 패킷

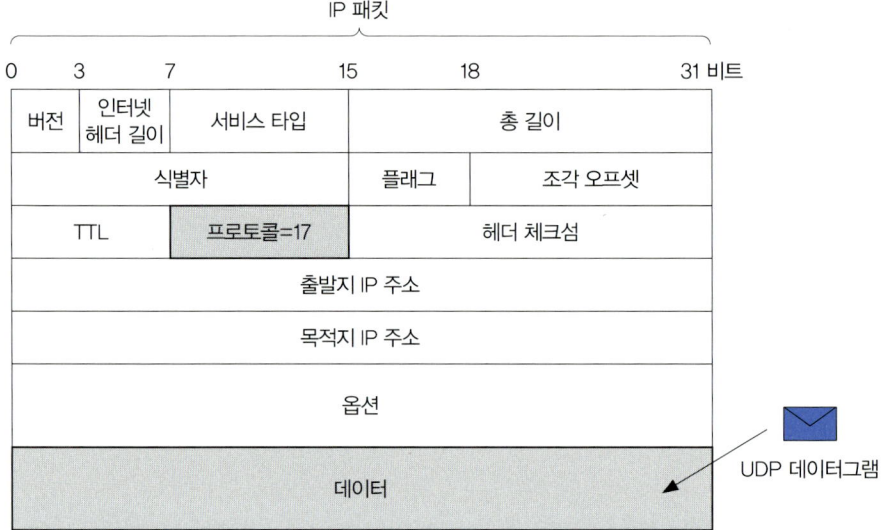

UDP 데이터그램의 구조는 TCP 세그먼트와 비교해 매우 간단합니다. UDP 데이터그램의 헤더는 8바이트로, TCP 세그먼트의 헤더 크기 20바이트보다 작습니다.

그림 4-23 UDP 데이터그램의 구조

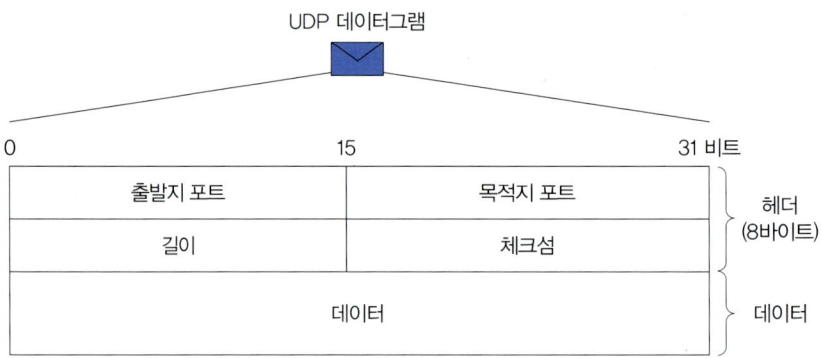

- **출발지 포트**(source port): 출발지 컴퓨터의 애플리케이션의 포트 번호로, 2바이트로 구성됩니다.

- **목적지 포트**(destination port): 목적지 컴퓨터의 애플리케이션의 포트 번호로, 2바이트로 구성됩니다.

- **길이**(length): UDP 헤더와 데이터 전체 길이를 바이트 단위로 나타내며, 2바이트로 구성됩니다.

- **체크섬**(checksum): UDP 데이터그램(헤더와 데이터 모두)의 오류를 검출하기 위한 값으로, 2바이트로 구성됩니다.
- **데이터**(data): 응용 계층으로부터 받은 실제 전송할 데이터입니다.

UDP 데이터그램은 시퀀스 번호, ACK 번호, 윈도우 크기 등의 필드가 없어 간결합니다. 덕분에 UDP는 TCP보다 훨씬 가볍고 빠른 통신이 가능합니다.

4.3.3 UDP 통신 과정

UDP는 TCP와 달리 별도의 연결 설정을 하지 않습니다. TCP는 데이터를 보내기 전에 먼저 상대방과 연결을 맺고(3-웨이 핸드셰이크), 데이터를 보낼 때도 순서 확인과 재전송을 통해 신뢰성을 보장하며, 마지막에는 연결을 끊는 과정(4-웨이 핸드셰이크)을 거칩니다.

하지만 UDP는 이런 과정이 전혀 없습니다. 연결 설정도 없고, 상대방이 잘 받았는지 확인하지도 않으며, 연결 종료 절차도 없습니다. 대신 출발지 컴퓨터는 상대방의 IP 주소와 포트 번호만 알아낸 후 바로 데이터를 전송합니다. 목적지 컴퓨터 역시 독립적으로 데이터를 보내며, 두 컴퓨터는 연결 설정 없이 바로바로 통신합니다.

다음은 UDP와 TCP의 통신 과정을 비교한 그림입니다. UDP는 상대 컴퓨터와 통신하기 위해 데이터를 바로 보내고, 상대 컴퓨터 역시 데이터를 바로 전송합니다. 데이터 손실이 약간 생기더라도 데이터를 전송하면 끝입니다.

그림 4-24 UDP와 TCP 데이터 전송 방식 비교

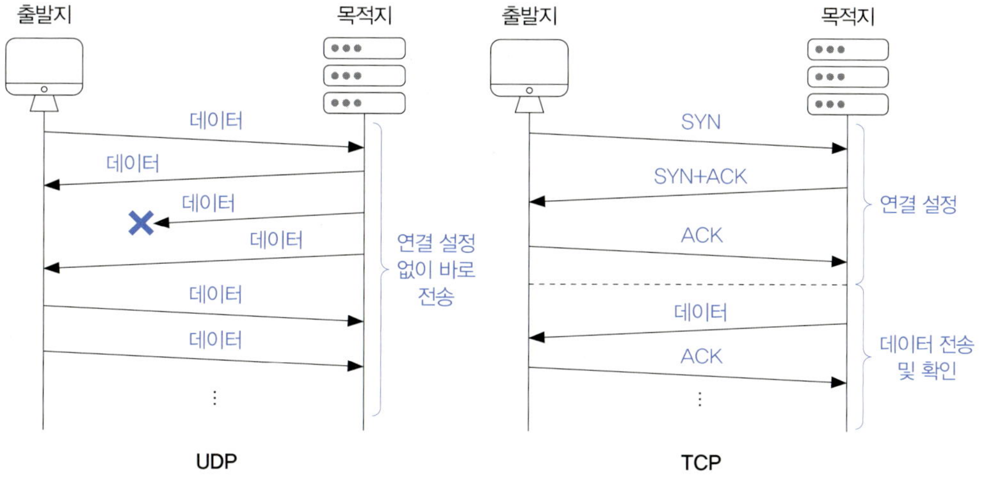

UDP의 특징을 잘 보여주는 예로 화상 회의가 있습니다. 화상 회의 중 버퍼링이 발생했다가 5초 후에 다시 화면이 재개되는 경우가 종종 있는데, 이때 5초 전인 과거 데이터는 전송되지 않고 5초 후인 현재 데이터부터 다시 전송됩니다. UDP는 데이터의 정확성보다는 전송 속도를 중요시하므로 일부 데이터가 손실되더라도 이를 재전송하지 않고 현재 데이터를 빠르게 전송합니다. 따라서 실시간 전송이 중요한 웹 스트리밍, 온라인 게임, 음악 스트리밍 등에서 UDP를 활용합니다.

1분 퀴즈

정답 노트 p.279

09. 다음 중 UDP의 특징으로 옳지 <u>않은</u> 것은?

① 비연결형 프로토콜이다.

② 데이터의 신뢰성을 보장한다.

③ TCP보다 전송 속도가 빠르다.

④ 주로 실시간 스트리밍 서비스에서 사용한다.

10. 다음 중 UDP 헤더에 포함되지 <u>않는</u> 필드는?

① 출발지 포트　　　　　　　　② 길이

③ 시퀀스 번호　　　　　　　　④ 체크섬

11. TCP와 UDP의 차이에 대한 설명으로 옳지 <u>않은</u> 것은?

① TCP는 헤더 크기가 크고, UDP는 헤더 크기가 작다.

② TCP는 연결형 프로토콜이고, UDP는 비연결형 프로토콜이다.

③ TCP는 시퀀스 번호를 사용하고, UDP는 시퀀스 번호를 사용하지 않는다.

④ TCP는 실시간성이 중요한 서비스에 사용하고, UDP는 신뢰성이 중요한 서비스에 사용한다.

1. **전송 계층**

    ① TCP/IP 모델의 3계층으로, 컴퓨터에서 동작하는 애플리케이션 간에 데이터를 주고받을 수 있도록 도와주는 역할을 합니다.

    ② 대표적인 전송 계층 프로토콜로 TCP와 UDP가 있습니다.

2. **포트**

    ① 포트는 컴퓨터 내에서 실행되는 특정 애플리케이션이나 서비스를 식별하기 위한 논리적인 위치를 나타내는 것으로, 애플리케이션마다 번호를 붙여 구분합니다.

    ② 운영체제는 포트 번호를 이용해 수신된 데이터를 정확히 해당 애플리케이션으로 전달합니다.

    ③ 포트가 있기 때문에 하나의 IP 주소를 가진 컴퓨터에서 여러 애플리케이션을 실행해 통신할 수 있습니다.

3. **TCP**

    ① TCP는 신뢰성이 부족한 IP 프로토콜의 단점을 보완하고 신뢰성 있는 데이터 전송을 보장합니다.

    ② TCP는 연결 지향 프로토콜로, 데이터를 전송하기 전에 반드시 양측 간에 논리적인 연결을 설정합니다.

    ③ TCP는 데이터 분실, 중복, 순서 바뀜 등을 확인하고 오류가 발생했을 때 재전송을 요청해 데이터가 정확하게 전송될 수 있도록 합니다.

4. **TCP 연결 설정**

    두 컴퓨터 간에 TCP 연결 설정은 3-웨이 핸드셰이크의 세 단계를 거칩니다.

    - [1단계] 클라이언트 → 서버: SYN
    - [2단계] 서버 → 클라이언트: SYN+ACK

- [3단계] 클라이언트 → 서버: ACK

5. **데이터 전송 및 확인**

    두 컴퓨터 간 연결이 설정되면 상대와 데이터를 주고받습니다.

    - [4단계] 서버 → 클라이언트: 데이터 전송
    - [5단계] 클라이언트 → 서버: ACK

6. **TCP 연결 종료**

    TCP 연결 종료는 4-웨이 핸드셰이크의 네 단계를 거칩니다.

    - [6단계] 서버 → 클라이언트: FIN
    - [7단계] 클라이언트 → 서버: ACK
    - [8단계] 클라이언트 → 서버: FIN
    - [9단계] 서버 → 클라이언트: ACK

7. **UDP**

    ① UDP는 TCP와 달리 데이터 전송의 신뢰성을 보장하지 않는 비연결형 프로토콜입니다.

    ② 두 컴퓨터가 통신하기 위해 연결 설정을 하는 과정도 없고, 상대방이 잘 받았는지 확인하지도 않으며, 연결 종료 절차도 없습니다. 대신 상대방의 IP 주소와 포트 번호만 알아낸 후 바로 데이터를 전송합니다.

    ③ 주로 실시간 동영상 스트리밍, 온라인 게임 등 속도가 중요한 서비스에서 활용합니다.

5장
응용 계층

응용 계층의 프로토콜 종류와 작동 방식

지금까지 TCP/IP 모델의 네트워크 인터페이스 계층, 인터넷 계층, 전송 계층에서 동작하는 프로토콜을 알아봤습니다. 이 장에서는 TCP/IP 모델의 최상위 계층인 응용 계층에서 동작하는 프로토콜에 대해 알아봅니다. 응용 계층은 사용자가 실제로 이용하는 애플리케이션(예 웹 브라우저, 이메일 프로그램, 파일 전송 프로그램)과 직접 연관된 계층이므로 개발자라면 이 계층의 프로토콜에 대해 잘 알아야 합니다.

응용 계층의 개요

응용 계층(application layer)은 사용자가 네트워크를 통해 원하는 작업을 수행할 수 있도록 다양한 애플리케이션이 작동하는 TCP/IP 모델의 최상위 계층입니다. 이 계층에서는 애플리케이션 간 통신이 문제없이 이뤄지도록 데이터의 형식, 전송 방법, 오류 처리 방식 등을 규정합니다.

응용 계층에서 만들어진 데이터는 사용자가 직접 입력하거나 애플리케이션이 처리하는 정보로, 웹 브라우저에 입력한 검색어와 그에 따른 웹 페이지 요청, 이메일 프로그램에서 작성한 편지 내용과 수신자 정보, 파일 전송 프로그램을 통해 보내는 파일 원본과 파일 이름, 크기 등이 모두 해당합니다.

이러한 데이터는 각 애플리케이션이 요구하는 형식과 규칙에 따라 만들어져 전송 계층으로 전달됩니다. 전송 계층은 응용 계층이 만든 데이터를 정확하고 효율적으로 전달할 수 있도록 캡슐화하고, 신뢰성 보장 여부에 따라 TCP나 UDP 같은 전송 방식을 선택해 인터넷 계층으로 내려보냅니다.

그림 5-1 응용 계층의 데이터 전송

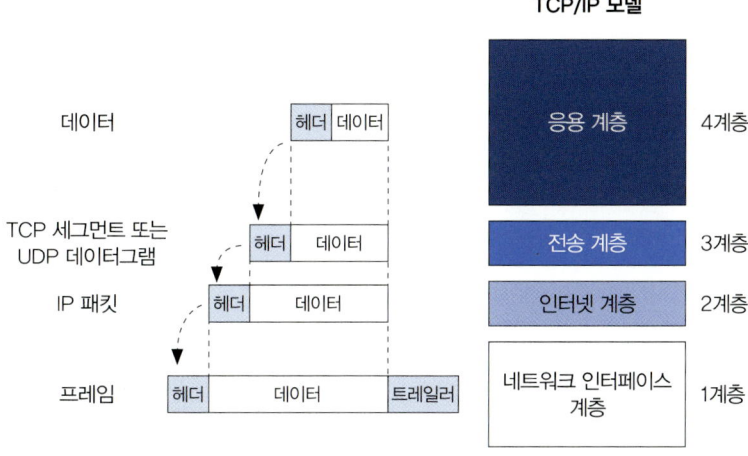

응용 계층에는 특정 목적을 수행하기 위한 여러 프로토콜이 존재합니다. 이 책에서는 이 프로토콜들을 다섯 개의 카테고리로 나눠 알아보겠습니다.

- **관리용 프로토콜:** 네트워크 장비나 서버의 상태를 모니터링하고 관리합니다.
- **원격 접속 프로토콜:** 원격지에 있는 시스템에 접속해 시스템을 제어하고 관리합니다.
- **파일 전송 프로토콜:** 네트워크를 통해 파일을 업로드 및 다운로드합니다.
- **이메일 프로토콜:** 이메일을 송수신하고 저장·관리합니다.
- **웹 브라우저 프로토콜:** 웹 페이지를 요청하고 받아옵니다.

응용 계층은 프로세스 ID라는 주소 정보를 사용하지만, 이는 운영체제에서 다루는 개념이므로 이 책에서는 소개하지 않습니다. 아울러 응용 계층 프로토콜은 직접 포트 번호를 다루지 않지만, 응용 계층 프로토콜이 처리하는 데이터를 장치 내 정확한 애플리케이션으로 전달하기 위해 전송 계층의 포트 번호를 사용합니다. 이는 다음 절부터 응용 계층 프로토콜을 소개하며 자세히 설명하겠습니다.

표 5-1 5장에서 다루는 내용

관련 장	TCP/IP 모델 계층	주요 기술과 프로토콜	데이터 단위	주소 정보
5, 6장	응용 계층	DNS, 텔넷, FTP, SMTP, HTTP 등	데이터	-
4장	전송 계층	TCP, UDP	세그먼트, 데이터그램	포트 번호
2, 3장	인터넷 계층	ARP, IP	패킷	IP 주소
1장	네트워크 인터페이스 계층	이더넷	프레임	MAC 주소

관리용 프로토콜

관리용 프로토콜은 네트워크 장비나 서버의 상태를 모니터링하고 관리하기 위한 프로토콜로 DNS, DHCP, NTP, SNMP, LDAP, SMB가 있습니다.

5.2.1 DNS

DNS(Domain Name System)는 도메인 이름을 IP 주소로 변환해주는 프로토콜로, 기본적으로 전송 계층의 UDP 53번 포트를 사용해 통신합니다. 응답 데이터 크기가 크거나 연결이 필요한 경우에는 TCP 53번 포트를 사용하기도 합니다.

DNS가 수행하는 역할은 명확합니다. 사람이 기억하기 쉬운 문자 형태의 **도메인 이름**(domain name)을 실제 네트워크에서 사용하는 숫자 형태의 IP 주소로 변환합니다. 예를 들어 구글 웹 사이트에 접속한다고 가정해 봅시다.

❶ 사용자가 웹 브라우저의 주소창에 **google.com**을 입력합니다.

❷ DNS 서버는 입력한 google.com에 해당하는 IP 주소를 반환합니다.

❸ 웹 브라우저는 반환받은 IP 주소를 이용해 구글 웹 서버에 접속합니다.

그림 5-2 DNS의 작동 방식

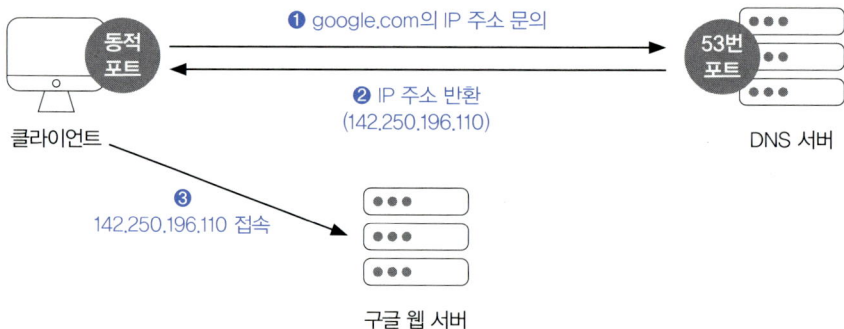

DNS를 이용하면 언제든지 바뀔 수 있는 IP 주소에 유연하게 대처할 수 있습니다. 예를 들어 길벗 홈페이지(gilbut.co.kr)가 49.236.151.220의 IP 주소를 가진 웹 서버에서 실행되고 있다고 합시다. 이 주소는 웹 호스팅 업체가 웹 서버를 이전하거나 길벗이 웹 호스팅 업체 자체를 바꾸면 언제든지 변경될 수 있습니다.

그림 5-3 IP 주소가 변경되는 경우

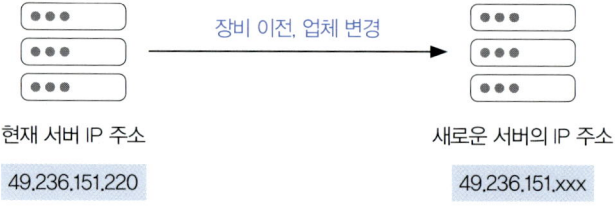

이 경우 사용자는 바뀐 IP 주소를 알아야 할까요? 아닙니다. 웹 사이트 관리자가 새 IP 주소를 DNS 서버에 업데이트해주기 때문에 새 IP 주소를 알 필요 없이 예전처럼 gilbut.co.kr로 접속하면 됩니다. 그러면 DNS가 자동으로 변경된 새 IP 주소를 찾아 반환합니다.

이처럼 DNS는 사용자가 복잡한 IP 주소를 외울 필요 없이 도메인 이름을 사용해 웹 사이트에 접근할 수 있도록 하고, 서버 이전 등과 같은 인프라 변경에도 유연하게 대처할 수 있게 해줍니다.

한편, DNS는 IP 주소를 도메인 이름으로 변환하는 역방향 조회도 제공합니다. 역방향 조회는 이메일 발송자 인증, 네트워크 관리, 보안 분석 시 사용합니다.

5.2.2 DHCP

DHCP(Dynamic Host Configuration Protocol)는 네트워크에 연결된 장치에 IP 주소를 자동으로 할당해주는 프로토콜로, **3.5절**에서 이미 소개한 바 있습니다. DHCP는 전송 계층에서 UDP를 사용하며, 통신 시 DHCP 서버는 67번 포트, 클라이언트는 68번 포트를 사용합니다.

그림 5-4 DHCP의 포트

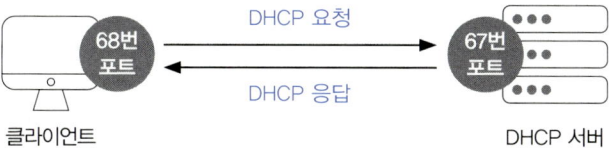

DHCP 서버가 자동으로 할당해주는 정보는 IP 주소만이 아닙니다. 네트워크 통신을 위해 필수적인 부가 정보, 즉 서브넷 마스크, 기본 게이트웨이의 IP 주소, DNS 서버의 IP 주소까지 자동으로 설정해 줍니다.

결과적으로 DHCP는 네트워크 관리자가 수많은 장치의 IP 주소 및 관련 설정을 수동으로 관리해야 하는 부담을 덜어줍니다. 사용자 입장에서도 네트워크에 접속하는 것만으로 필요한 모든 설정을 자동으로 할 수 있어 편리합니다.

5.2.3 NTP

NTP(Network Time Protocol)는 네트워크에 연결된 장치가 NTP 서버(NTP server)와 통신해 서버의 시간과 정확하게 일치하도록 동기화하는 프로토콜입니다. 전송 계층의 UDP 123번 포트를 사용합니다.

그림 5-5 NTP의 작동 방식

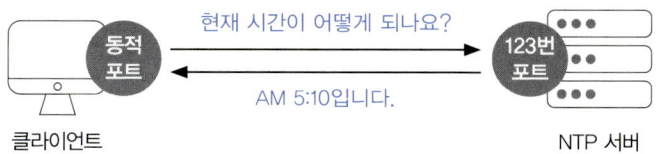

내 컴퓨터가 윈도우라면 **제어판 → 시계 및 국가 → 날짜 및 시간 → 인터넷 시간** 탭에서 현재 사용 중인 NTP 서버 주소를 확인할 수 있습니다. 윈도우는 기본적으로 time.windows.com의 표준 NTP 서버를 사용해 주기적으로 시간을 맞춥니다.

그림 5-6 윈도우 표준 NTP 서버 확인

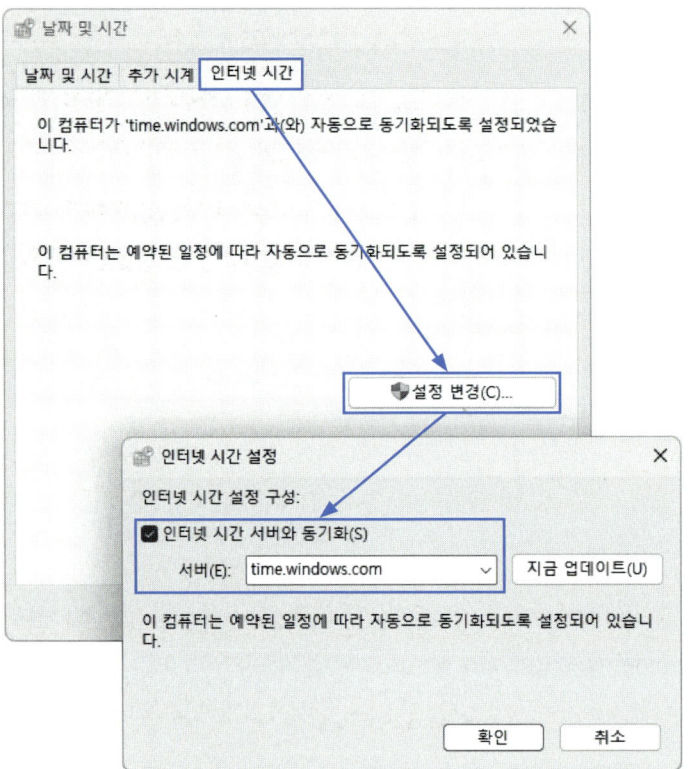

그렇다면 왜 NTP 서버와 시간을 동기화해야 할까요? 네트워크상의 많은 애플리케이션과 각종 서비스는 생각보다 정확한 시간 정보에 의존해 작동하는 경우가 많습니다. 만약 어떤 컴퓨터 시스템의 시간이 실제 시간과 일정 수준 이상 오차가 발생한다면 로그 파일 기록의 부정확성, 인증서 기반 보안 통신 오류, 예약된 작업 실패 등 다양한 문제가 발생할 수 있습니다. 심한 경우 특정 네트워크 서비스나 프로그램에 대한 접근 자체가 불가능할 수도 있습니다. 분산된 네트워크 환경에서 모든 시스템이 일관되고 정확한 시간을 유지하도록 보장하는 NTP는 안정적인 시스템 운영과 서비스 제공을 위한 필수 프로토콜입니다.

그림 5-7 NTP의 역할

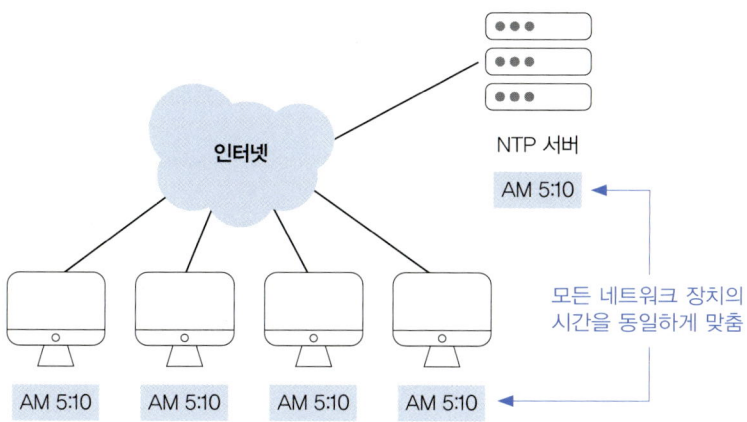

5.2.4 SNMP

SNMP(Simple Network Management Protocol)는 네트워크에 연결된 여러 장치를 체계적으로 모니터링하고 관리하는 데 사용하는 프로토콜입니다. SNMP를 사용하면 네트워크 인프라를 구성하는 라우터, 스위치, 서버, 프린터 등 수많은 장치의 상태를 중앙에서 효과적으로 감시 및 관리할 수 있습니다.

SNMP는 관리 스테이션과 관리 대상 장치라는 두 요소로 이뤄집니다.

- **관리 스테이션**(manager): 네트워크 관리자가 다루는 중앙 감시 시스템으로, NMS(Network Management System)라는 관리 프로그램이 설치돼 있습니다.

- **관리 대상 장치**(agent): 관리해야 할 네트워크 장치(스위치, 서버, 라우터 등)로, 에이전트(agent)라는 프로그램이 설치돼 있습니다.

관리 스테이션의 **NMS**는 관리 대상 장치의 **에이전트**와 통신해 해당 장치를 관리하는 데 필요한 정보를 얻거나 제어 명령을 내립니다. 예를 들어, 관리 대상 장치의 현재 메모리 사용률, CPU 부하율, 네트워크 인터페이스의 대역폭 사용량 등의 정보를 주기적으로 수집해 네트워크의 전반적인 상태를 파악하고, 관리 대상 장치의 각종 설정을 변경해 상태를 제어합니다. 이처럼 NMS는 네트워크 장치에 정보를 요청하거나 명령을 전달하는 클라이언트 역할을 수행합니다. 반면 관리 대상 장치는 관리 스테이션의 요청에 응답하고 정보를 제공하는 서버 역할을 수행합니다.

SNMP는 전송 계층의 UDP를 사용하며, 기본적으로 161번 포트를 사용해 요청과 응답을 주고 받습니다. 그런데 예외적으로 관리 대상 장치에서 오류 발생, 임계치 초과 등 특정 이벤트가 발생하면 관리 스테이션에 자발적으로 **트랩**(trap)이라는 경보 메시지를 보내는데, 이때는 관리 스테이션의 162번 포트를 사용합니다.

그림 5-8 SNMP의 작동 과정

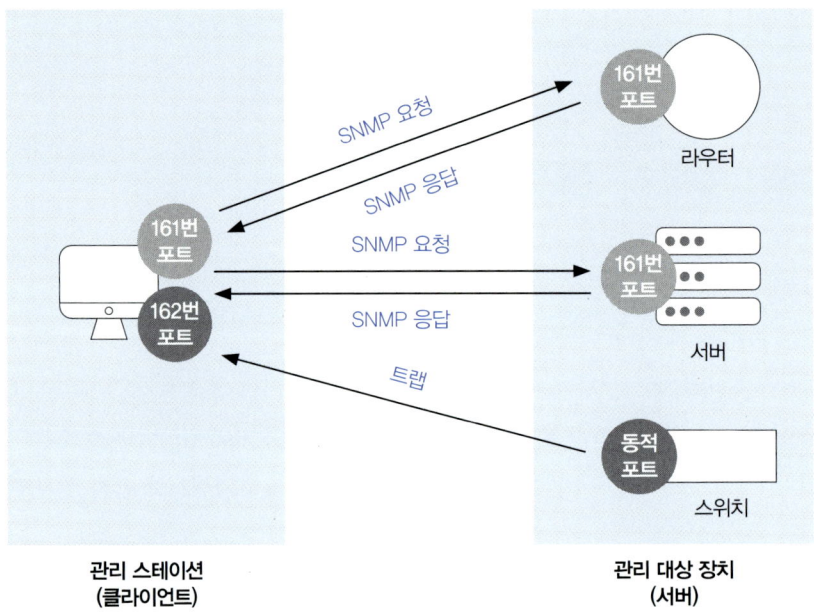

SNMP는 네트워크 인프라의 가용성과 성능을 유지하기 위한 핵심 도구이므로 네트워크 관리자라면 이 프로토콜의 작동 원리와 활용법을 깊이 있게 알아야 합니다.

5.2.5 LDAP

LDAP(Lightweight Directory Access Protocol)는 네트워크에서 운영되는 디렉터리 서비스에 접근해 정보를 검색하거나 수정할 수 있게 해주는 프로토콜로, 전송 계층의 TCP 389번 포트를 사용합니다.

디렉터리 서비스(directory service)란 네트워크로 연결된 조직 내 다양한 자원 정보, 예를 들면 사용자 정보(이름, 아이디, 부서, 직급, 전화번호, 이메일 주소), 공유 자원 위치 정보(프린터 위치, 파일 서버 경로), 인증/권한 관리 정보(사용자 계정, 암호, 그룹 소속) 등을 계층적 구조로 저장하고 관리하는 중앙 집중식 데이터베이스입니다. LDAP는 이렇게 디렉터리 서비스에 저장된 정보를 효율적으로 관리하고 빠르게 조회할 수 있도록 해줍니다.

그림 5-9 디렉터리 서비스의 계층적 구조

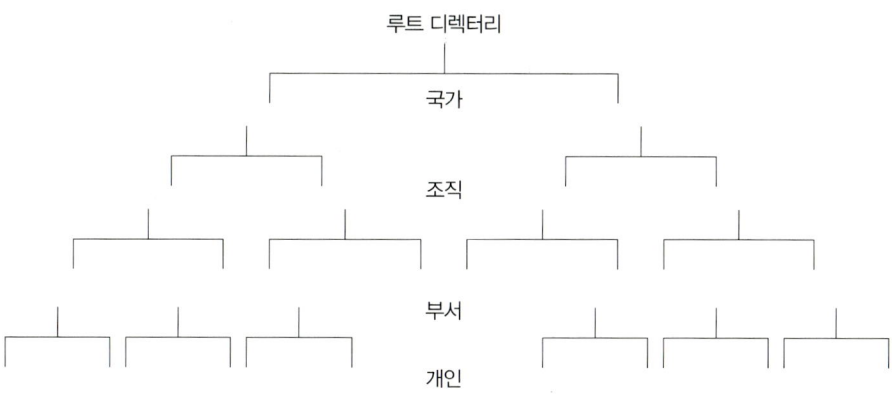

예를 들어 어떤 사용자(클라이언트)가 조직 내 회계팀에 근무하는 '철수'라는 동료에게 이메일을 보내려고 하는데 철수의 이메일 주소를 모른다고 합시다. 이 경우 사용자는 사내 주소록 프로그램에서 '이름=철수' 그리고 '부서=회계팀'과 같은 조건으로 LDAP 서버에 검색합니다. LDAP 서버는 이 조건에 맞는 정보를 디렉터리 서비스에서 찾아 응답합니다. 디렉터리 서비스는 사용자의 이름, 직급, 전화번호, 이메일 주소 등의 정보와 파일 서버/프린터 같은 장비의 위치 정보를 제공합니다.

그림 5-10 LDAP의 작동 과정

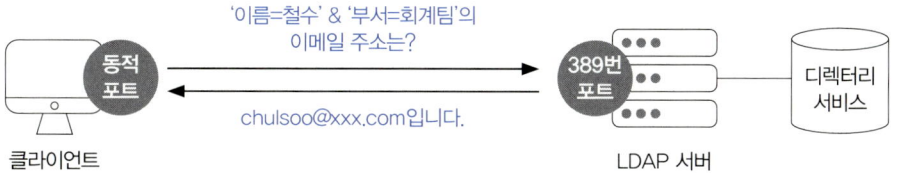

LDAPS(LDAP over SSL/TLS)는 LDAP에 SSL/TLS 기술을 추가해 통신 데이터를 암호화해 전송하는 프로토콜로, 전송 계층의 TCP 636번 포트를 사용합니다. 여기서 **SSL**(Secure Sockets Layer)은 클라이언트와 서버 간에 보안 세션을 설정하고 데이터를 암호화하는 프로토콜이고, **TLS**(Transport Layer Security)는 SSL의 후속 표준 프로토콜로, SSL보다 보안과 성능이 개선된 버전입니다.

SSL과 TLS는 통신 데이터를 암호화해 제3자가 도청하거나 위변조하는 것을 방지합니다. 두 프로토콜은 기본적인 역할은 같지만, 세부적인 암호화 알고리즘이나 작동 방식에는 차이가 있습니다. 현재는 보안이 강화된 TLS가 표준으로 사용되나 여전히 SSL이라는 용어도 관용적으로 함께 사용돼 SSL/TLS이라고 부릅니다. SSL/TLS에 대해서는 **6.6절**에서 자세히 다루겠습니다.

5.2.6 SMB

SMB(Server Message Block)는 원격으로 연결된 서버에 접속해 파일, 폴더, 프린터와 같은 자원을 사용할 수 있도록 해주는 프로토콜입니다. SMB는 특히 윈도우 환경에서 많이 사용합니다. 사용자가 파일 탐색기를 열어 **내 컴퓨터 → 네트워크 드라이브 → Z:₩공유폴더**로 접속할 수 있는 것은 SMB 덕분입니다. SMB는 전송 계층의 TCP 445번 포트를 사용합니다.

그림 5-11 SMB의 작동 과정

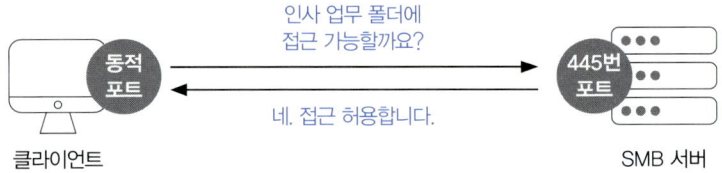

SMB의 역할은 앞서 설명한 LDAP와 비교하면 명확히 이해할 수 있습니다. LDAP가 디렉터리 서비스에 접근해 사용자 정보나 공유 자원 위치 정보를 찾는 데 사용된다면, SMB는 그 정보를 바탕으로 실제 공유된 파일에 접근해 읽고 쓰거나 공유 프린터로 인쇄 작업을 보내는 등 공유 자원을 실제로 이용하는 데 사용합니다.

LDAP와 SMB는 현재 다양한 운영체제에서 사용하고 있지만 역사적으로 그리고 기능적으로 볼 때 마이크로소프트 윈도우와 밀접한 관련이 있습니다. 특히 기업에서 많이 사용하는 윈도우 서버의 액티브 디렉터리(active directory) 도메인 환경에서는 LDAP와 SMB를 긴밀하게 연동해 사용자 인증, 자원 공유 등 핵심적인 네트워크 서비스를 제공합니다.

5.2.7 정리

지금까지 관리용 프로토콜의 종류와 역할을 살펴봤습니다. 각 프로토콜의 주요 내용을 정리하면 다음과 같습니다.

표 5-2 관리용 프로토콜의 종류

이름	설명	전송 계층	포트 번호
DNS	도메인 이름을 IP 주소로 또는 그 반대로 변환합니다.	UDP, TCP	53번(서버)
DHCP	IP 주소 등의 네트워크 설정을 자동으로 할당합니다.	UDP	67번(서버), 68번(클라이언트)
NTP	네트워크 장치를 서버 시간으로 동기화합니다.	UDP	123번(서버)
SNMP	네트워크 장비의 상태를 모니터링하고 관리합니다.	UDP	161번(서버/클라이언트), 162번(클라이언트, 트랩)
LDAP	디렉터리 서비스에 접근해 정보를 검색합니다.	TCP	389번(서버)
SMB	윈도우 환경에서 파일/프린터 등을 공유합니다.	TCP	445번(서버)

1분 퀴즈

정답 노트 p.279

01. 다음 중 관리용 프로토콜에서 사용하는 포트 번호로 맞지 <u>않는</u> 것은?

① DNS: 53번
② DHCP: 67번, 68번
③ NTP: 21번, 22번
④ SNMP: 161번, 162번

02. DNS에 대한 설명으로 옳은 것은?

① 네트워크에 연결된 장치에 IP 주소를 자동으로 할당한다.

② 네트워크에 연결된 여러 장치를 체계적으로 모니터링하고 관리한다.

③ 네트워크에 연결된 장치의 시간을 서버의 시간과 정확하게 일치시킨다.

④ 사람이 기억하기 쉬운 도메인 이름을 컴퓨터가 이해하는 IP 주소로 변환한다.

03. SNMP 프로토콜에서 관리 대상 장치가 관리 스테이션에 자발적으로 보내는 경보 메시지를 무엇이라고 하는가?

5.3 원격 접속 프로토콜

원격 접속 프로토콜은 물리적으로 멀리 떨어져 있는 컴퓨터에 접속해 시스템을 제어하거나 명령을 실행하기 위한 프로토콜로, 텔넷, SSH, RDP가 있습니다.

5.3.1 텔넷

텔넷(Telnet)은 내 컴퓨터(클라이언트)에서 원격 컴퓨터(서버)에 접속해 마치 그 컴퓨터 앞에 앉아 작업하는 것처럼 명령을 입력하고 실행 결과를 확인할 수 있게 해주는 프로토콜입니다. 텔넷은 전송 계층의 TCP 23번 포트를 사용합니다.

그림 5-12 텔넷의 작동 과정

텔넷은 클라이언트가 물리적으로 멀리 떨어진, 심지어 지구 반대편에 있는 서버나 네트워크 장비에 원격으로 접속해 터미널을 통해 필요한 작업을 수행할 수 있게 해줍니다. 여기서 **터미널**이란 명령줄 인터페이스(CLI, Command Line Interface) 방식으로 명령어를 직접 입력해 사용하는 프로그램으로, 리눅스나 맥OS에서는 터미널(terminal), 윈도우에서는 명령 프롬프트(command prompt)라고 합니다.

텔넷은 현재 보안상의 이유로 거의 사용하지 않습니다. 텔넷을 통해 주고받는 데이터(로그인 계정, 비밀번호, 실행 명령어 등)가 암호화되지 않은 형태로 전송되기 때문입니다. 만약 악의적인 사용자가 네트워크 통신을 중간에 가로채기라도 한다면 중요한 데이터가 쉽게 노출될 것이며, 이는 보안이 중요한 현대 네트워크 환경에 큰 위협입니다.

그림 5-13 텔넷 통신에서 데이터를 가로채는 상황

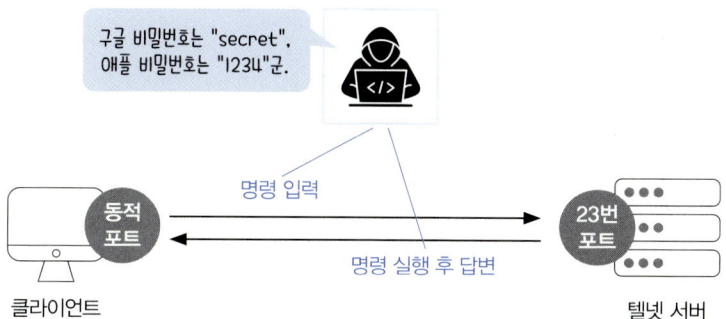

텔넷의 보안 취약 문제를 해결하기 위해 SSH 프로토콜이 등장했습니다. SSH는 텔넷과 유사한 원격 터미널 접속 기능을 제공하면서도 주고받는 모든 데이터를 안전하게 암호화합니다.

그렇다고 텔넷을 완전히 사용하지 않는 것은 아닙니다. 네트워크를 통하지 않는 특정 환경에서는 여전히 사용합니다. 대표적인 예로 라우터나 스위치 같은 네트워크 장치의 초기 설정을 위해 직접 케이블을 연결해 터미널에 접속할 때 텔넷을 사용합니다. 이 경우 네트워크를 통해 데이터가 오가는 것이 아니므로 보안 위험으로부터 자유롭습니다.

5.3.2 SSH

SSH(Secure Shell)는 '보안 셸'이라는 이름 그대로 안전한 원격 통신을 하기 위해 사용하는 프로토콜입니다. 텔넷과 마찬가지로 명령줄 인터페이스 방식으로 원격 컴퓨터 시스템을 제어하며, TCP 22번 포트를 사용합니다.

텔넷의 가장 큰 약점은 통신 데이터를 암호화하지 않은 채 전송하는 것이었습니다. SSH는 이 문제를 해결합니다. SSH는 클라이언트와 원격 서버 간 연결 설정부터 데이터 전송, 연결 종료까지 전 과정을 암호화 채널로 보호하는 원격 접속 프로토콜입니다. SSH를 사용하면 통신 과정 중간에 누군가 데이터를 가로채더라도 그 내용을 알 수 없어 안전합니다.

그림 5-14 SSH의 작동 과정

초기 SSH는 주로 리눅스와 맥OS 터미널 환경에서 원격 시스템에 접속하는 데 사용했습니다. 하지만 최근 윈도우에서도 기본으로 OpenSSH 클라이언트를 지원해 명령 프롬프트나 파워셸 (PowerShell) 프로그램을 통해 SSH 연결을 할 수 있게 됐습니다.

SSH는 공개키 인증 방식의 암호화 기술을 사용해 강력한 보안을 제공합니다. 이 방식은 개인키와 공개키 쌍을 이용해 통신 상대를 안전하게 인증합니다. 자세한 내용은 **6.3절**에서 예제를 실습하며 알아보겠습니다.

5.3.3 RDP

RDP(Remote Desktop Protocol)는 클라이언트에서 원격 컴퓨터(서버)에 접속해 시스템을 그래픽 사용자 인터페이스(GUI, Graphic User Interface) 방식으로 제어하는 프로토콜로, 전송 계층의 TCP 3,389번 포트를 사용합니다. 텔넷이나 SSH가 터미널에 텍스트 명령어를 입력해 제어했다면, RDP는 그보다 더 확장된 방식으로 마우스를 이용해 제어합니다.

RDP는 마이크로소프트가 개발해 그 소유권이 있는 독점 프로토콜(proprietary protocol)이라 원격 컴퓨터는 반드시 윈도우 시스템이어야 합니다. 반면 클라이언트는 윈도우가 아니어도 되며, 맥OS, 리눅스, 안드로이드, iOS 등 어떤 시스템이 와도 상관 없습니다.

클라이언트는 마이크로소프트에서 제공하는 원격 데스크톱 연결(Remote Desktop Connection) 프로그램을 실행해 원격 컴퓨터의 IP 주소(또는 컴퓨터 이름), 사용자 이름 및 암호를 입력해 접속합니다. 물론 그 전에 원격 컴퓨터의 원격 데스크톱 연결 설정이 '허용'으로 돼 있어야 합니다.

그림 5-15 RDP를 통한 원격 컴퓨터 접속

원격 컴퓨터에 접속하면 클라이언트 컴퓨터에 윈도우 화면이 나타납니다. 클라이언트는 자신의 마우스와 키보드로 원격 컴퓨터를 제어해 응용 프로그램 실행, 파일 열기 및 편집, 시스템 설정 변경 등을 할 수 있습니다. 원격 컴퓨터를 그래픽 사용자 인터페이스 방식으로 완벽하게 제어할 수 있다는 점은 작업의 생산성을 획기적으로 올립니다. 이에 RDP는 시스템 관리, 원격 근무, 기술 지원 등 다양한 분야에 널리 활용됩니다.

5.3.4 정리

지금까지 살펴본 원격 접속 프로토콜의 주요 내용을 정리하면 다음과 같습니다.

표 5-3 원격 접속 프로토콜의 종류

이름	설명	전송 계층	포트 번호
텔넷	원격 컴퓨터에 접속해 명령줄 인터페이스 방식으로 시스템을 제어합니다.	TCP	23번(서버)
SSH	원격 컴퓨터에 암호화된 채널로 접속해 명령줄 인터페이스 방식으로 시스템을 제어합니다.	TCP	22번(서버)
RDP	원격 윈도우 컴퓨터에 접속해 그래픽 사용자 인터페이스 방식으로 시스템을 제어합니다.	TCP	3,389번(서버)

1분 퀴즈

04. 원격 접속 프로토콜에 대한 설명으로 옳지 <u>않은</u> 것은?

① 텔넷과 SSH는 사용 목적이 같다.

② SSH 접속은 윈도우 환경에서도 가능하다.

③ SSH는 공개키 인증 방식이라는 암호화 기술을 사용한다.

④ RDP를 이용하면 맥OS에서는 윈도우 컴퓨터에 접속할 수 없다.

05. 텔넷과 SSH의 가장 중요한 차이점은?

① 텔넷은 파일 전송 기능이 있지만 SSH는 없다.

② 텔넷은 UDP를 사용하고 SSH는 TCP를 사용한다.

③ 텔넷은 리눅스에서만 사용 가능하고 SSH는 윈도우에서만 사용 가능하다.

④ 텔넷은 암호화 채널 없이 데이터를 주고받지만 SSH는 암호화 채널을 통해 데이터를 주고받는다.

06. 윈도우 환경의 원격 컴퓨터에 접속해 그래픽 사용자 인터페이스 방식으로 시스템을 제어하는 데 사용하는 프로토콜은?

① SSH ② 텔넷

③ RDP ④ FTP

07. 다음 설명을 읽고 맞으면 O, 틀리면 X 표시를 하세요.

① 텔넷은 모든 데이터를 암호화하지 않고 전송해 보안에 취약하다. (   )

② 텔넷은 TCP 22번 포트를 사용하고, SSH는 TCP 23번 포트를 사용한다. (   )

③ RDP는 명령줄 인터페이스 환경에서만 사용할 수 있다. (   )

5.4 파일 전송 프로토콜

파일 전송 프로토콜은 네트워크에서 파일을 효율적으로 주고받기 위해 설계된 프로토콜입니다. 파일을 업로드하거나 다운로드하는 작업은 네트워크를 사용하는 기본 목적 중 하나이므로 이와 관련한 프로토콜을 이해하는 것은 중요합니다. 대표적인 파일 전송 프로토콜은 FTP, SFTP, TFTP가 있습니다.

5.4.1 FTP

FTP(File Transfer Protocol)는 네트워크를 통해 파일을 주고받기 위해 만들어진 오래된 프로토콜로, 인터넷 초창기부터 사용했습니다. 예를 들어 웹 사이트를 개발해 웹 호스팅 업체의 서버에 배포한다고 가정해 봅시다. 웹 호스팅 업체의 서버에 직접 갈 수 있는 거리라면 상관 없지만 그럴 수 없다면 원격지의 웹 호스팅 업체 서버에 접속해 개발 파일을 업로드해야 하며, 이때 FTP를 사용합니다. FTP를 사용하면 개발자가 자신의 컴퓨터에 FTP 클라이언트 프로그램을 설치한 후 웹 호스팅 업체 서버에 접속해 파일을 업로드 및 다운로드할 수 있습니다.

FTP는 단순 파일 전송뿐만 아니라 서버에 저장된 파일을 관리하기 위한 기능도 제공합니다. FTP 클라이언트 프로그램을 이용해 원격 서버의 파일 및 디렉터리 목록 확인, 파일 및 디렉터리 삭제 및 이름 변경, 파일 접근 권한 변경 등의 작업을 할 수 있습니다.

파일질라(FileZilla)는 대표적인 FTP 클라이언트 프로그램입니다. 파일질라 실행 화면은 크게 두 부분으로 나뉩니다. 왼쪽에는 로컬 컴퓨터의 파일 시스템이, 오른쪽에는 접속한 원격 서버의 파일 시스템이 있어 사용자가 드래그 앤 드롭으로 손쉽게 파일을 전송할 수 있습니다.

그림 5-16 파일질라 실행 화면

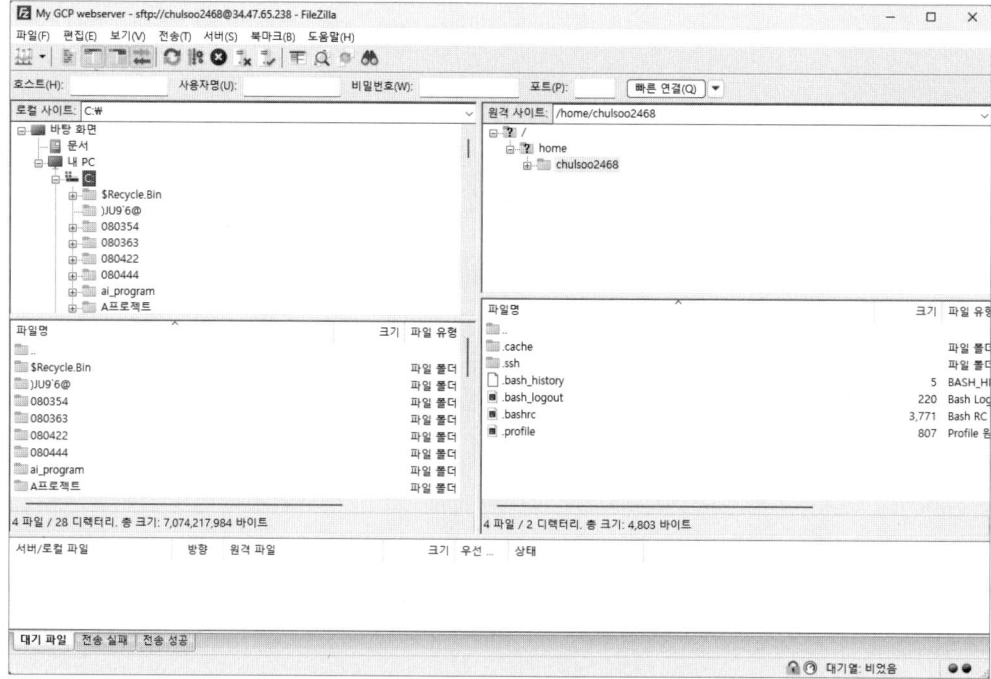

FTP는 전송 계층의 TCP를 사용하며 제어 연결용과 데이터 연결용으로 두 개의 서버 측 포트를 사용합니다.

- **제어 연결 포트(21번)**: 제어 명령을 주고받을 때 사용하는 포트입니다. '서버에 로그인할게요', '파일 목록을 보여주세요', '이 파일을 다운로드할게요'와 같이 데이터 전송이 아닌 지시나 상태 확인 명령을 주고받을 때 사용합니다.

- **데이터 연결 포트(20번 또는 동적 포트)**: 실제 파일을 전송하기 위해 사용하는 포트입니다. 데이터 전송을 위한 연결 설정을 누가 하느냐에 따라 두 가지 모드로 나뉩니다. 서버가 클라이언트에 데이터 연결 설정을 하는 액티브 모드(active mode)에서는 20번, 반대로 클라이언트가 서버에 데이터 연결 설정을 하는 패시브 모드(passive mode)에서는 동적 포트를 사용합니다.

그림 5-17 FTP의 포트

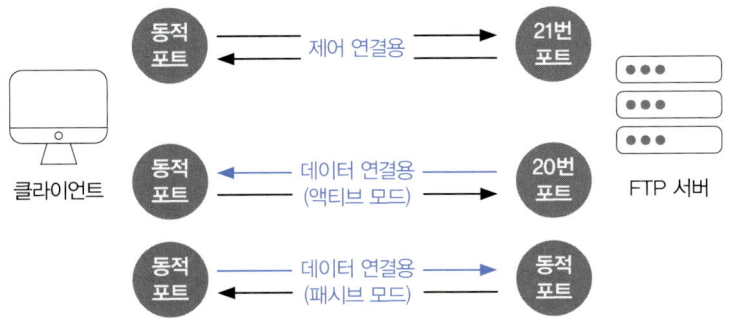

FTP 사용 초기에는 액티브 모드를 이용했습니다. 하지만 클라이언트 측 방화벽 문제로 최근에는 클라이언트가 서버에 데이터 연결을 설정하는 패시브 모드를 주로 사용합니다. FTP로 통신할 때는 클라이언트가 21번 포트로 서버에 지시하고, 서버는 자신의 20번 포트 또는 동적 포트를 사용해 데이터를 전송합니다.

현재는 보안상의 이유로 FTP를 많이 사용하지 않습니다. FTP도 텔넷과 마찬가지로 파일 내용, 사용자 아이디, 비밀번호 등 통신 데이터를 암호화하지 않고 전송하기 때문입니다.

이러한 FTP의 보안 문제를 해결하기 위해 SFTP가 등장했습니다. SFTP는 파일 업로드 및 다운로드 시 모든 데이터를 암호화해 안전하게 전송합니다.

5.4.2 SFTP

SFTP(Secure File Transfer Protocol 또는 SSH File Transfer Protocol)는 이름에서 알 수 있듯이 보안이 강화된 파일 전송 프로토콜입니다. FTP처럼 원격 서버에 접속해 파일을 업로드 및 다운로드하고, 파일 목록을 확인하며, 파일 및 디렉터리를 관리합니다. 하지만 FTP와 결정적으로 다른 점이 있는데, 바로 클라이언트와 서버 간에 주고받는 모든 데이터(로그인 정보, 파일 내용, 명령어 등)를 암호화해 전송한다는 것입니다.

SFTP는 앞에서 배운 SSH로 클라이언트와 서버를 연결한 후, 두 시스템 간에 암호화된 통신 보안 채널을 통해 데이터를 주고받습니다. 그래서 SFTP는 그 자체로 독립적인 프로토콜이라기보다 SSH 프로토콜 위에서 동작하는 서브 시스템에 가깝습니다. 또한 SFTP는 별도의 포트 번호를 사용하지 않고 SSH와 동일한 TCP 22번 포트를 사용합니다. SFTP를 'SSH를 통해 안전하게 파일을 전송하는 프로토콜'이라고 이해해도 무방합니다.

그림 5-18 SFTP의 작동 방식

대부분의 파일 전송 프로그램은 FTP와 더불어 SFTP 연결을 지원합니다. 앞에서 소개한 파일질라도 서버 접속 시 프로토콜을 SFTP, 포트 번호를 22로 지정하면 안전하게 파일을 전송할 수 있습니다. 결론적으로 네트워크를 통해 파일을 전송할 때 보안이 요구되는 거의 모든 상황에 FTP 대신 SFTP를 사용합니다.

5.4.3 TFTP

TFTP(Trivial File Transfer Protocol)는 이름에 포함된 Trivial(사소한, 단순한)이라는 단어에서 유추할 수 있듯이 기본 기능만 제공하도록 단순화한 파일 전송 프로토콜입니다. 특정 설정 파일, 운영체제 이미지, 펌웨어 같이 간단한 파일을 주고받을 때 사용하며, 기본 전송 기능만 제공하므로 프로토콜 자체가 가볍고 구현하기 간단합니다.

하지만 TFTP는 FTP나 SFTP와 비교해 기능적으로 제약이 많습니다. 사용자를 확인하는 인증(authentication) 절차가 전혀 없고, 원격 서버의 디렉터리 내용 탐색이 불가능하며, 파일 목록을 조회하는 기능이 없습니다. 파일 삭제, 파일 이름 변경 등 부가적인 파일 관리 기능 또한 지원하지 않습니다.

디렉터리 탐색이 불가능하니 클라이언트가 특정 파일을 업로드하거나 다운로드하려면 해당 파일의 정확한 경로(path)와 파일 이름(filename)을 알고 직접 입력해야 합니다. 그래야 TFTP로 파일을 전송할 수 있습니다.

이러한 제약 때문에 TFTP는 일반적인 파일 공유에는 적합하지 않습니다. 대신 서버와 클라이언트가 자동으로 파일을 주고받는 특수한 환경에서 많이 사용합니다. 예를 들어, 클라이언트가 서버에서 운영체제 부팅 이미지를 내려받아 PC를 시작하는 네트워크 부팅(PXE, Network

Booting)을 할 때, 라우터나 스위치 같은 네트워크 장비의 펌웨어를 업데이트하거나 이 장비들의 구성 파일을 백업 또는 복원할 때 사용합니다.

TFTP는 FTP, SFTP와 달리 전송 계층의 UDP 69번 포트를 사용합니다. TCP처럼 연결 설정이나 복잡한 제어 과정이 없어 빠르고 가볍지만, 데이터 전송의 신뢰성은 상대적으로 낮습니다.

그림 5-19 TFTP의 작동 과정

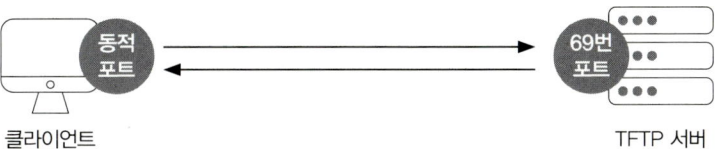

5.4.4 정리

지금까지 살펴본 파일 전송 프로토콜의 주요 내용을 정리하면 다음과 같습니다.

표 5-4 파일 전송 프로토콜의 종류

이름	설명	전송 계층	포트 번호
FTP	원격 서버에 접속해 파일을 업로드 및 다운로드합니다.	TCP	21번(서버 측 제어 연결용), 20번 또는 동적 포트(서버 측 데이터 연결용)
SFTP	SSH 기반으로 원격 서버에 접속해 파일을 업로드 및 다운로드합니다.	TCP	22번(서버)
TFTP	원격 서버에 접속해 파일을 업로드 및 다운로드하며, 단순 파일 전송 기능만 제공합니다.	UDP	69번(서버)

1분 퀴즈

정답 노트 p.279

08. 파일 전송 프로토콜에 대한 설명으로 옳지 않은 것은?

① FTP는 20번 포트를 제어 연결용으로 사용한다.

② SFTP는 TCP 기반 프로토콜이다.

③ SFTP는 보안이 강화된 파일 전송 프로토콜이다.

④ TFTP는 UDP 기반 프로토콜이다.

○ 계속

09. 다음 빈칸에 알맞은 용어를 쓰세요.

- (①)은/는 컴퓨터 간에 데이터를 주고받는 오래된 프로토콜로, 통신 데이터를 암호화하지 않고 전송해 보안에 취약하다.
- (②)은/는 보안에 취약한 (①)을/를 보완해 SSH 기반으로 안전하게 파일을 전송하는 프로토콜이다.
- (③)은/는 부가적인 파일 관리 기능 없이 기본 파일 전송 기능만 제공하는 프로토콜이다.

① (   )   ② (   )   ③ (   )

10. 다음 상황에 가장 적합한 파일 전송 프로토콜은 무엇인지 쓰세요.

① (   ): 보안 규정이 엄격한 기업 환경에서 서버 간 대용량 로그 파일을 전송해야 할 때

② (   ): 네트워크 관리자가 운영체제 이미지를 신속히 배포해야 할 때

③ (   ): 일반적인 파일 공유 목적으로 빠른 전송이 필요하지만 암호화 요구가 없는 환경에서 사용할 때

5.5

이메일 프로토콜

네트워크에서 파일을 주고받는 것만큼이나 중요한 것이 바로 이메일 통신입니다. 이메일 프로토콜은 이메일을 작성해 보내고, 서버에 저장하고, 수신자가 읽을 수 있도록 주고받는 방식을 표준화한 것으로, 대표적으로 SMTP, POP3, IMAP가 있습니다.

5.5.1 SMTP

SMTP(Simple Mail Transfer Protocol)는 이메일을 보낼 때 사용하는 프로토콜입니다. A가 아웃룩(Outlook) 이메일 프로그램으로 B에게 이메일을 보냈다고 합시다. 이메일은 바로 B에게 전송되는 게 아니라 A의 메일 서버로 전송됩니다. 그러면 A의 메일 서버가 릴레이 방식으로 중간에 다른 메일 서버를 거치거나 바로 B의 메일 서버로 이메일을 전송합니다.

SMTP는 이메일을 옮겨주는 우편 배달부와 같습니다. 특이한 점은 이메일을 B의 메일 프로그램으로 바로 전송하지 않고 B의 메일 서버까지만 전송한다는 점입니다. B의 메일 서버는 전달받은 이메일을 자신의 개인 메일함(mailbox)에 안전하게 보관하며, 수많은 발신자로부터 받은 이메일을 저장하고 관리합니다.

B가 자신에게 온 이메일을 확인할 때는 SMTP가 아닌 다른 프로토콜, 즉 뒤에서 배울 POP3나 IMAP를 사용해 자신의 메일 서버에 접속해 이메일을 확인합니다. 결론적으로 SMTP는 이메일 발송과 서버 간 전송까지만 책임지고, 상대가 메일을 최종적으로 수신하는 과정에는 관여하지 않습니다. SMTP는 전송 계층의 TCP 25번 포트를 사용합니다.

그림 5-20 SMTP의 작동 과정

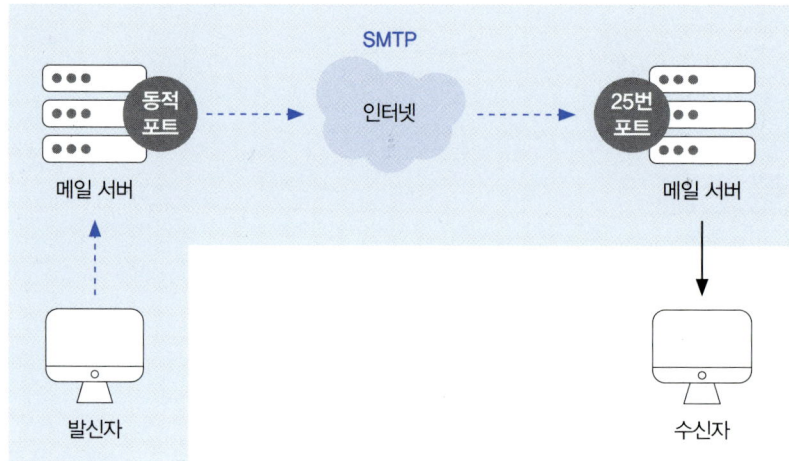

메일 서버(mail server)는 SMTP를 통해 주고받은 메일을 관리하는 곳으로, 기본적으로 여러 사용자의 계정과 메일함을 운영합니다. 각 사용자는 메일 서버를 통해 자신에게 온 메일을 안전하게 확인하고 새 메일을 작성해 발송합니다.

그림 5-21 메일 서버의 역할

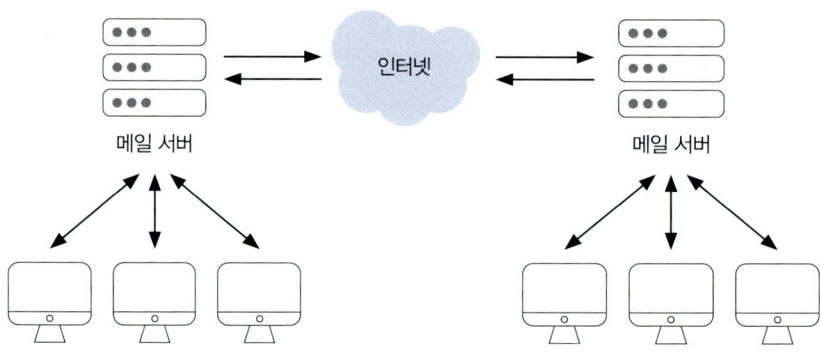

SMTP를 이용할 때는 보안에 신경 써야 합니다. 가능한 한 이메일 내용을 암호화해 보내는 SMTPS 방식을 사용하는 것이 좋습니다. **SMTPS**(SMTP over SSL/TLS)는 기존 SMTP에 SSL/TLS 암호화 기술을 덧붙여 보안을 강화한 메일 전송 방식입니다. 원래 SMTP는 각종 계정 정보(아이디, 비밀번호)나 메일 내용을 암호화하지 않고 전송했습니다. 그래서 중간에 누군가 데이터를 가로채면 내용이 노출될 위험이 있었는데, 이를 방지하기 위해 SMTPS 방식을 사용합니다.

아웃룩과 같은 대부분의 이메일 프로그램은 SSL/TLS 설정 기능을 제공합니다. 또한 SMTP 서버에 접속할 때 사용자 인증(authentication)을 거치도록 하는 기능도 제공합니다. 두 기능은 보안상 중요하므로 가능하다면 항상 사용하는 것이 좋습니다. SMTPS는 TCP 465번 포트를 사용하는데, 이 번호는 서버 설정에 따라 달라질 수 있습니다.

이메일을 보내는 데 사용하는 프로토콜이 SMTP라면, 이메일을 받는 데 사용하는 프로토콜은 POP3와 IMAP입니다. POP3부터 살펴봅시다.

5.5.2 POP3

POP3(Post Office Protocol version 3)는 메일 서버에 보관된 이메일을 자신의 컴퓨터로 다운로드하는 프로토콜로, 신뢰성 있는 이메일 수신을 위해 전송 계층의 TCP 110번 포트를 사용합니다.

POP3는 이메일을 열면 해당 메일을 사용자 컴퓨터로 내려받은 후 서버에서 삭제합니다. 그래서 사용자의 하드웨어 장치(PC, 노트북, 태블릿, 스마트폰)가 바뀌면 이메일을 확인할 수 없습니다. 이 문제를 해결하고자 메일 프로그램으로 이메일을 열 때 메일 서버에 이메일 복사본을 남겨두고 일정 기간이 지난 뒤 삭제하기도 합니다. 실제로 아웃룩의 '서버에 메시지 복사본 저장' 옵션을 활성화하면 14일, 30일, 60일 등 사용자가 지정한 일수 동안 이메일 복사본을 저장하고, 이 기간 후 자동으로 삭제되게 할 수 있습니다.

그림 5-22 POP3의 작동 과정

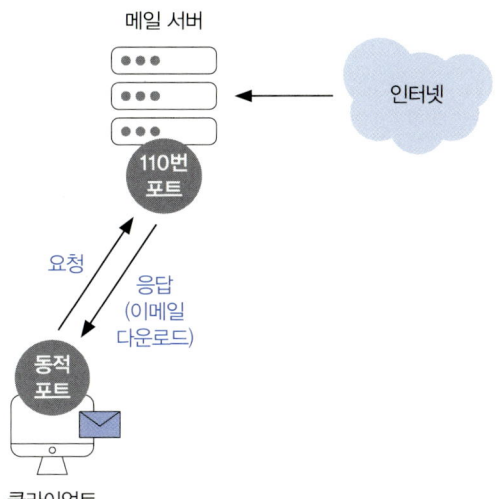

요즘에는 POP3를 거의 사용하지 않습니다. SMTP처럼 전송 데이터의 내용을 암호화하지 않아 보안에 취약하기 때문입니다. 대신 POP3에 SSL/TLS 암호화 기능을 추가해서 이메일 데이터를 암호화해 전송하는 POP3S를 사용합니다. **POP3S**(POP3 over SSL/TLS)는 TCP의 995번 포트를 사용하나, 서버 설정에 따라 변경될 수 있습니다.

5.5.3 IMAP

IMAP(Internet Message Access Protocol)은 POP3처럼 사용자가 이메일을 받는 데 사용하는 프로토콜입니다. 그러나 이메일을 사용자 컴퓨터로 다운로드하는 POP3와 달리 이메일을 서버에 저장한 채 사용하는 점이 다릅니다. 전송 계층의 TCP 143번 포트를 사용합니다.

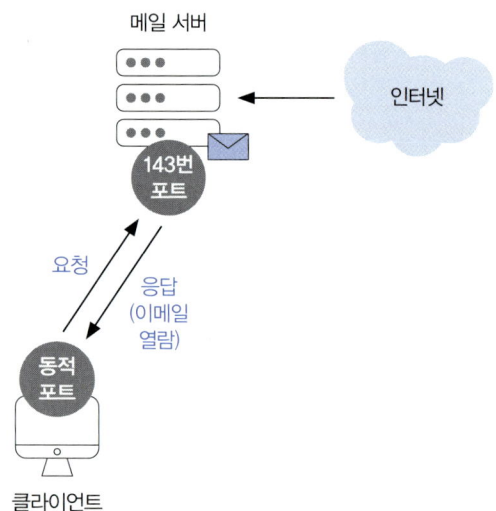

그림 5-23 IMAP의 작동 과정

IMAP은 이메일 원본뿐만 아니라 메일 폴더 구조 등 모든 데이터를 메일 서버에서 중앙 집중식으로 저장·관리합니다. 사용자가 이메일을 읽거나, 삭제하거나, 읽음/안읽음 상태로 변경하거나, 이메일을 분류해 폴더로 구성하는 등 모든 작업을 사용자의 이메일 프로그램뿐만 아니라 메일 서버에도 항상 최신 상태로 반영합니다.

따라서 사용자는 하드웨어 장치(PC, 노트북, 태블릿, 스마트폰)가 바뀌어도 항상 동일하고 일관된 상태의 메일 데이터를 확인할 수 있습니다. 스마트폰에서 특정 이메일을 읽음 상태로 변경했다면, 나중에 PC에서 확인했을 때도 읽음 상태로 표시됩니다. 메일 서버의 상태가 모든 장치의 이메일 프로그램과 동기화됩니다.

IMAP을 사용하는 대표적인 예로 구글의 지메일 서비스가 있습니다. 지메일은 웹 메일 서비스(gmail.com)뿐만 아니라 아웃룩, 애플 메일 같은 외부 메일 프로그램이나 스마트폰, PC 등 다양한 장치에서 지메일 서버와 연동해 최신 상태로 동기화된 메일을 사용할 수 있습니다.

그림 5-24 여러 장치에서 메일을 확인할 수 있는 지메일 서비스

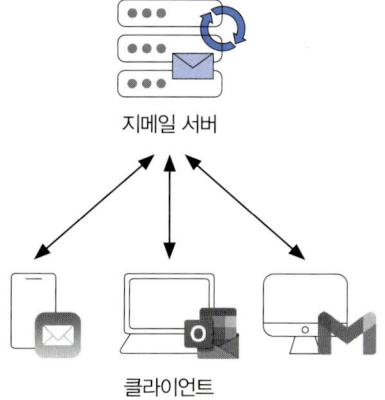

POP3는 기본적으로 메일 서버에 저장된 이메일을 사용자의 컴퓨터로 다운로드하기 때문에 장치마다 어떤 메일은 볼 수 있고, 어떤 메일은 보지 못할 수 있습니다. 따라서 여러 장치에서 이메일을 확인하고 관리하며 항상 최신 상태를 유지하고 싶다면 IMAP을 사용하는 것이 적합합니다. 반면 POP3는 인터넷 사용이 제한될 때, 이메일 프로그램을 하나의 장치에서만 보고 싶을 때, 이메일을 내 컴퓨터에 저장하고 싶을 때 사용하면 유용합니다.

IMAP은 이메일 데이터를 암호화하지 않습니다. 그래서 요즘은 SSL/TLS 암호화 기능을 포함한 IMAPS 방식을 사용하길 권장합니다. **IMAPS**(IMAP over SSL/TLS)에서는 TCP의 993번 포트를 사용합니다.

5.5.4 정리

지금까지 살펴본 이메일 프로토콜의 주요 내용을 정리하면 다음과 같습니다.

표 5-5 이메일 프로토콜의 종류

이름	설명	전송 계층	포트 번호
SMTP	이메일을 보내는 데 사용합니다.	TCP	25번(수신자 메일 서버)
POP3	이메일을 내려받아 클라이언트에 저장합니다.	TCP	110번(내 컴퓨터와 연결된 메일 서버)
IMAP	메일 서버에 저장된 메일을 클라이언트에서 열람 및 관리합니다.	TCP	143번(내 컴퓨터와 연결된 메일 서버)

1분 퀴즈

정답 노트 p.279

11. 다음 이메일 프로그램 중 지메일 서버에 접속 가능한 프로그램은?

① 아웃룩   ② gmail.com 웹 메일

③ 애플 메일   ④ 전부 다 가능

12. ①~③의 설명으로 알맞은 것을 찾아 연결하세요.

① SMTP   •   • ㉠ 이메일 수신(서버에서 다운로드 후 사용)

② POP3   •   • ㉡ 이메일 수신(서버에 저장한 채 사용)

③ IMAP   •   • ㉢ 이메일 송신

13. 다음 상황에 가장 적합한 이메일 프로토콜은 무엇인지 쓰세요.

① (   ): 하나의 장치만 사용하고 인터넷 사용이 제한된 환경이며, 내 컴퓨터에만 이메일을 저장하고 싶을 때

② (   ): 여러 장치에서 이메일을 확인하고 관리하며 항상 최신 상태로 유지하고 싶을 때

5.6 웹 브라우저 프로토콜

웹 브라우저 프로토콜은 웹에서 각종 데이터를 주고받는 데 사용하는 프로토콜로, HTTP와 HTTPS가 있습니다. 이들은 기술적으로는 하나의 프로토콜이며 보안 기능이 있느냐 없느냐의 차이만 있습니다.

5.6.1 HTTP

HTTP(HyperText Transfer Protocol)는 웹 브라우저(클라이언트)와 웹 사이트(서버) 간에 데이터를 주고받을 때 사용하는 프로토콜로, 전송 계층의 TCP 80번 포트를 사용합니다.

예를 들어 사용자가 웹 브라우저 주소창에 **gilbut.co.kr**을 입력했다고 합시다. 웹 브라우저는 DNS에 gilbut.co.kr의 IP 주소를 문의해 알아냅니다. 그리고 해당 IP 주소에서 동작하는 서버에 접속해 gilbut.co.kr 웹 페이지를 구성하는 파일을 요청하는데, 이를 **HTTP 요청**(HTTP request)이라고 합니다. 요청을 받은 웹 사이트는 해당 HTML 파일을 웹 브라우저에 응답하며, 이를 **HTTP 응답**(HTTP response)이라고 합니다.

그림 5-25 HTTP 요청과 응답

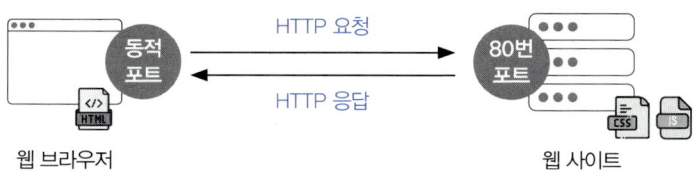

웹 브라우저는 응답으로 받은 HTML 파일을 해석해(parsing) 화면을 구성합니다. 이때 HTML 파일에는 웹 페이지의 디자인을 구현한 CSS(Cascading Style Sheets) 파일과 동적 기능을 구현한 자바스크립트 파일이 필요하다는 정보가 포함돼 있습니다. 이를 확인한 웹 브라우저는 해당 CSS 파일과 자바스크립트 파일의 경로로 추가 요청을 보내고 응답받습니다.

그림 5-26 CSS 파일과 자바스크립트 파일 추가 요청

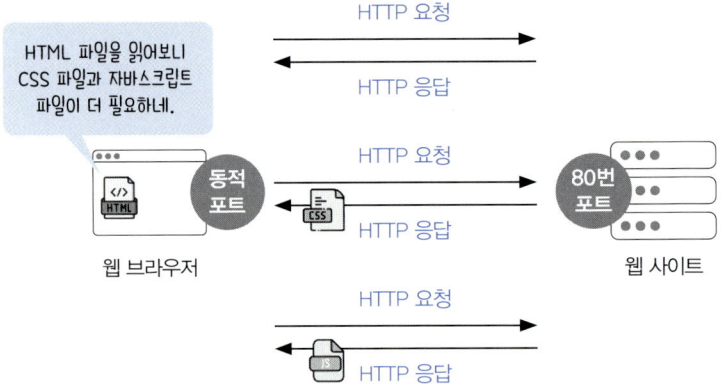

HTTP를 통해 받은 HTML, CSS, 자바스크립트 파일은 웹 브라우저가 해석해 사용자가 볼 수 있도록 웹 화면으로 변환하는 **렌더링**(redering)을 거쳐 출력됩니다.

그림 5-27 웹 브라우저 렌더링

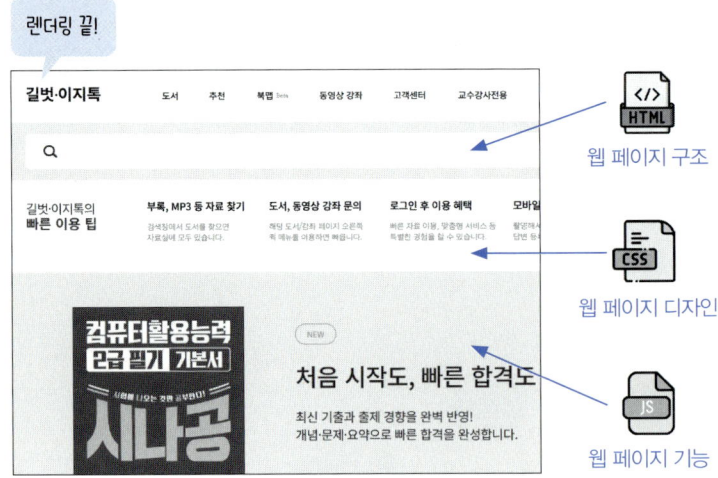

HTTP는 통신 데이터(웹 페이지 내용, 사용자 입력 정보 등)를 암호화하지 않은 채 전송합니다. 과거에 대부분의 웹 사이트는 HTTP를 사용했지만 보안 인식이 높아지고 개인 정보 보호의 중요성이 강조되면서 지금은 HTTP를 거의 사용하지 않습니다. 대신 통신 내용을 안전하게 암호화하는 HTTPS가 표준으로 자리 잡았습니다. HTTPS에 대해서는 HTTP 상태 코드를 알아본 후 살펴보겠습니다.

● **HTTP 상태 코드**

웹 브라우저가 웹 사이트에 요청을 보내면, 웹 사이트는 요청에 대한 처리 결과를 알려주는 HTTP 상태 코드를 응답에 포함해 전달합니다. **HTTP 상태 코드**(HTTP status code)는 1xx번대부터 5xx번대까지 세 자리 숫자로 이뤄져 있으며, 맨 앞자리 숫자로 의미를 구분합니다.

- **1xx(처리 중)**: 요청을 받아 처리 중임을 의미합니다.
- **2xx(성공)**: 요청이 정상적으로 처리됐음을 의미합니다.
- **3xx(리다이렉션)**: 요청을 처리하려면 다른 웹 페이지 주소(URL)로 이동하라는 의미입니다.
- **4xx(클라이언트 오류)**: 요청에 문제가 있음을 의미합니다.
- **5xx(서버 오류)**: 웹 사이트(서버) 쪽에서 문제가 발생했음을 의미합니다.

각 번호대의 상태 코드 중 개발자가 알아야 할 주요 코드는 다음과 같습니다.

- **200 OK(처리 완료)**: 요청이 성공적으로 처리됐음을 의미합니다. 웹 페이지가 정상적으로 로드됐을 때 볼 수 있습니다.
- **301 Moved Permanently(영구 이전됨)**: 요청한 웹 페이지의 URL 주소가 영구적으로 변경됐음을 의미합니다. 웹 브라우저가 이 응답을 받으면 응답에 포함된 새 URL 주소로 자동으로 이동합니다.
- **400 Bad Request(잘못된 요청)**: 웹 브라우저가 보낸 요청 자체가 잘못됐음을 의미합니다. 요청 메시지의 형식이 잘못됐거나, 필요한 매개변수가 누락됐을 때 이 코드를 반환합니다.
- **403 Forbidden(금지됨)**: 웹 브라우저가 요청한 웹 페이지에 접근할 권한이 없음을 의미합니다. 인증은 성공했지만 특정 웹 페이지나 데이터에 대한 접근 권한이 없는 경우(인가되지 않음)에 발생합니다.

- **404 Not Found(찾을 수 없음)**: 요청한 웹 페이지를 웹 사이트에서 찾을 수 없음을 의미합니다. URL 주소를 잘못 입력했거나 해당 파일을 웹 사이트에서 삭제했거나 이동했을 때 발생합니다.

- **500 Internal Server Error(내부 서버 오류)**: 웹 사이트 내부에 예기치 않은 문제가 발생해 요청을 처리할 수 없음을 의미합니다. 웹 사이트 측 코드의 오류, 데이터베이스 연결 문제 등 다양한 원인으로 발생할 수 있습니다. 이 코드를 만나면 웹 사이트 관리자 혹은 개발자가 서버의 로그 등을 확인해 원인을 파악하고 수정해야 합니다.

- **503 Service Unavailable(서비스를 이용할 수 없음)**: 웹 사이트가 일시적으로 요청을 처리할 준비가 되지 않았음을 의미합니다. 웹 사이트가 과부하 상태이거나 유지보수를 위해 잠시 중단됐을 때 발생하는데, 일시적인 상태이므로 잠시 후 다시 시도하면 접속할 수 있습니다.

이상으로 소개한 코드들은 웹 개발 및 디버깅 과정에서 자주 마주치는 코드로, 개발자라면 그 의미를 알고 있어야 합니다.

5.6.2 HTTPS

HTTPS(HTTP over SSL/TLS)는 HTTP에 SSL/TLS 암호화 기술을 접목해 통신 데이터를 안전하게 주고받는 프로토콜로, 전송 계층의 TCP 443번 포트를 사용합니다.

그림 5-28 HTTPS의 작동 방식

HTTPS로 통신하는 웹 사이트의 주소는 http://가 아니라 https://로 시작합니다. HTTPS는 HTTP 프로토콜과 동일하게 작동하지만 웹 브라우저와 웹 사이트 간에 주고받는 모든 데이터를 암호화합니다. 덕분에 HTTPS는 사용자의 정보를 보호하고 신뢰성 있는 웹 사이트 이용 환경을 제공할 수 있습니다.

그림 5-29 HTTP와 HTTPS로 시작하는 웹 사이트 주소

오늘날 개인 정보 보호와 데이터 보안의 중요성이 커짐에 따라 로그인 정보, 금융 정보 등을 다루는 웹 사이트는 물론, 거의 모든 웹 사이트가 HTTPS를 사용합니다. 웹 브라우저 역시 HTTPS로 연결해야 안전하다는 것을 강조하며, 만약 사용자가 HTTP 방식으로 웹 사이트에 접속하려고 하면 '주의 요함' 등 경고 표시를 합니다.

HTTPS의 자세한 기술적 원리는 **6.6절**에서 알아보겠습니다.

5.6.3 정리

지금까지 살펴본 웹 브라우저 프로토콜의 주요 내용을 정리하면 다음과 같습니다.

표 5-6 웹 브라우저 프로토콜의 종류

이름	설명	전송 계층	포트 번호
HTTP	웹 페이지 요청과 응답을 주고받습니다.	TCP	80번(서버)
HTTPS	웹 페이지 요청과 응답을 주고받을 때 모든 데이터를 암호화해 전송합니다.	TCP	443번(서버)

1분 퀴즈

정답 노트 p.279

14. 다음 중 웹 사이트 내부에서 예기치 않은 문제가 발생해 요청을 처리할 수 없음을 나타내는 상태 코드는?

① 200 OK
② 301 Moved Permanently
③ 500 Internal Server Error
④ 404 Not Found

○ 계속

15. 특정 웹 사이트에 접속했을 때 '404 Not Found'라는 문구가 나타났습니다. 이 문구의 의미는?

① 서버에서 요청한 웹 페이지를 찾을 수 없다.

② 요청한 웹 페이지에 접근하기 위해 인증(로그인)이 필요하다.

③ 요청이 성공적으로 처리됐고, 요청한 정보가 응답 본문에 포함됐다.

④ 웹 사이트 내부에서 예기치 않은 오류가 발생해 요청을 처리할 수 없다.

16. SSL/TLS에 대한 설명으로 옳지 <u>않은</u> 것은?

① 통신 데이터를 암호화해 안전하게 전송한다.

② SSL은 TLS보다 더 최근에 등장한 프로토콜이다.

③ SMTPS, POP3S, IMAPS, HTTPS 프로토콜 등에 사용된다.

④ 클라이언트와 서버 간에 통신하기 전에 보안 세션을 설정한다.

1. **응용 계층**

    ① 사용자가 네트워크를 통해 원하는 작업을 수행할 수 있도록 다양한 서비스와 인터페이스를 제공하는 TCP/IP 모델의 최상위 계층입니다.

    ② 개발자가 네트워크 프로그래밍 시 직접적으로 다루는 영역입니다.

2. **관리용 프로토콜**

    ① 네트워크 장비나 서버의 상태를 모니터링하고 관리하기 위한 프로토콜입니다.

    ② **DNS:** 사람이 기억하기 쉬운 도메인 이름을 컴퓨터가 사용하는 IP 주소로 변환하거나 그 반대의 역할을 수행합니다. 전송 계층의 UDP 53번(또는 TCP 53번) 포트를 사용합니다.

    ③ **DHCP:** 네트워크에 접속하는 장치에 IP 주소, 서브넷 마스크, 게이트웨이의 IP 주소, DNS 서버의 IP 주소 등을 자동으로 할당해 네트워크 설정을 간소화합니다. 전송 계층의 UDP를 사용하며, DHCP 서버는 67번 포트, DHCP 클라이언트는 68번 포트를 사용합니다.

    ④ **NTP:** 네트워크에 연결된 모든 장치가 정확한 시간을 기준으로 작동할 수 있도록 서버의 시간과 동기화합니다. 전송 계층의 UDP 123번 포트를 사용합니다.

    ⑤ **SNMP:** 네트워크에 연결된 다양한 장치를 체계적으로 모니터링하고 관리하는 데 사용하는 프로토콜입니다. 전송 계층의 UDP를 사용하며, 기본적으로 161번 포트를 사용해 요청과 응답을 주고받지만 예외적으로 트랩이라는 경보 메시지를 보낼 때는 162번 포트를 사용합니다.

    ⑥ **LDAP:** 네트워크에서 운영되는 디렉터리 서비스에 접근해 정보를 검색하거나 수정할 수 있게 해주는 프로토콜입니다. 조직 내 사용자 정보, 시스템 구성 정보, 주소록 등 다양한 정보를 계층적으로 저장하고 관리하는 디렉터리 서비스에 접근할 수 있습니다. 전송 계층의 TCP 389번 포트를 사용합니다.

⑦ **SMB**: 주로 윈도우 환경에서 파일, 프린터 등 네트워크상의 자원을 공유하고 접근하는 데 사용하는 프로토콜입니다. 전송 계층의 TCP 445번 포트를 사용합니다.

3. **원격 접속 프로토콜**

① 물리적으로 떨어져 있는 컴퓨터 시스템에 접속해 시스템을 제어하거나 명령을 실행하기 위한 프로토콜입니다.

② **텔넷**: 내 컴퓨터에서 원격 컴퓨터에 접속해 명령줄 인터페이스 방식으로 시스템을 제어하는 프로토콜입니다. 보안 기능이 취약해 현재는 거의 사용하지 않습니다. 전송 계층의 TCP 23번 포트를 사용합니다.

③ **SSH**: 암호화한 안전한 채널을 통해 원격 컴퓨터에 접속해 명령줄 인터페이스 방식으로 시스템을 제어하는 프로토콜입니다. 전송 계층의 TCP 22번 포트를 사용합니다.

④ **RDP**: 윈도우 환경에서 원격 컴퓨터에 접속해 그래픽 사용자 인터페이스 방식으로 시스템을 제어합니다. 전송 계층의 TCP 3,389번 포트를 사용합니다.

4. **파일 전송 프로토콜**

① 컴퓨터 간에 네트워크를 통해 파일을 주고받기 위해 사용하는 프로토콜입니다.

② **FTP**: 컴퓨터 간에 데이터를 주고받는 오래된 프로토콜로, 통신 데이터를 암호화하지 않고 전송해 보안에 취약합니다. 전송 계층의 TCP를 사용하며, 제어 연결용으로 21번 포트를, 데이터 연결용으로 20번 포트를 사용합니다.

③ **SFTP**: 보안에 취약한 FTP를 보완해 SSH 기반으로 안전하게 파일을 전송하는 프로토콜입니다. 전송 계층의 TCP 22번 포트를 사용합니다.

④ **TFTP**: 부가적인 파일 관리 기능 없이 기본 전송 기능만 제공하도록 단순화한 파일 전송 프로토콜입니다. 주로 네트워크 장비의 펌웨어를 업데이트하거나 설정 파일을 전송하는 등 특수 목적용으로 사용합니다. 전송 계층의 UDP 69번 포트를 사용합니다.

5. **이메일 프로토콜**

① 이메일을 작성해 보내고, 서버에 저장하고, 수신자가 읽을 수 있도록 메일을 주고받는 방식을 표준화한 프로토콜입니다.

② **SMTP:** 이메일을 보낼 때 사용하는 프로토콜로, 이메일 발송과 서버 간 전송까지만 책임집니다. 전송 계층의 TCP 25번 포트를 사용합니다.

③ **POP3:** 메일 서버에 보관된 이메일을 자신의 컴퓨터로 다운로드하는 프로토콜로, 이메일을 다운로드한 후에는 메일 서버에서 해당 메일이 삭제됩니다. 전송 계층의 TCP 110번 포트를 사용합니다.

④ **IMAP:** 사용자가 이메일을 받는 데 사용하는 프로토콜로, 이메일을 서버에 저장한 채 사용합니다. 사용자는 하드웨어 장치(PC, 노트북, 태블릿, 스마트폰)가 바뀌어도 항상 동일하고 일관된 상태의 메일 데이터를 확인할 수 있습니다. 전송 계층의 TCP 143번 포트를 사용합니다.

6. 웹 브라우저 프로토콜

① 웹에서 각종 데이터를 주고받는 데 사용하는 프로토콜입니다.

② **HTTP:** 웹 브라우저와 웹 사이트 간에 요청과 응답 방식으로 데이터를 주고받는 프로토콜입니다. 전송 데이터를 암호화하지 않아 보안에 취약하며, 전송 계층의 TCP 80번 포트를 사용합니다.

③ **HTTPS:** HTTP에 SSL/TLS 암호화 기술을 접목해 통신 데이터를 안전하게 주고받는 프로토콜로, 사용자의 정보 보호와 신뢰성 있는 웹 사이트 이용 환경을 제공합니다. 전송 계층의 TCP 443번 포트를 사용합니다.

MEMO

6장
응용 계층 프로토콜 실습

SSH, SFTP, HTTP, HTTPS 프로토콜 맛보기

1장부터 5장까지 TCP/IP 모델을 기반으로 각 계층의 역할과 주요 기술을 학습하며 데이터가 어떻게 먼 거리에 있는 컴퓨터까지 전송될 수 있는지 살펴봤습니다. 마지막 장인 이번 장에서는 지금까지 배운 이론을 바탕으로 응용 계층 프로토콜이 어떻게 작동하는지 실습합니다. 이론으로만 배웠던 개념을 실제 환경에 구축하고 운영해 봅시다.

실습 개요

6.1.1 클라우드 컴퓨팅과 GCP

과거에 웹 사이트를 운영하려면 물리적 서버 컴퓨터를 직접 구매하고, 이를 설치할 안전한 공간(서버실)을 마련한 후, 24시간 365일 안정적으로 동작하도록 전원 공급, 온도 유지, 보안 관리 등을 해야 했습니다. 이렇게 기업이나 개인이 자체적으로 IT 인프라를 소유하고 운영하는 방식을 **온프레미스**(on-premise)라고 합니다.

온프레미스 방식은 초기 서버 구축 비용이 많이 들고, 유지보수에 많은 시간과 노력을 기울여야 합니다. 또한 네트워크를 통해 주고받는 데이터의 양, 즉 트래픽이 갑자기 증가하면 유연하게 대처하기 어렵습니다.

클라우드 컴퓨팅(cloud computing)은 이를 해결하기 위해 등장한 방식으로, 인터넷을 통해 서버, 스토리지, 데이터베이스, 소프트웨어 등과 같은 자원을 필요한 만큼 빌려 쓰고 사용한 만큼만 비용을 지불합니다. 집에서 전기나 수도를 사용하고 쓴 만큼 요금을 내는 것과 같습니다.

클라우드 컴퓨팅의 장점은 다음과 같습니다.

- **비용 효율성**: 고가의 하드웨어나 소프트웨어를 직접 구매할 필요 없이 빌려 쓰고 사용한 만큼만 비용을 지불하기 때문에 초기 투자 비용과 운영 비용이 크게 절감됩니다.
- **운영 유연성**: 비즈니스 요구 사항이 변경되거나, 네트워크 트래픽이 증가 또는 감소함에 따라 컴퓨팅 자원의 양을 늘리거나 줄일 수 있습니다. 이는 필요 이상의 자원을 미리 확보해둘 필요가 없어 효율적입니다.
- **구축 신속성**: 클릭 몇 번으로 새로운 서버를 구축하고 웹 사이트를 배포할 수 있습니다. 새

로운 아이디어를 웹 사이트로 구현한 후 신속하게 시장에 테스트 및 출시하는 데 유용합니다.

- **관리 용이성:** 하드웨어 유지보수, 소프트웨어 업데이트, 보안 패치 등 인프라 관리에 대한 부담을 클라우드 서비스 제공 업체(CSP, Cloud Service Provider)가 상당 부분 담당합니다. 사용자는 핵심 비즈니스나 웹 사이트 개발에 더 집중할 수 있습니다.
- **글로벌 서비스:** 전 세계 여러 지역에 위치한 데이터 센터를 활용해 글로벌 사용자에게 빠르고 안정적인 서비스를 제공합니다.

클라우드 컴퓨팅은 단순히 IT 자원을 빌려 쓰는 것을 넘어, 기업이 비즈니스를 운영하고 혁신하는 방식 자체를 변화시키고 있습니다. 주문형(on-demand)으로 필요한 만큼의 자원을 즉시 사용하고, 사용한 만큼만 비용을 지불(pay-as-you-go)하는 방식은 사용자에게 특히 매력적입니다.

대표적인 클라우드 컴퓨팅 서비스는 구글의 GCP(Google Cloud Platform), 아마존의 AWS(Amazon Web Services), 마이크로소프트의 마이크로소프트 애저(Microsoft Azure)가 있습니다. 이 책에서는 다음과 같은 이유로 구글의 GCP를 사용해 실습합니다.

- **구글 계정과 손쉬운 연동:** GCP는 구글 계정만 있으면 별도의 복잡한 가입 절차 없이 손쉽게 이용할 수 있습니다.
- **$300 무료 크레딧 제공:** GCP는 처음 가입 시 $300 상당의 무료 크레딧을 제공합니다. 무료 크레딧은 신규 고객에게만 제공되며, 일정 기간(일반적으로 90일) 동안 GCP의 다양한 유료 서비스를 경험하는 데 사용할 수 있습니다. 무료 사용 기간이 지나거나 $300 크레딧을 모두 소진하면 무료 평가판이 종료됩니다. 서비스를 계속 사용하려면 유료 계정으로 전환해야 합니다.

대부분의 클라우드 서비스 제공 업체는 GCP와 유사한 방식으로 가상 서버를 생성하고 관리하는 기능을 제공합니다. 따라서 GCP로 가상 서버를 운영해보면 클라우드 컴퓨팅에 대한 기술 이해도를 높이고, 다른 클라우드 컴퓨팅 서비스를 사용할 때 수월하게 적응할 수 있습니다.

6.1.2 실습 과정

이 장에서는 실습을 위해 GCP에 접속해 가상 서버, 즉 VM 인스턴스(Virtual Machine instance)를 생성합니다. 이는 구글로부터 가상으로 CPU(중앙 처리 장치), 메모리(RAM), 스토리지(디스크) 등의 자원을 할당받아 사용하는 방식입니다. VM 인스턴스를 이용하면 실제 존재하는 서버처럼 운영체제를 설치하고 프로그램을 실행해 외부 네트워크와 통신할 수 있습니다.

VM 인스턴스를 만든 후 SSH 프로토콜을 이용해 원격으로 접속합니다. SSH를 이용하면 안전하게 내 컴퓨터에서 서버에 접속해 시스템을 제어할 수 있습니다.

서버에 접속한 후에는 SFTP 프로토콜로 내 컴퓨터에 있는 파일을 전송합니다. 이때 전송할 파일은 간단한 웹 페이지를 구성하는 HTML 파일, CSS 파일, 자바스크립트 파일입니다.

파일 전송이 완료되면 HTTP 프로토콜로 서버에 있는 HTML, CSS, 자바스크립트 파일로 구성된 웹 페이지를, 인터넷을 통해 다른 사용자가 볼 수 있도록 설정합니다.

마지막으로 통신 보안의 중요성이 점점 더 강조됨에 따라 웹 사이트를 보다 안전하게 사용할 수 있는 HTTPS 프로토콜에 대해 알아봅니다. 데이터 암호화와 보안 통신에 대해 폭넓게 이해할 수 있습니다.

1분 퀴즈

정답 노트 p.280

01. 다음 빈칸에 알맞은 용어를 쓰세요.

> 기업이나 개인이 자체적으로 IT 인프라를 소유하고 운영하는 방식을 (①)(이)라고 하고, 인터넷을 통해 서버, 스토리지, 데이터베이스, 소프트웨어 등과 같은 자원을 필요한 만큼 빌려 쓰고 사용한 만큼만 비용을 지불하는 방식을 (②)(이)라고 한다.

① (   )   ② (   )

02. 클라우드 컴퓨팅에 대한 설명으로 옳지 않은 것은?

① 고가의 하드웨어나 소프트웨어를 직접 구매할 필요가 없다.

② 클릭 몇 번으로 쉽게 서버를 구축하고 웹 사이트를 배포할 수 있다.

③ 서비스 트래픽 변화에 따라 컴퓨팅 자원의 양을 늘리거나 줄이기 어렵다.

④ 전 세계 여러 지역에 위치한 데이터 센터를 활용해 글로벌 사용자에게 빠르고 안정적인 서비스를 제공할 수 있다.

6.2

가상 리눅스 서버 구축하기

구글의 클라우드 컴퓨팅 서비스, GCP를 시작해 가상의 리눅스 서버를 구축해 보겠습니다.

6.2.1 프로젝트 만들기

구글 클라우드 콘솔(**https://console.cloud.google.com**)에 접속해 구글 계정으로 로그인한 후 [프로젝트 선택] 버튼을 클릭합니다. **프로젝트**는 GCP의 모든 리소스(예 CPU, 메모리, 스토리지, 데이터베이스 등), 각종 청구 정보, 사용자 권한을 하나로 묶어 관리하는 단위입니다.

그림 6-1 프로젝트 생성 시작

프로젝트 선택 창이 뜨면 **새 프로젝트**를 클릭합니다.

그림 6-2 새 프로젝트 클릭

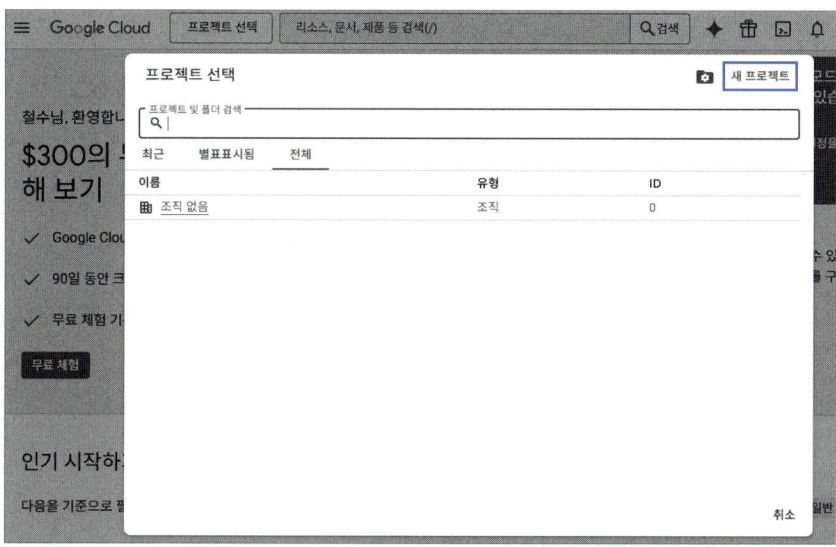

프로젝트 이름은 자유롭게 지정할 수 있지만 나중에 여러 프로젝트를 관리하게 될 것에 대비해 의미 있고 식별하기 쉬운 이름으로 정하는 것이 좋습니다. 여기서는 **network for beginners**를 입력하고 [만들기] 버튼을 클릭합니다.

그림 6-3 프로젝트 만들기

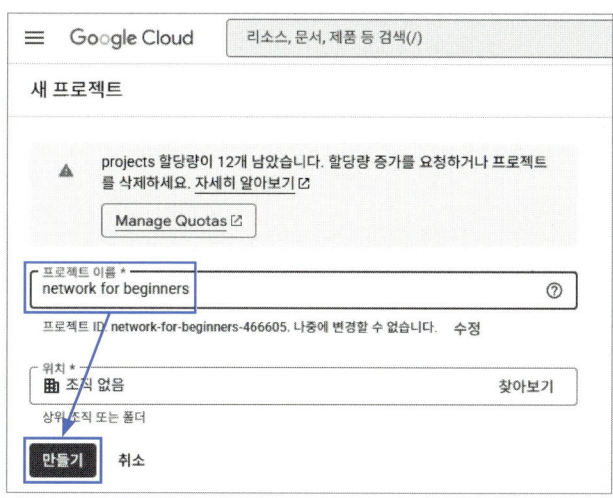

화면이 바뀌고 알림이 뜨면 '프로젝트 network for beginners 만들기'가 체크된 상태로 **프로젝트 선택**을 클릭합니다.

그림 6-4 프로젝트 선택

GCP 서비스를 사용하려면 결제 정보를 등록해야 합니다. $300 무료 크레딧을 사용하는 경우에도 신용카드 결제 정보를 등록해 결제 계정을 활성화해야 서비스를 이용할 수 있습니다. 무료 평가판을 사용하는 90일 동안은 요금이 청구되지 않습니다.

화면 왼쪽 상단의 탐색(☰) 메뉴에서 **결제 → 결제 계정 관리 → 결제 계정 추가**를 클릭합니다.

그림 6-5 결제 계정 추가

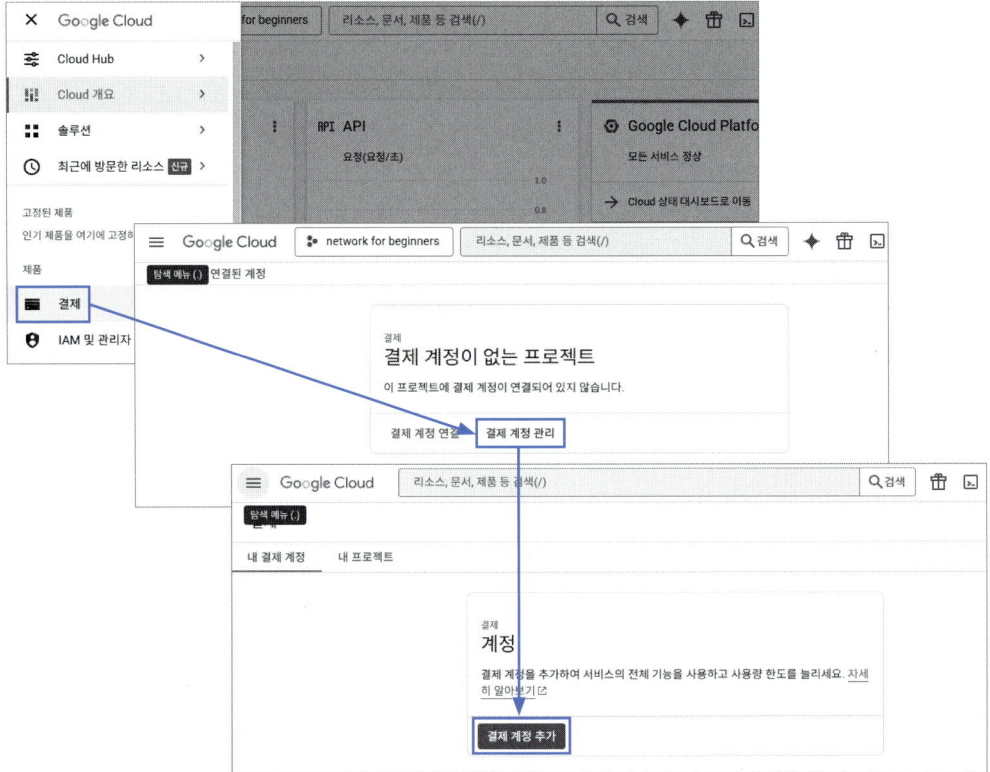

총 2단계 중 1단계 계정 정보의 서비스 약관에 체크하고 [계속] 버튼을 클릭합니다.

그림 6-6 서비스 약관 동의

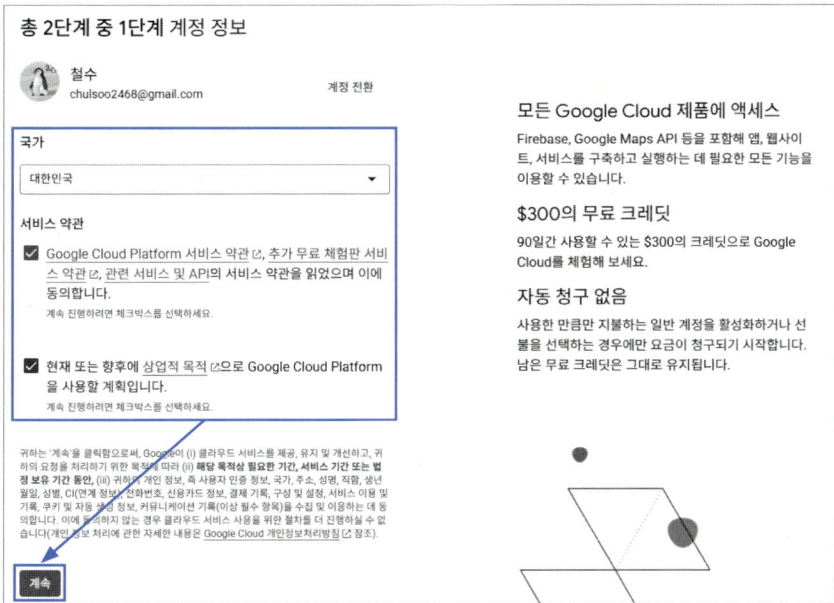

총 2단계 중 2단계 결제 정보 확인의 계좌 유형은 **개인**을 선택하고, 이름 및 주소를 입력한 후 [계속] 버튼을 클릭합니다. 화면이 바뀌면 이름, 주민등록번호, 휴대 전화 번호를 입력해 인증하고 마지막으로 결제 카드 정보를 입력한 후 [무료로 시작하기] 버튼을 클릭합니다.

그림 6-7 결제 정보 등록

메인 화면으로 돌아오면 **무료 체험판 사용 중**이라는 메시지와 함께 무료 체험판 만료일이 표시됩니다. 비용은 무료 체험판이 종료되더라도 자동으로 청구되지 않습니다. 다만, 화면에 보이는 [일반 계정 활성화] 버튼을 클릭해 일반 계정으로 활성화하면 비용이 지불되니 이 버튼을 클릭하지 않도록 유의하세요. 또한 프로젝트가 network for beginners로 잘 선택돼 있는지도 확인하세요.

그림 6-8 결제 정보 등록 완료

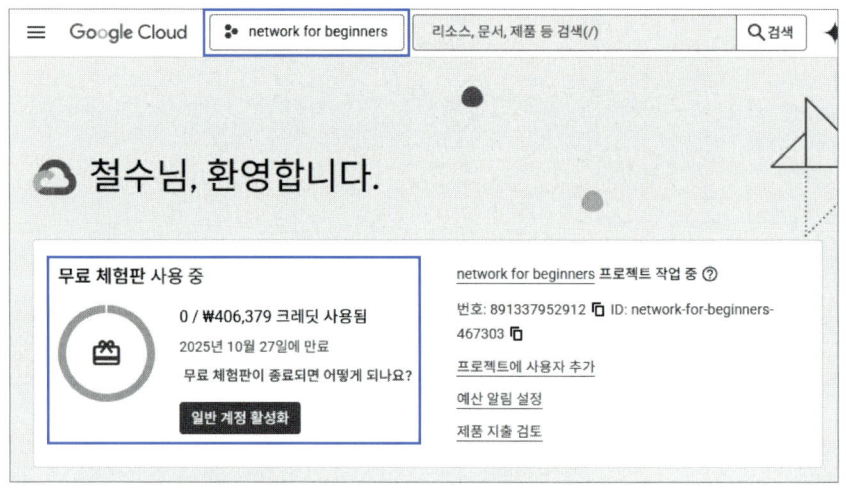

TIP — 모든 실습이 끝난 후 가상 서버를 삭제하는 방법은 **6.6.5절**에서 설명합니다.

GCP에서 인스턴스를 생성하고 사용하기 위해서는 Compute Engine API를 활성화해야 합니다. API(Application Programming Interface)는 특정 서비스의 기능을 외부에서 사용할 수 있도록 미리 정의해둔 일종의 약속입니다. Compute Engine API를 활성화한다는 것은 '이제부터 GCP에서 제공하는 가상 컴퓨터 만들기 기능을 사용하겠다'라고 GCP에 알려주고 해당 기능을 켜는 것과 같습니다. 탐색(≡) 메뉴에서 **API 및 서비스 → 라이브러리**를 클릭합니다.

그림 6-9 API 및 서비스의 라이브러리 찾기

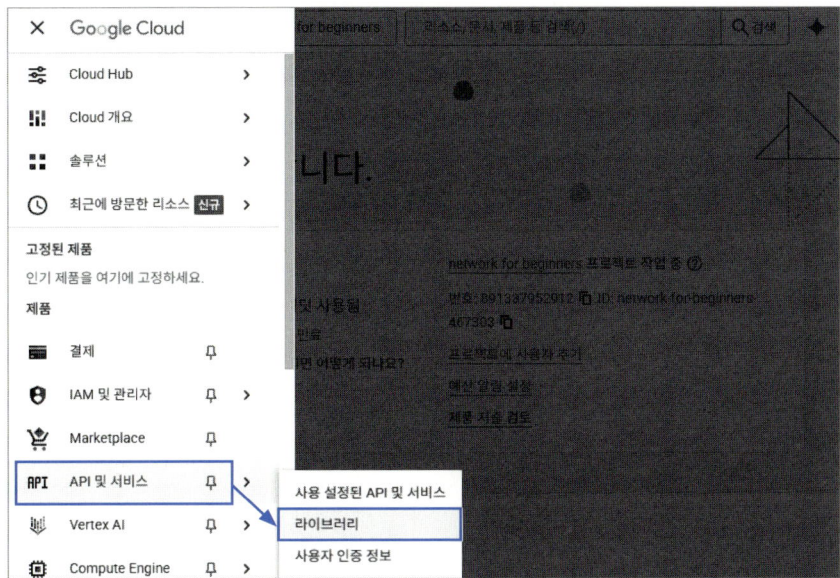

검색창에 **Compute Engine API**를 입력한 후 검색 결과에서 Compute Engine API를 선택하고 [사용] 버튼을 클릭합니다. 잠시 기다려 Compute Engine API 사용 설정 화면이 뜨면 완료된 것입니다.

그림 6-10 Compute Engine API 사용 설정

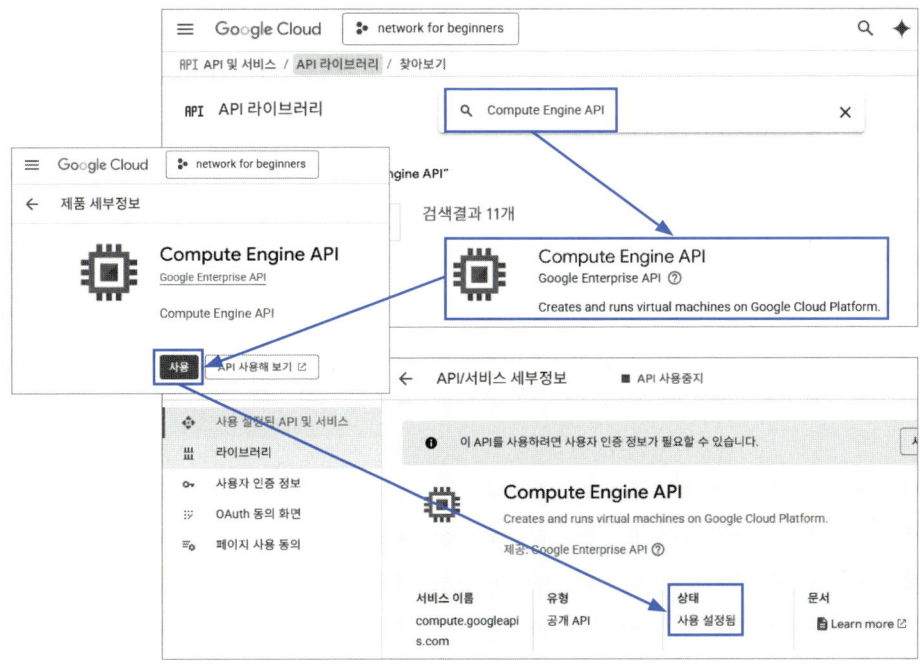

203

프로젝트 생성, 결제 정보 등록, Compute Engine API 활성화까지 진행했습니다. 이어서 가상으로 사용할 서버, 즉 VM 인스턴스를 만들겠습니다.

> **Note** 실습 화면이 다른 경우
>
> GCP의 웹 화면은 기능이 추가되면 지속적으로 업데이트되기 때문에 책 설명과 실제 화면이 다를 수 있습니다. 그렇더라도 핵심 사용법은 같으니 책에서 안내한 메뉴와 흡사한 이름을 찾아 실습을 진행하기 바랍니다.

6.2.2 VM 인스턴스 만들기

화면 왼쪽 상단의 **Google Cloud**를 클릭해 메인 화면으로 돌아옵니다.

그림 6-11 구글 클라우드 콘솔 메인 화면

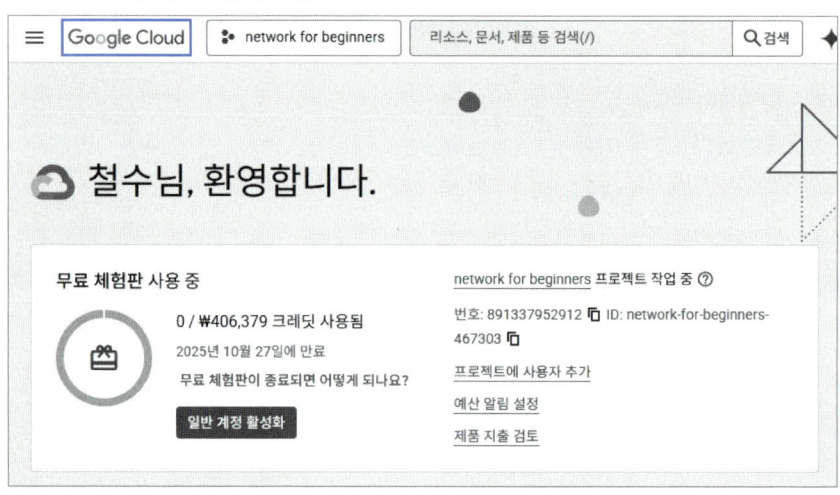

탐색(☰) 메뉴에서 **Compute Engine → VM 인스턴스**를 클릭합니다.

그림 6-12 VM 인스턴스 생성

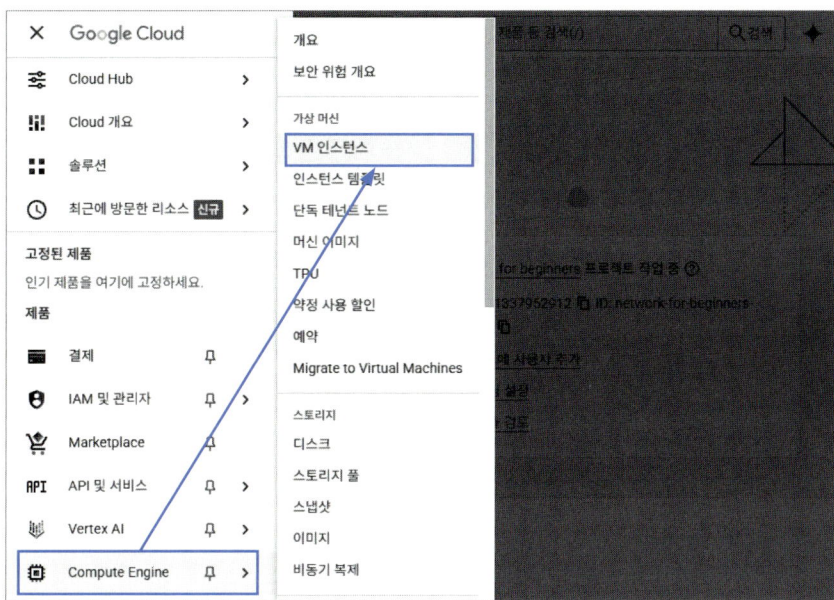

VM 인스턴스 페이지가 나타나면 화면 상단 가운데에 있는 [+ 인스턴스 만들기] 버튼을 클릭합니다.

그림 6-13 인스턴스 만들기 클릭

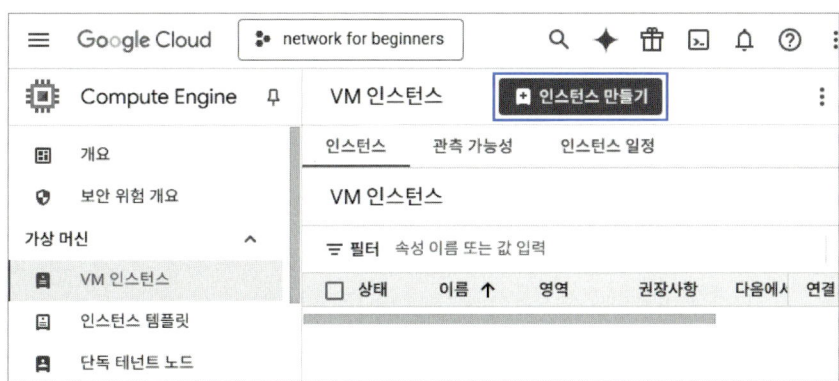

● **머신 구성하기**

VM 인스턴스의 세부 설정 화면이 나타납니다. 왼쪽 메뉴의 머신 구성부터 설정해 보겠습니다.

- **이름**: 생성할 가상 컴퓨터를 식별하는 이름입니다. 일반적으로 알파벳 소문자, 숫자, 하이픈(-)을 사용해 지으며, 이때 첫 글자는 항상 소문자여야 합니다. 여기서는 **webserver-**

testing-01로 입력합니다.

- **리전**: VM 인스턴스가 실제로 운영될 물리적인 위치를 의미합니다. 아시아-태평양, 북미, 유럽과 같이 대륙별로 구분되고, 각 리전 안에는 여러 개의 데이터 센터가 존재합니다. GCP는 전 세계 다양한 곳에 리전을 운영하고 있으며, 한국에는 서울(asia-northeast3) 리전이 있습니다. 여기서는 **asia-northeast3 (서울)**을 선택합니다.

- **영역**: 리전 내에 하나 이상의 데이터 센터 클러스터를 의미합니다. 서울 리전(asia-northeast3) 안에는 asia-northeast3-a, asia-northeast3-b, asia-northeast3-c와 같은 여러 영역이 존재합니다. 여기서는 **모두**를 선택합니다.

그림 6-14 인스턴스의 이름, 리전, 영역 설정

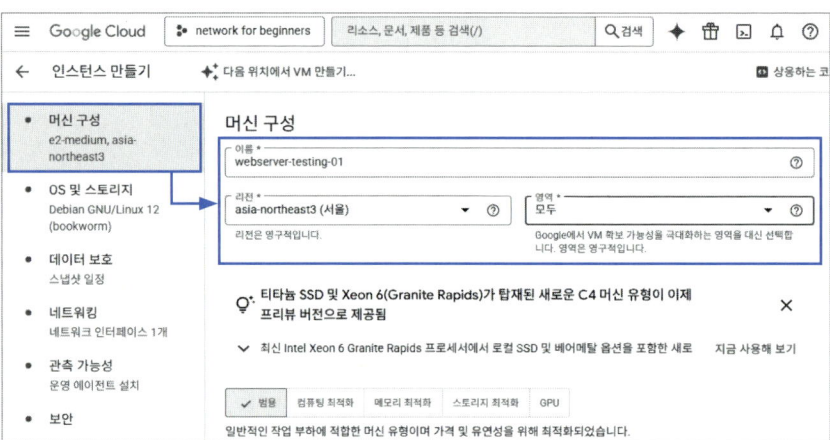

리전을 선택할 때 주의할 점이 있습니다. 바로 사용자와 서버 간 물리적 거리가 가까울수록 네트워크 지연 시간이 줄어 응답 속도가 빨라진다는 점입니다. 그래서 리전은 사용자가 위치한 지역과 가장 가까운 곳을 선택하는 것이 좋습니다. 하지만 리전별로 컴퓨팅 자원 사용료가 다르고, 특정 GCP 서비스는 일부 리전에서만 사용 가능하므로 이러한 점들도 고려해야 합니다.

스크롤을 내려 가상 컴퓨터의 성능과 관련한 요소인 머신 시리즈(machine series)와 머신 유형(machine type)을 설정합니다.

- **머신 시리즈**: 특정 목적(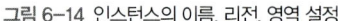 범용, 컴퓨팅 최적화, 메모리 최적화 등)에 맞게 설계된 CPU 플랫폼과 하드웨어 구성의 집합입니다. 여기서는 **범용**의 **E2** 시리즈를 선택합니다.

- **머신 유형:** 선택한 머신 시리즈 내에서 가상 CPU(vCPU) 개수와 성능, 메모리(RAM) 용량 등 구체적인 사양을 의미합니다. 여기서는 E2 시리즈에 속하는 머신 유형인 **e2-small(vCPU 2개, 코어 1개, 메모리 2GB)**를 선택합니다.

그림 6-15 머신 시리즈와 유형 선택

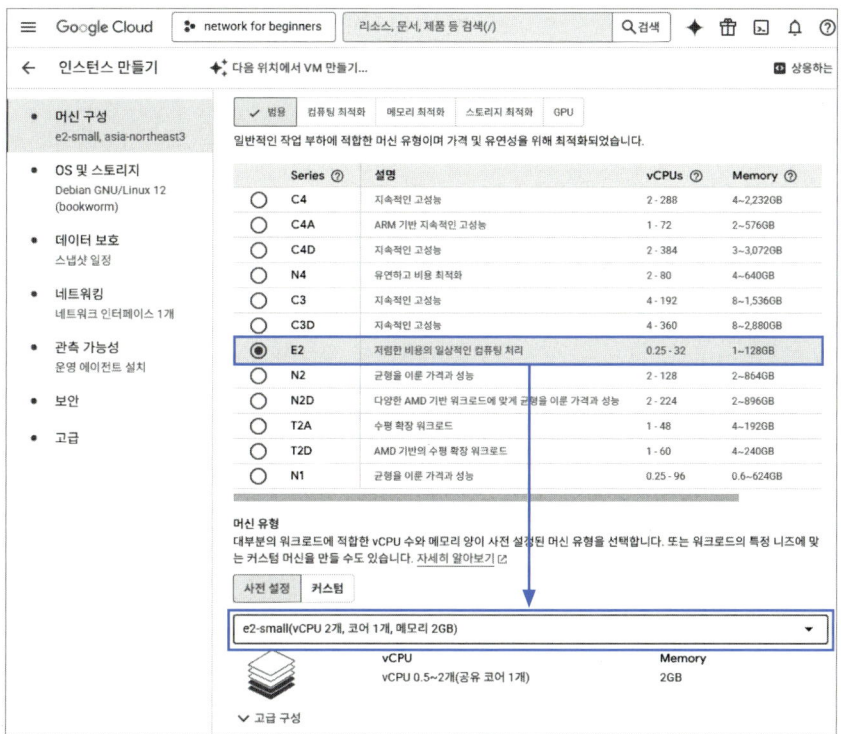

머신 유형을 선택할 때는 서버가 주로 처리하는 작업(예 CPU를 많이 사용하는 작업, 메모리를 많이 사용하는 작업), 동시에 처리해야 하는 사용자 수, 예산 등을 종합적으로 고려해 선택합니다. 또한 처음부터 과도하게 고사양으로 선택하기보다 현재 필요한 최소한의 사양에 약간 여유를 더하는 정도로 설정합니다. 이후 실제 서비스를 운영하면서 상황에 따라, 사양 자체를 올리는 스케일 업(scale-up)을 하거나 동일한 사양의 인스턴스 수를 늘리는 스케일 아웃(scale-out)을 하는 것이 비용 면에서 효율적이기 때문입니다.

개인 프로젝트나 소규모 웹 서버를 위해 추천하는 머신 시리즈와 유형은 다음과 같습니다.

- **E2 시리즈:** 모든 머신 시리즈 중에서 가장 비용 효율성이 뛰어나며, 서버 운영, 개발 및 테스트, 소규모 웹 사이트 배포 등 일상적인 컴퓨팅 작업에 사용하기 적합합니다. E2 시리즈의 유형은 micro, small, medium의 세 가지가 있습니다.

  - **e2-micro:** 2개의 vCPU를 다른 사용자와 공유하며(1/4 코어 성능), 1GB의 메모리를 가집니다. 아주 가벼운 개인 프로젝트나 학습용으로 사용하기 적합하며 매우 저렴합니다.

  - **e2-small:** 2개의 vCPU를 다른 사용자와 공유하며(1/2 코어 성능), 2GB의 메모리를 가집니다. e2-micro보다는 약간 더 여유 있는 사양으로, 저렴합니다.

  - **e2-medium:** 2개의 vCPU를 다른 사용자와 공유하며(1 코어 성능), 4GB의 메모리를 제공합니다. 개인 블로그나 소규모 웹 사이트를 운영하는 데 적합하며, 저렴한 편입니다.

- **N1 또는 N2 시리즈:** E2 시리즈보다 더 높은 성능을 제공합니다. 좀 더 많은 트래픽을 처리해야 하거나 CPU 또는 메모리 사용량이 많은 웹 사이트를 운영할 때 적당합니다.

● **운영체제 및 스토리지 설정하기**

모든 컴퓨터는 시스템을 운영하기 위한 운영체제(OS)와 데이터를 저장하기 위한 스토리지(디스크)가 필요합니다. VM 인스턴스도 마찬가지입니다. 인스턴스 만들기 메뉴의 **OS 및 스토리지**를 선택하고 [변경] 버튼을 클릭합니다.

그림 6-16 OS 및 스토리지 설정

GCP는 다양한 종류의 운영체제 이미지를 제공합니다. 여기서 **이미지**(image)란 특정 운영체제와 기본 소프트웨어가 미리 설치돼 있는 템플릿을 말합니다. 부팅 디스크 화면에서 다음 항목을 설정합니다.

- **운영체제:** 선택 가능한 운영체제에는 여러 리눅스 배포판(예 Ubuntu, Debian, CentOS, Rocky Linux 등)과 윈도우 서버가 있습니다. 이 책에서는 웹 서버 운영체제로 널리 사용되는 리눅스의 **Ubuntu** 배포판을 선택합니다.

- **버전:** 새내기 개발자라면 Ubuntu LTS 버전을 추천합니다. LTS(Long Term Support)는 장기 지원 버전으로, 이름 그대로 일반 버전에 비해 지원 기간이 길기 때문에 운영체제를 자주 업그레이드해야 하는 번거로움 없이 안정적으로 이용할 수 있습니다. 이 책의 집필 시점 기준으로 최신 버전인 **Ubuntu 24.04 LTS**(x86/64, amd64)를 선택합니다.

- **부팅 디스크 유형:** 운영체제가 설치될 부팅 디스크의 종류를 선택합니다. GCP는 다양한 성능과 비용을 가진 영구 디스크 유형을 제공합니다. 영구 디스크(persistent disk)는 VM 인스턴스가 중지되거나 삭제돼도 데이터가 보존되는 안정적인 스토리지입니다. 여기서는 웹 서버, 애플리케이션 서버, 개발 및 테스트 등 범용 작업에 많이 활용되는 **균형 있는 영구 디스크**(balanced persistent disk)를 선택하고, 디스크 사이즈는 **10GB**로 설정합니다. 모든 설정이 완료되면 [선택] 버튼을 클릭합니다.

그림 6-17 부팅 디스크 이미지 설정

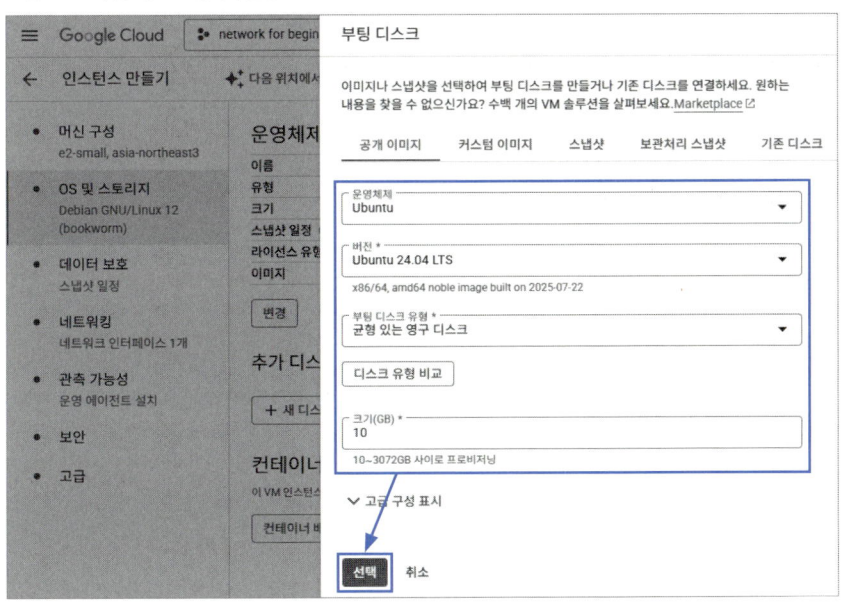

● **네트워킹 설정하기**

VM 인스턴스에 운영체제와 스토리지를 설정했다면 다음으로 외부 네트워크와 통신할 수 있도록 방화벽을 설정해야 합니다. **방화벽**(firewall)은 미리 정의된 규칙에 따라 외부에서 내 컴퓨터(서버)에 들어오거나(수신, ingress), 내 컴퓨터에서 외부로 나가는(발신, egress) 트래픽을 제어하는 시스템으로, 허용된 트래픽은 통과시키고 허용되지 않은 트래픽은 막습니다.

방화벽을 설정하기 위해 인스턴스 만들기 메뉴의 **네트워킹**을 클릭하고, 방화벽의 **HTTP 트래픽 허용**, **HTTPS 트래픽 허용**에 체크합니다.

그림 6-18 방화벽 설정

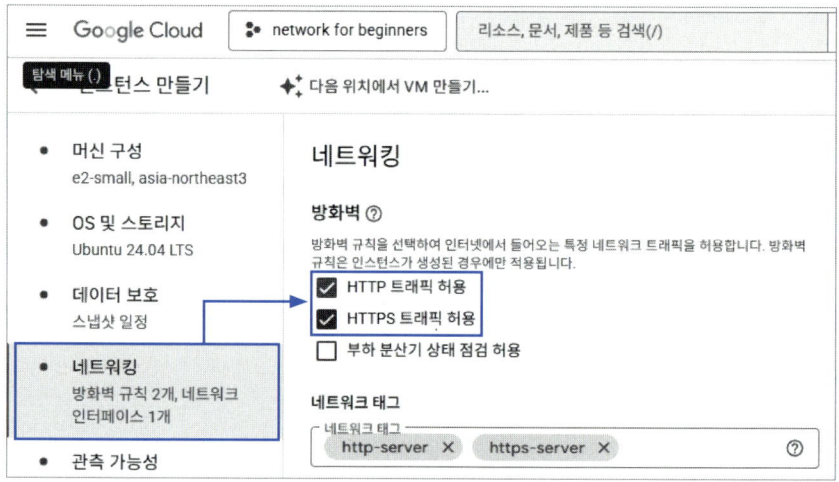

본 실습에서는 VM 인스턴스를 웹 서버로 사용할 계획이기 때문에 외부 사용자가 웹 브라우저를 통해 웹 사이트에 접속할 수 있도록 허용해야 합니다. 이를 위해서 HTTP 트래픽 허용과 HTTPS 트래픽 허용에 체크했습니다. 이렇게 하면 GCP가 자동으로 80번(HTTP)과 443번(HTTPS) 포트로 들어오는 트래픽을 허용하는 방화벽 규칙을 생성합니다. 이때 생성되는 방화벽 규칙에서 출발지 IP 주소의 범위는 기본적으로 '0.0.0.0/0'으로 설정됩니다. 전 세계 모든 IP 주소로부터 HTTP 및 HTTPS 접속을 허용한다는 뜻으로, 이는 공개 웹 서버를 운영하기 위한 일반적인 방화벽 설정입니다.

● **최종 검토**

지금까지 VM 인스턴스 만들고 다양한 설정을 했습니다. 마지막으로 모든 내용이 정확히 설정됐는지 다시 한번 꼼꼼히 검토합니다.

- **머신 구성:** 이름, 리전, 영역, 머신 유형(선택한 vCPU 개수와 메모리 용량)이 정확히 설정됐는지 확인합니다.
- **OS 및 스토리지:** 운영체제, 버전, 디스크 유형, 디스크 크기가 맞게 설정됐는지 확인합니다.
- **네트워킹:** 방화벽의 HTTP, HTTPS 트래픽이 허용으로 설정됐는지 확인합니다.

GCP 콘솔의 인스턴스 만들기 화면 오른쪽에 월별 예상 가격이 표시됩니다. 지금은 무료 크레딧을 사용하기 때문에 비용이 나가지 않습니다. 만약 유료 서비스를 사용한다면 여기서 비용을 확인하고 예산을 초과하지 않는지 점검합니다.

그림 6-19 월별 예상 가격 확인

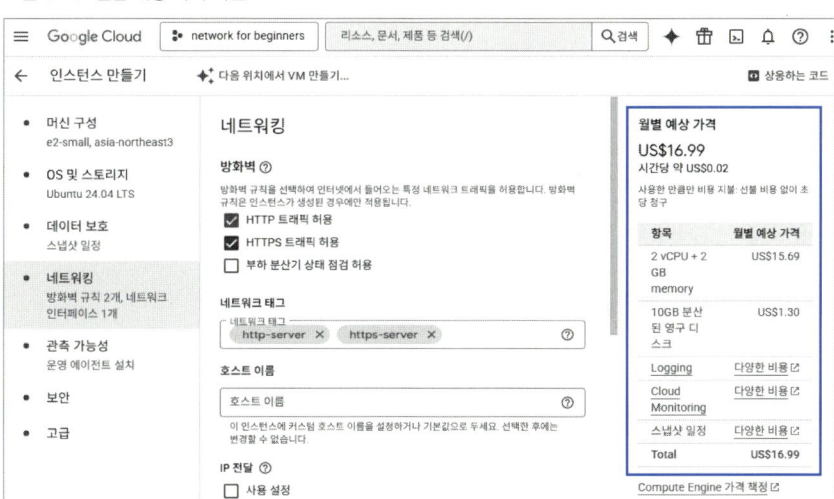

모든 설정과 월별 예상 가격을 확인한 후 화면 아래에 있는 [만들기] 버튼을 클릭합니다. GCP는 VM 인스턴스 목록 페이지로 돌아가 요청한 사양으로 VM 인스턴스를 만들기 시작합니다. 인스턴스를 생성 및 부팅해 사용할 수 있는 상태가 되기까지 몇 분 정도 걸릴 수 있습니다.

그림 6-20 인스턴스 만들기

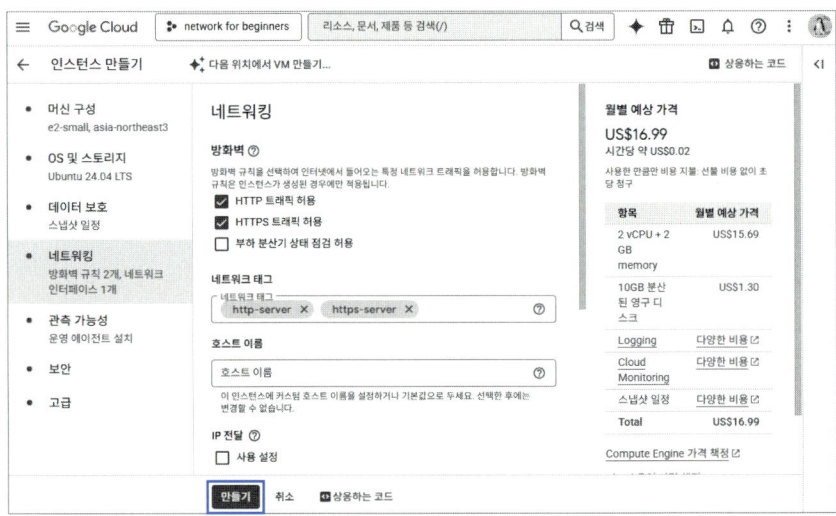

인스턴스 생성이 끝나면 VM 인스턴스 목록 페이지에서 방금 생성한 VM 인스턴스의 상태를 확인할 수 있습니다. 정상적으로 생성돼 실행 중인 인스턴스는 이름 옆에 녹색 체크가 표시된 상태로 보입니다.

그림 6-21 VM 인스턴스 생성 확인

> **Note** 고정 IP 주소의 필요성
>
> **3.4절**에서 전 세계적으로 인터넷에 직접 연결하는 데 사용하는 공인 IP 주소와, 특정 네트워크 내에서만 사용하는 사설 IP 주소를 배웠습니다. **그림 6-21**의 외부 IP는 공인 IP 주소이고, 내부 IP는 사설 IP 주소를 말합니다.
>
> GCP에서 VM 인스턴스를 만들면 외부 IP 주소가 자동으로 할당됩니다. 그런데 이는 임시로 할당되는 IP 주소이기 때문에 인스턴스를 중지했다가 다시 시작하면 IP 주소가 바뀔 수 있습니다. 'DNS가 IP 주소와 도메인 이름을 매칭해주니 괜찮지 않나?'라고 생각할 수 있습니다. 그러나 바뀐 IP 주소로 매번 DNS 설정을 수정하는 일은 번거롭습니다. 임시 IP 주소는 웹 서버 운영에 상당한 불안 요소입니다.

임시 IP 주소의 반대말은 고정 IP 주소입니다. 고정 IP 주소는 사용자 또는 시스템이 명시적으로 예약한 IP 주소로, 한번 인스턴스에 할당해두면 인스턴스를 껐다 켜도 변하지 않습니다. 따라서 실제로 GCP로 웹 서버를 구축해 운영할 때는 고정 IP 주소를 사용할 것을 권합니다.

본 실습은 간단히 웹 서버 구축하고 그 과정에서 주요 프로토콜의 작동 원리를 이해하는 것이 목적이므로, 여기서는 현재 할당된 외부 IP 주소를 그대로 쓰겠습니다.

6.3

SSH로 서버에 접속하기

SSH는 클라이언트와 원격 서버 간에 연결 설정부터 데이터 전송, 연결 종료까지 전 과정을 암호화 채널을 통해 보호하는 원격 접속 프로토콜입니다. 클라우드 환경에서 서버를 관리할 때는 물리적으로 직접 가서 시스템을 제어할 수 없으므로 SSH 같은 원격 접속 프로토콜을 필수로 사용합니다.

SSH로 VM 인스턴스에 접속해 보겠습니다.

6.3.1 SSH 접속 과정

SSH 프로토콜로 원격 서버에 접속할 때는 한 쌍으로 이뤄진 두 개의 키, 즉 개인키와 공개키를 이용하는 **공개키 인증**(public key authentication) 방식을 사용합니다.

- **개인키**(private key): 클라이언트가 안전하게 보관하는 키로, 절대 외부에 노출해서는 안 됩니다. 디지털 서명을 할 때 사용합니다.
- **공개키**(public key): 외부에 공개해도 안전한 키로, 통신하려는 서버에 미리 등록해 둡니다. 자신과 한 쌍인 개인키로 만들어진 디지털 서명이 진짜인지 검증할 때 사용합니다. 개인키와 수학적으로 연결돼 있지만 개인키로부터 공개키를 유추하는 것은 불가능합니다.

클라이언트는 자신의 로컬 컴퓨터에서 개인키와 공개키 쌍을 생성합니다.

그림 6-22 키 쌍 생성

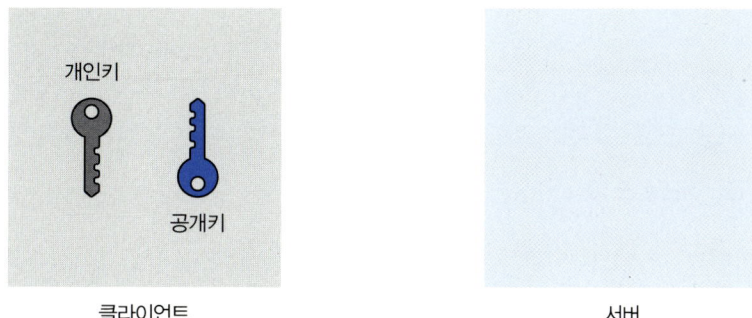

클라이언트는 생성한 공개키를 서버에 등록합니다.

그림 6-23 공개키 등록

클라이언트가 서버에 SSH 접속을 시도합니다.

그림 6-24 서버 접속 시도

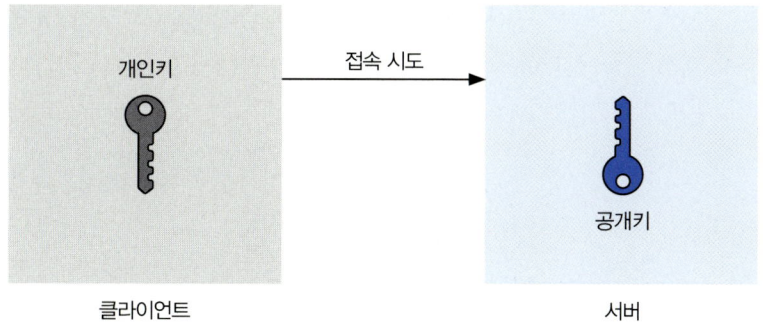

서버는 임의의 데이터를 생성해 클라이언트로 보냅니다.

그림 6-25 인증 요청

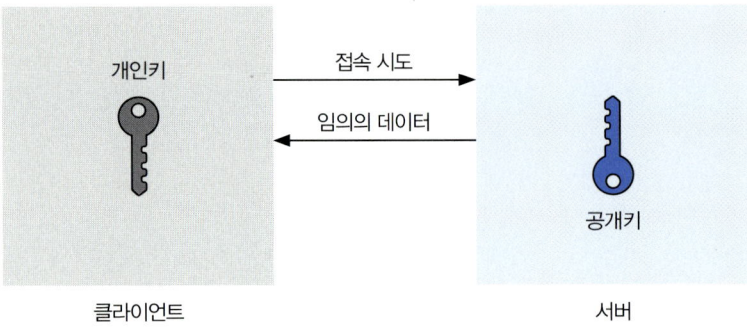

클라이언트는 서버가 제공한 임의의 데이터에 자신의 개인키로 서명한 후, 서명값을 서버에 전송합니다. 여기서 **서명**(signature)이란 개인키로 데이터를 수학적으로 처리해 고유한 서명값을 만드는 행위입니다.

그림 6-26 개인키로 서명한 후 응답

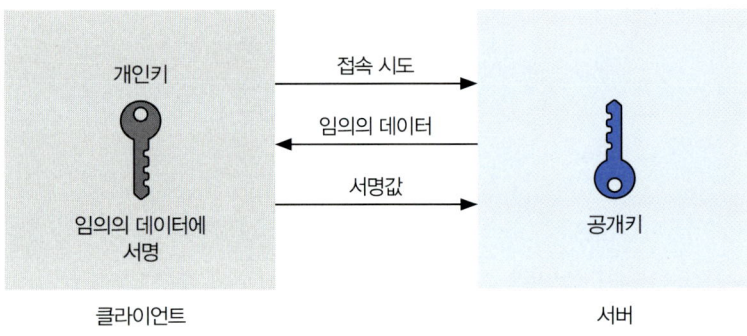

서버는 이 서명값을 받고, 클라이언트의 공개키로 해당 서명이 유효한지 검증합니다. 검증 과정은 서명값이 해당 데이터에 대해 만들어진 것이 맞는지를 공개키를 이용해 수학적으로 확인하는 과정입니다.

그림 6-27 공개키로 검증

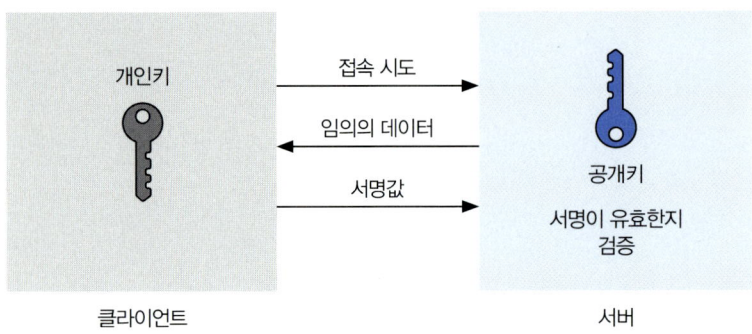

검증이 성공하면, 서버는 클라이언트가 해당 공개키의 개인키를 소유하고 있다고 판단하고 인증을 승인해 접속을 허용합니다.

그림 6-28 접속 허용

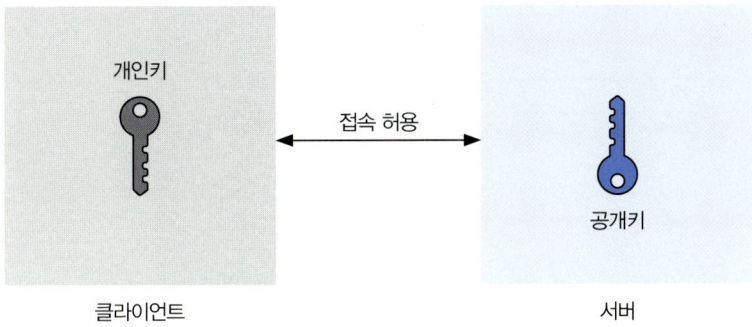

SSH로 VM 인스턴스에 접속하는 방법은 두 가지로, 구글 클라우드 콘솔을 이용하는 방법과 SSH 클라이언트 프로그램을 이용하는 방법이 있습니다. 먼저 구글 클라우드 콘솔을 이용하는 방법을 알아보겠습니다.

6.3.2 구글 클라우드 콘솔로 SSH 접속하기

구글 클라우드 콘솔로 SSH 접속을 하면 복잡한 키 쌍 생성 및 설정 과정 없이 바로 VM 인스턴스에 접속할 수 있습니다. 이는 SSH 사용이 익숙하지 않거나 빠르게 접속해 간단한 작업을 수행해야 할 때 유용합니다.

구글 클라우드 콘솔(https://console.cloud.google.com) 메인 화면에서 SSH 접속을 하려는 VM 인스턴스가 포함된 프로젝트가 선택돼 있는지 확인합니다.

그림 6-29 프로젝트 선택

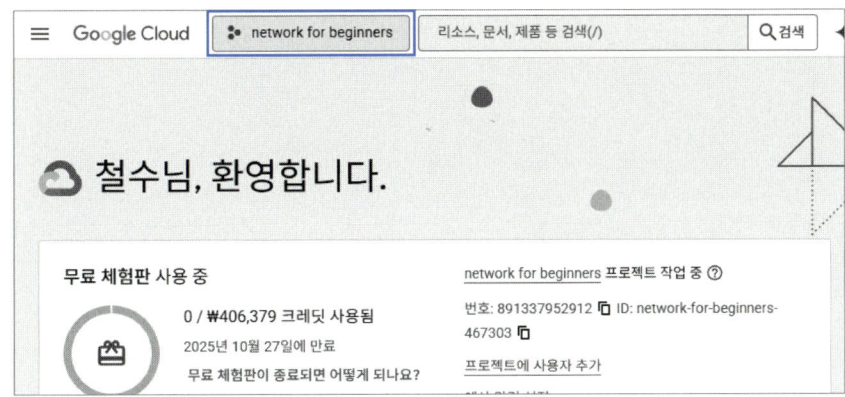

탐색(≡) 메뉴를 클릭해 **Compute Engine → VM 인스턴스**를 선택합니다.

그림 6-30 VM 인스턴스 선택

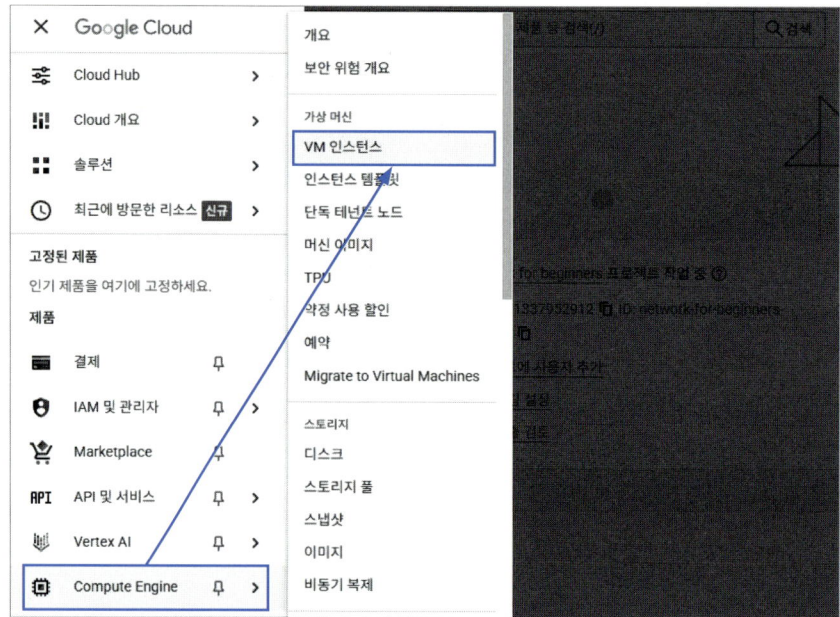

VM 인스턴스 목록에서 접속하려는 인스턴스의 **SSH**를 클릭합니다.

그림 6-31 SSH 클릭

새 창이 열리며 SSH 접속을 승인할지 물으면 [Authorize] 버튼을 클릭합니다.

그림 6-32 SSH 접속 승인

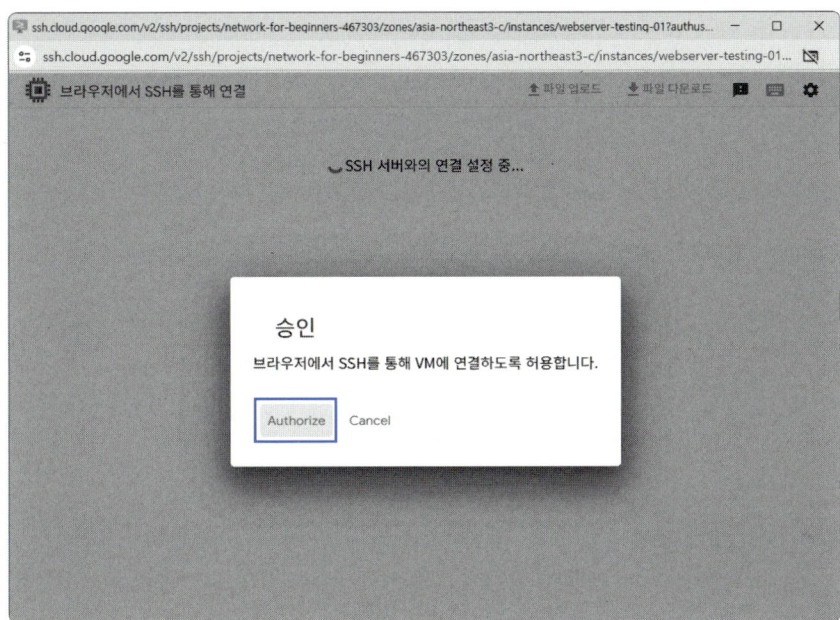

VM 인스턴스의 명령 프롬프트가 나타나며 SSH 접속이 완료됩니다. 이제부터 이 창을 통해 VM 인스턴스에 명령을 내릴 수 있습니다.

그림 6-33 SSH 접속 완료

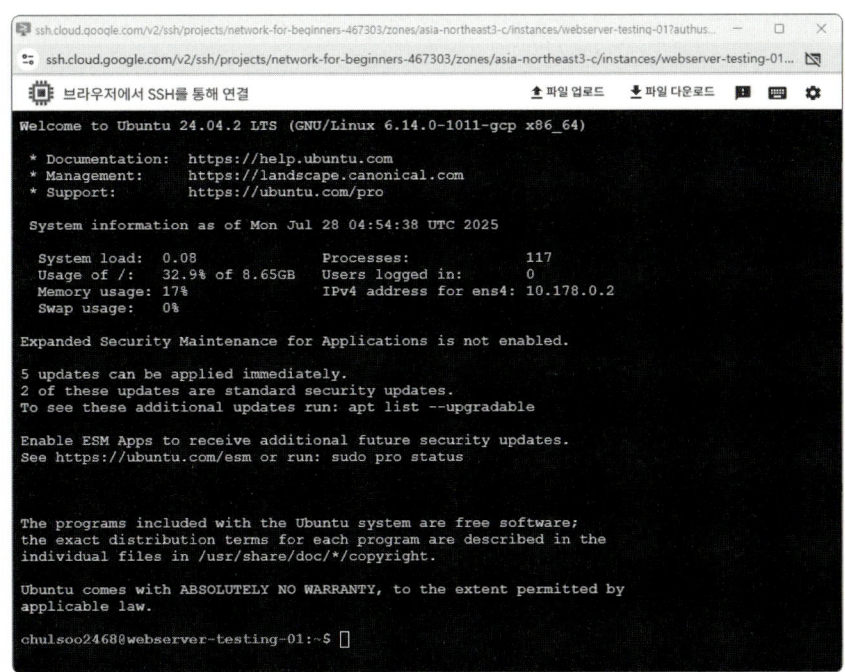

구글 클라우드 콘솔로 SSH 접속을 하면, 내부적으로 개인키-공개키 쌍을 임시로 생성합니다. 이렇게 생성한 공개키는 VM 인스턴스의 메타데이터에 자동으로 업로드되고, VM 인스턴스가 이를 인지합니다. 개인키는 사용자의 컴퓨터에 다운로드되지 않고 웹 브라우저의 세션 내에 저장됩니다.

보안을 위해 임시로 생성한 SSH 키 쌍(개인키-공개키)은 일반적으로 3분 또는 5분 후에 만료됩니다. 만료된 후에는 동일한 키로 재접속할 수 없으며, 다시 **SSH**를 클릭해 새로운 키를 생성해야 합니다.

이처럼 구글 클라우드 콘솔을 통한 SSH 접속은 장시간 작업해야 할 경우 적합하지 않습니다. 또한 웹 브라우저 환경에서만 사용 가능하며, 네트워크 연결이 불안정하면 세션이 종료될 수 있다는 단점이 있습니다.

이제 구글 클라우드 콘솔로 SSH 접속하는 방법 말고, 로컬 컴퓨터에서 SSH 클라이언트 프로그램을 사용해 VM 인스턴스에 접속하는 방법을 알아보겠습니다. SSH 접속 창은 닫기(✕)를 클릭해 종료합니다.

6.3.3 SSH 클라이언트 프로그램으로 SSH 접속하기

로컬 컴퓨터에서 SSH 클라이언트 프로그램으로 원격 서버에 접속하려면 SSH 키 쌍 생성하기, VM 인스턴스에 공개키 등록하기, SSH 접속하기의 세 단계를 거칩니다.

● **SSH 키 쌍 생성하기**

SSH 키 쌍은 로컬 컴퓨터(맥OS, 윈도우 10 이상)에서 ssh-keygen 유틸리티를 사용해 생성할 수 있습니다. 유틸리티는 특정 기능을 수행하기 위해 운영체제에 내장된 작은 프로그램을 말합니다. 이 책에서는 맥OS와 윈도우에서 SSH 키 쌍을 생성하는 방법을 모두 다루되, 화면은 윈도우를 기준으로 설명하겠습니다.

맥OS 사용자는 터미널 앱을, 윈도우 사용자는 명령 프롬프트를 실행한 후 다음 명령어를 입력하고 Enter 를 누릅니다. 이는 RSA 암호화 방식의 4,096비트 길이의 SSH 키 쌍 파일을 생성하는 명령입니다.

> 터미널
```
~ % ssh-keygen -t rsa -b 4096 -f ~/.ssh/gcp_rsa -C "사용자이름_또는_이메일"
```

> 명령 프롬프트
```
> ssh-keygen -t rsa -b 4096 -f C:\Users\로그인계정/.ssh/gcp_rsa -C "사용자이름_또는_이메일"
```

- **-t rsa**: 생성할 키의 유형을 RSA로 지정합니다. RSA는 널리 사용되는 강력한 암호화 알고리즘입니다.

- **-b 4096**: 키의 길이를 4,096비트로 지정합니다. 비트 수가 클수록 보안 강도가 높아지지만, 성능 저하가 약간 있을 수 있습니다. 일반적으로 2,048비트도 안전하다고 간주되지만 4,096비트를 많이 권장합니다.

- **맥OS의 -f ~/.ssh/gcp_rsa**: 생성될 키 쌍(개인키-공개키)의 저장 경로와 파일 이름을 지정합니다. 홈 디렉터리(~) 아래 .ssh 디렉터리에 gcp_rsa라는 이름으로 키 쌍을 저장합니다(개인키 파일명: gcp_rsa, 공개키 파일명: gcp_rsa.pub). 만약 파일명(gcp_rsa)을 지정하지 않으면 기본적으로 id_rsa로 생성됩니다.

- **윈도우의 -f C:\Users\로그인계정/.ssh/gcp_rsa**: 생성될 키 쌍(개인키-공개키)의 저장 경로와 파일 이름을 지정합니다. 윈도우도 마찬가지로 홈 디렉터리(C:\Users\로그인계정) 아래 .ssh 디렉터리에 gcp_rsa라는 이름으로 키 쌍을 저장합니다(개인키 파일명: gcp_rsa, 공개키 파일명: gcp_rsa.pub).

  TIP — C:\Users\로그인계정 …에서 백슬래시(\)는 키보드의 원화(₩) 키를 눌러 입력합니다.

- **-C "사용자이름_또는_이메일"**: 키 파일에 주석(comment)을 추가합니다. 주로 사용자 이메일 주소나 사용자 이름을 넣어 어떤 용도의 키인지 식별합니다. 여기서는 **GCP 사용자 이름**을 넣겠습니다. 예를 들어 GCP 사용자 이메일이 chulsoo2468@gmail.com이라면 -C "chulsoo2468"을 입력합니다.

키 생성 명령을 입력하고 Enter를 누르면 패스프레이즈를 입력하라는 메시지가 나타납니다. **패스프레이즈**(passphrase)는 개인키 파일을 추가적으로 보호하는 비밀번호로, 패스프레이즈를 설정하면 개인키를 사용할 때마다 입력해야 합니다. 이를 사용하면 보안성은 좋아지지만 자동화 스크립트를 작성하고 활용할 때는 불편합니다. 따라서 여기서는 패스프레이즈를 입력하지 않고

Enter 를 두 번 눌러 패스프레이즈가 설정되지 않은 개인키를 생성합니다. 패스프레이즈의 설정 여부는 각자 보안과 편의성을 고려해 결정하세요.

그림 6-34 패스프레이즈 설정 건너뛰고 SSH 키 쌍 생성

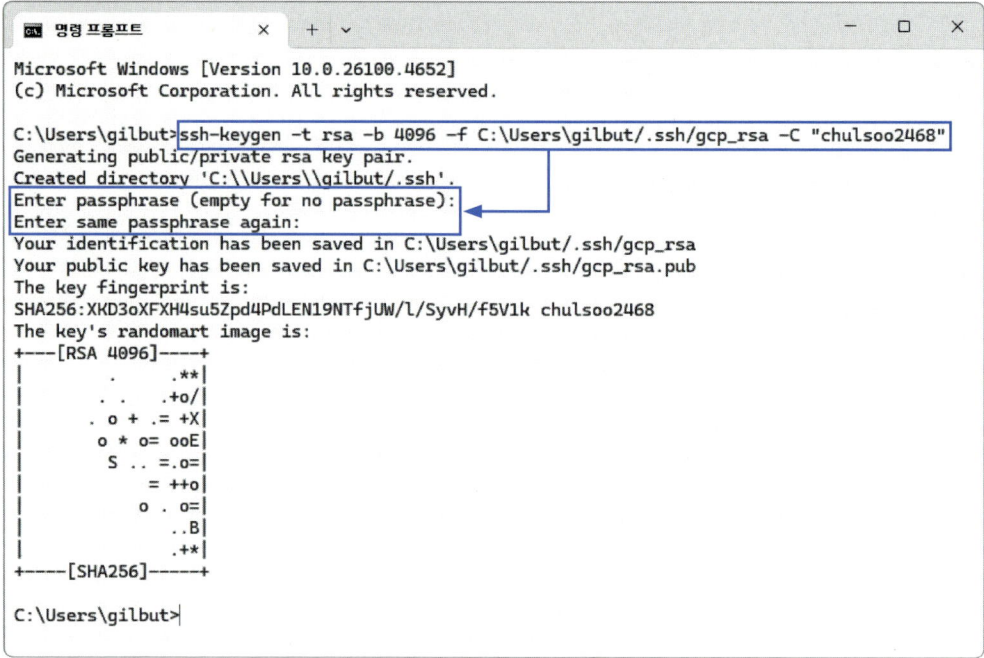

다음 명령으로 .ssh 디렉터리로 이동한 후 개인키 파일(gcp_rsa)과 공개키 파일(gcp_rsa. pub)이 생성됐는지 확인합니다.

```
∨ 터미널
~ % cd ~/.ssh   --- Enter
~ % ls          --------- Enter
```

```
∨ 명령 프롬프트
> cd C:\Users\사용자이름/.ssh   ---- Enter
> dir  -------------------------- Enter
```

그림 6-35 SSH 키 쌍 파일 생성 확인 1

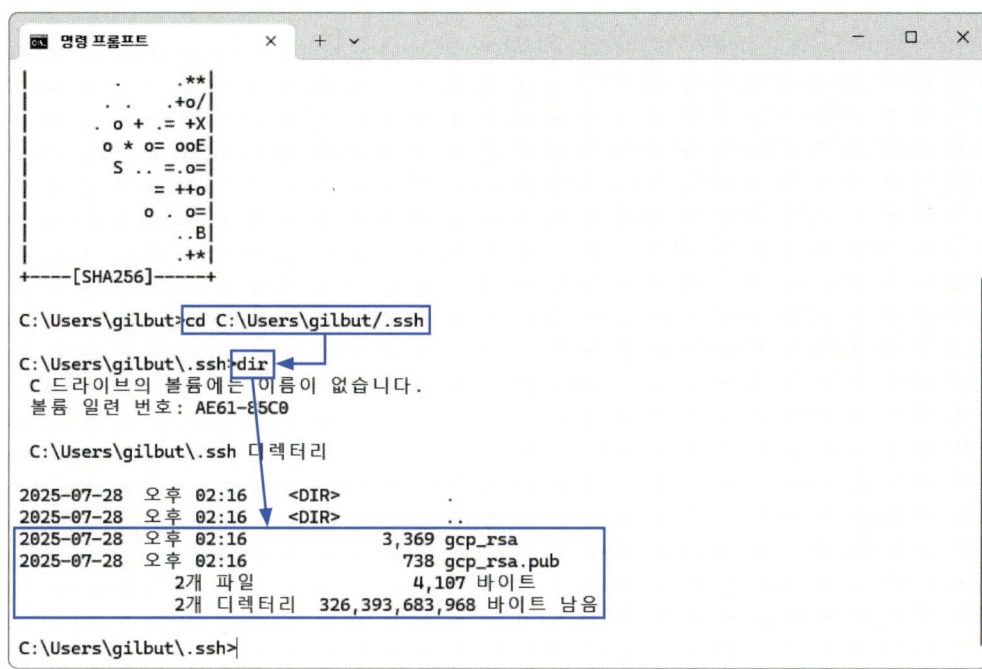

실제 .ssh 폴더로 이동해보면 개인키와 공개키가 있는 것을 확인할 수 있습니다.

- **gcp_rsa:** 절대 외부에 노출해서는 안 되는 개인키 파일입니다.
- **gcp_rsa.pub:** 원격 서버(VM 인스턴스)에 등록할 공개키 파일입니다.

그림 6-36 SSH 키 쌍 파일 생성 확인 2

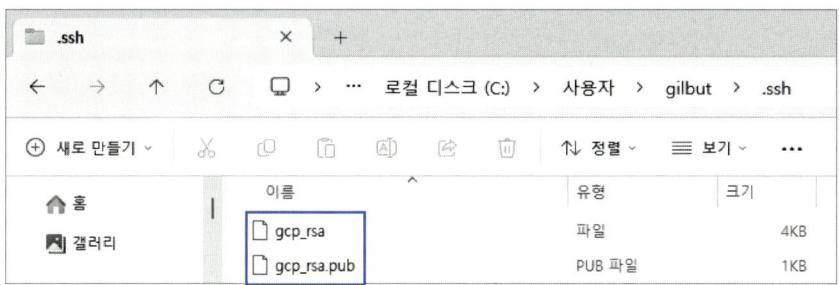

● **VM 인스턴스에 공개키 등록하기**

클라이언트에 SSH 키 쌍이 준비됐으니 생성한 공개키를 VM 인스턴스에 등록해 보겠습니다. 그러자면 공개키 파일(gcp_rsa.pub)의 내용을 확인하고 복사해야 합니다. 다음 명령어로 파일 내용을 확인한 후 전체를 드래그해 선택하고 복사합니다.

그림 6-37 공개키 내용 복사

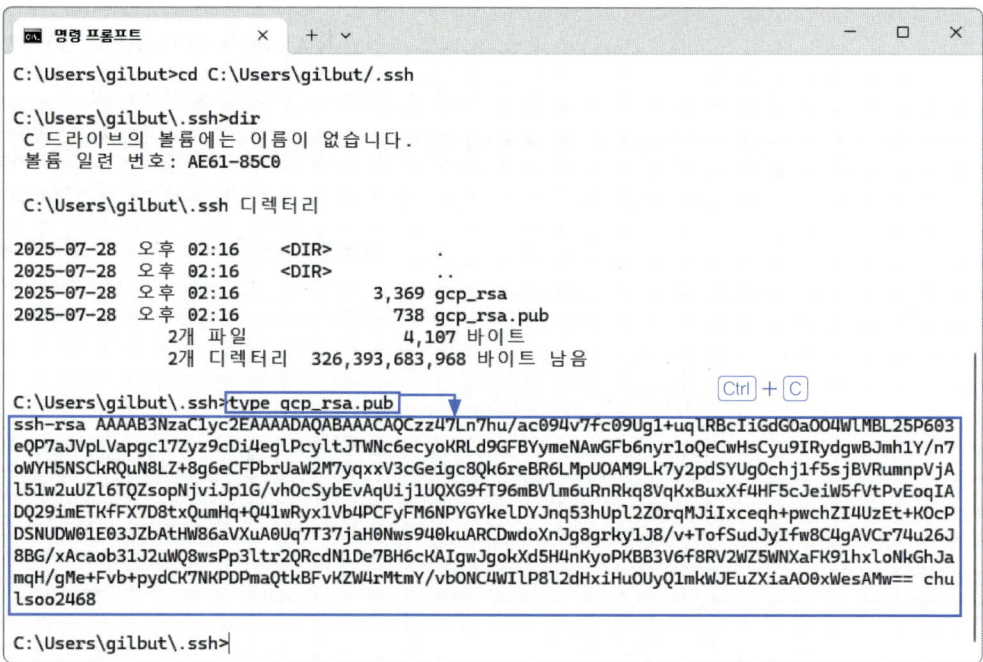

메모장을 열어 복사한 내용을 붙여 넣습니다.

그림 6-38 공개키 내용 붙여 넣기

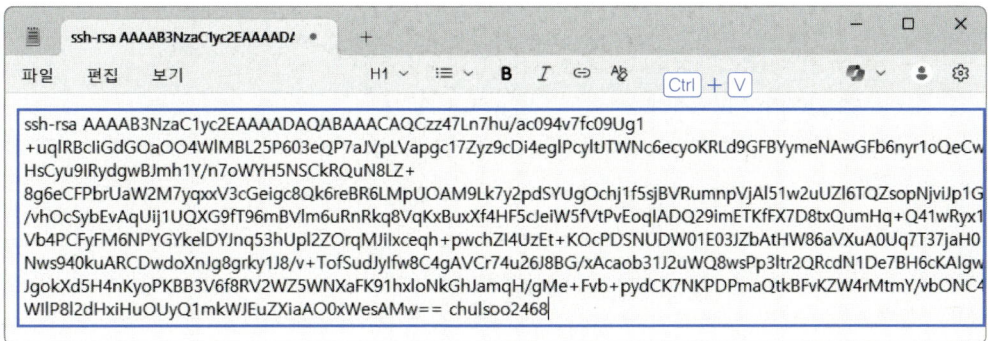

구글 클라우드 콘솔에서 **Compute Engine → VM 인스턴스**로 이동해 공개키를 추가할 VM 인스턴스의 이름(**webserver-testing-01**)을 클릭합니다.

그림 6-39 VM 인스턴스 클릭

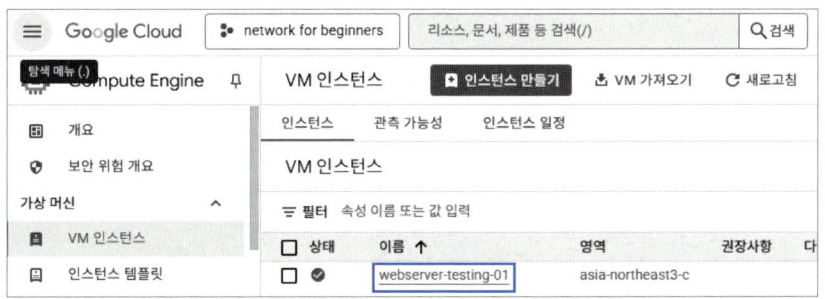

상세 페이지로 이동하면 상단의 [수정] 버튼을 클릭합니다.

그림 6-40 [수정] 버튼 클릭

수정 화면에서 스크롤을 내려 **보안 및 액세스**의 **SSH 키**에 [항목 추가] 버튼을 클릭합니다.

그림 6-41 [항목 추가] 버튼 클릭

입력란이 활성화되면 복사한 공개키 전체 내용을 붙여 넣은 다음 [저장] 버튼을 클릭합니다.

그림 6-42 공개키 등록

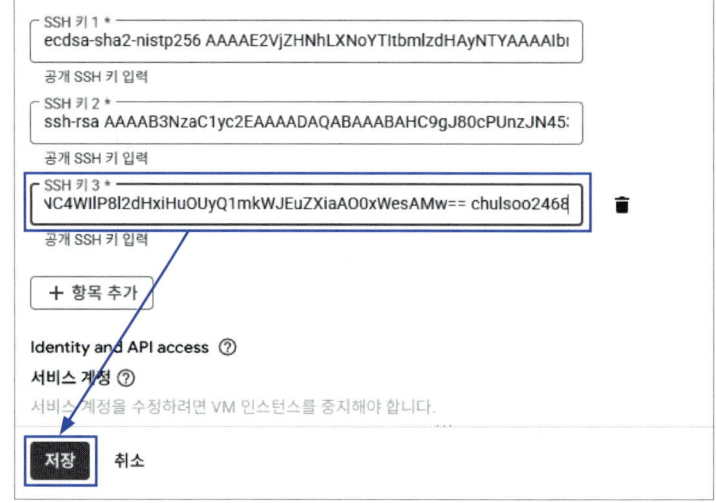

이제 로컬 컴퓨터의 SSH 클라이언트 프로그램으로 VM 인스턴스에 접속할 준비가 됐습니다.

- **SSH 접속하기**

다음 명령어를 입력해 SSH에 접속합니다.

∨ 터미널
~ % ssh -i ~/.ssh/gcp_rsa 사용자이름@VM_인스턴스의_외부_IP_주소

∨ 명령 프롬프트
> ssh -i C:\Users\로그인계정\.ssh\gcp_rsa 사용자이름@VM_인스턴스의_외부_IP_주소

- **맥OS의 -i ~/.ssh/gcp_rsa:** 사용할 개인키 파일의 경로를 지정합니다.
- **윈도우의 -i C:\Users\로그인계정\.ssh\gcp_rsa:** 사용할 개인키 파일의 경로를 지정합니다.
- **사용자 이름:** VM 인스턴스에 접속할 GCP 사용자 이름입니다(예 GCP 사용자 이메일이 chulsoo2468@gmail.com이라면 chulsoo2468을 입력합니다).
- **VM 인스턴스의 외부 IP 주소:** 접속하려는 VM 인스턴스의 외부 IP 주소입니다. VM 인스턴스 목록 페이지에서 확인할 수 있습니다.

그림 6-43 VM 인스턴스의 외부 IP 주소

해당 VM 인스턴스에 처음 접속하면 **그림 6-44**와 같이 호스트의 진위 여부를 묻습니다. **yes**를 입력하면 해당 호스트의 정보가 로컬 컴퓨터의 ~/.ssh/known_hosts 파일에 저장되며, 이 메시지는 다음 접속부터 나타나지 않습니다. SSH로 원격 서버에 접속하면 VM 인스턴스의 명령 프롬프트가 나타납니다.

그림 6-44 SSH 접속 성공

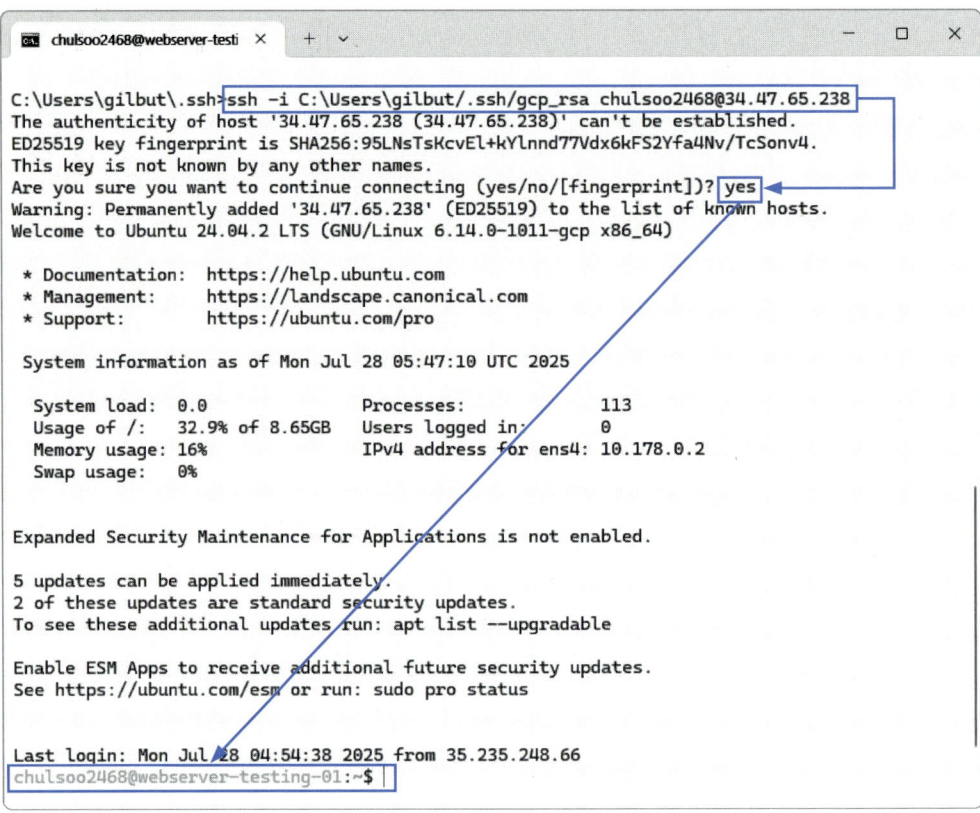

SSH 접속을 종료하려면 **exit**를 입력하고 Enter 를 누릅니다.

그림 6-45 SSH 접속 종료

```
chulsoo2468@webserver-testing-01:~$ exit
logout
Connection to 34.47.65.238 closed.

C:\Users\gilbut\.ssh>
```

SSH 클라이언트로 VM 인스턴스에 접속하는 방법을 알아봤습니다. 다음 절에서는 SSH를 기반으로 하는 파일 전송 프로토콜인 SFTP를 이용해 웹 서버를 구축하는 데 필요한 파일을 전송해 보겠습니다.

1분 퀴즈

03. 다음 빈칸에 들어갈 용어를 쓰세요.

> ① (　　　): 클라이언트가 안전하게 보관하는 키로, 절대 외부에 노출해서는 안 된다. 디지털 서명을 할 때 사용한다.
>
> ② (　　　): 외부에 공개해도 안전한 키로, 통신하려는 서버에 미리 등록해둔다. 자신과 한 쌍인 개인키로 만들어진 디지털 서명이 진짜인지 검증할 때 사용한다.

04. SSH 공개키 인증 방식에서 서버 측이 클라이언트가 올바른 개인키를 보유하고 있는지 확인하는 방법은?

① 클라이언트가 개인키 파일을 서버에 전송한다.

② 서버가 클라이언트에 직접 인증 암호를 요청한다.

③ 클라이언트가 서명한 데이터를 서버가 공개키로 검증한다.

④ 클라이언트가 개인키로 암호화한 메시지를 서버가 복호화한다.

6.4 SFTP로 파일 전송하기

SFTP는 SSH 연결을 기반으로 파일을 암호화해 전송하는 파일 전송 프로토콜입니다. 이 절에서는 '파일질라'라는 SFTP 클라이언트 프로그램으로 웹 서버에 접속해 웹 페이지를 구성하는 HTML, CSS, 자바스크립트 파일을 전송해 보겠습니다.

6.4.1 실습 파일 다운로드하기

https://github.com/gilbutITbook/080453에 접속해 화면 오른쪽에 보이는 [Code] 버튼을 클릭한 후 펼침 메뉴에서 [Download ZIP]을 선택해 압축 파일을 내려받습니다. 내려받은 파일의 압축을 풀면 파일 4개가 있습니다. 그중에서 세 파일(index.html, sytle.css, script.js)을 복사한 후 바탕화면에 **my_website_files** 폴더를 만들어 그 안에 붙여 넣습니다.

본 실습에서는 웹 개발의 복잡한 내용은 최소화하고 웹 서버 구축이라는 핵심 목표에 집중하고자 합니다. 이에 세 실습 파일은 웹 페이지를 구성하는 데 필요한 기본 내용으로 구성했습니다.

❶ index.html

웹 페이지의 전체 구조를 작성한 파일로, 제목(<h1>), 문단(<p>), 버튼(<button>) 요소를 포함하며, 외부 CSS 파일(style.css)과 자바스크립트 파일(script.js)을 연결합니다.

index.html

```
<!DOCTYPE html>
<html lang="ko">
```

```html
<head>
    <meta charset="UTF-8">
    <meta name="viewport" content="width=device-width, initial-scale=1.0">
    <title>간단한 네트워크 테스트 페이지</title>
    <link rel="stylesheet" href="style.css">
</head>
<body>
    <h1>환영합니다!</h1>
    <p>SFTP 파일 전송 테스트를 하기 위한 간단한 웹 페이지입니다.</p>
    <p>컴퓨터 네트워크는 정말 흥미로운 분야입니다.</p>
    <button id="testButton">클릭하세요</button>
    <script src="script.js"></script>
</body>
</html>
```

❷ **style.css**

웹 페이지를 구성하는 각 요소의 시각적 스타일을 지정한 파일로, 글꼴, 여백, 배경색, 글자색 등을 지정합니다.

style.css

```css
body {
    font-family: sans-serif;
    margin: 20px;
    background-color: #f4f4f4;
    color: #333;
}
h1 {
    color: #0056b3;
}
p {
    margin-bottom: 10px;
}
button {
    padding: 10px 15px;
    background-color: #007bff;
    color: white;
```

```
    border: none;
    cursor: pointer;
}
button:hover {
    background-color: #0056b3;
}
```

❸ script.js

사용자와 웹 페이지 간 상호작용을 구현한 파일로, index.html 파일 내 testButton이라는 id를 가진 버튼을 클릭했을 때 간단한 알림 창을 띄웁니다.

script.js
```
document.addEventListener('DOMContentLoaded', function() {
    const testButton = document.getElementById('testButton');
    if (testButton) {
        testButton.addEventListener('click', function() {
            alert('버튼을 클릭했습니다.');
        });
    }
});
```

6.4.2 파일질라 설치하기

웹 서버에 파일을 전송하기 위해 SFTP 클라이언트 프로그램인 파일질라를 설치하겠습니다. 운영체제에 따라 설치 과정이 다르니 맥OS와 윈도우로 나눠 살펴봅니다.

● **맥OS에 설치하기**

파일질라 공식 사이트(**https://filezilla-project.org**)에 접속해 [Download FileZilla Client] 버튼을 클릭합니다.

그림 6-46 설치 파일 다운로드 1

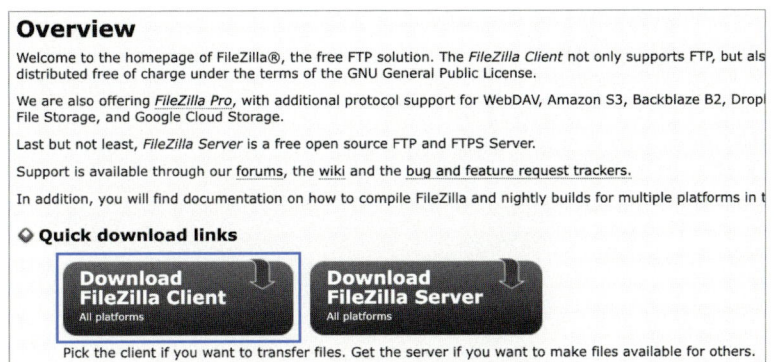

파일질라 설치 파일은 맥OS의 CPU 칩에 따라 다릅니다. 이를 선택하기 위해 **Show additional download options**를 클릭합니다.

그림 6-47 설치 파일 다운로드 2

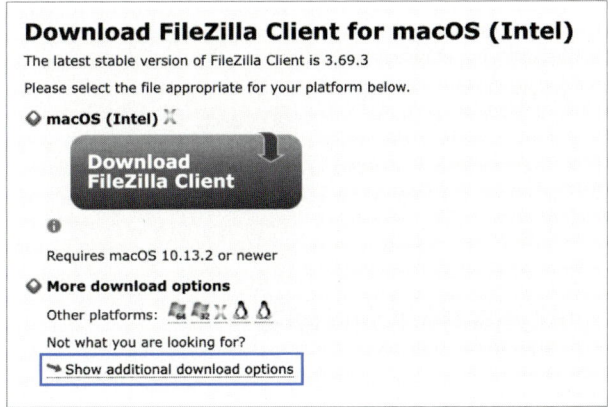

인텔(Intel) 칩이 탑재된 맥OS 사용자는 macOS (Intel)의 **FileZilla_3.69.3_macos-x86. app.tar.bz2**를 클릭하고, 애플 실리콘(Apple Silicon) 칩이 탑재된 사용자는 macOS (Apple Silicon)의 **FileZilla_3.69.3_macos-arm64.app.tar.bz2**를 클릭합니다. 파일질라 설치 파일의 버전은 자주 바뀌어 책과 다를 수 있으며, 최신 버전으로 다운로드하면 됩니다.

그림 6-48 설치 파일 다운로드 3

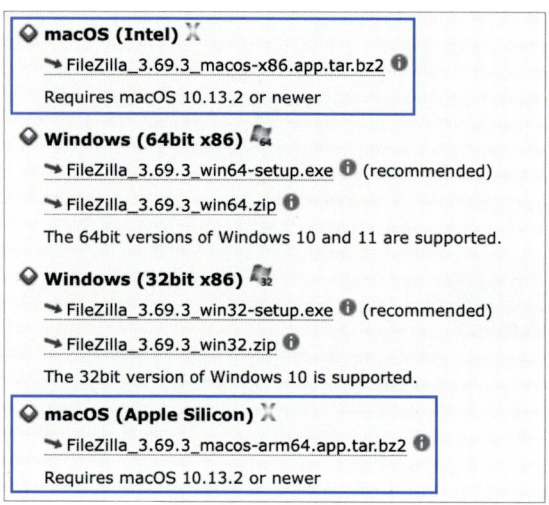

TIP — CPU 칩은 맥OS 화면 왼쪽 상단의 애플 로고를 클릭해 [이 MAC에 관하여]를 선택하면 확인할 수 있습니다.

내려받은 설치 파일(.tar.bz2)을 더블클릭해 압축을 해제합니다. 압축 해제된 폴더를 응용 프로그램 폴더로 드래그 앤 드롭하면 설치가 완료됩니다.

그림 6-49 설치 완료

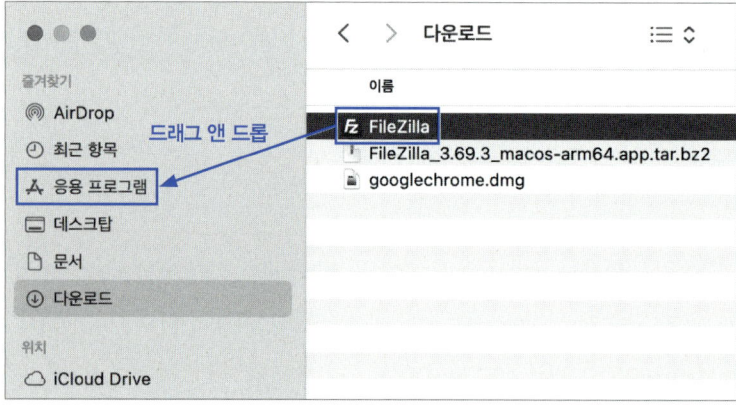

● 윈도우에 설치하기

파일질라 공식 사이트(**https://filezilla-project.org**)에 접속해 [Download FileZilla Client] 버튼을 클릭합니다.

그림 6-50 설치 파일 다운로드 1

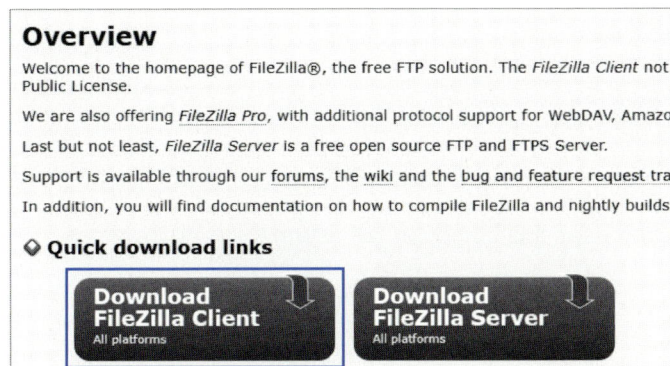

파일질라는 개발 자금 지원을 위해 광고가 포함된 번들 오퍼를 설치 파일에 포함하기도 합니다. 번들 오퍼가 포함되지 않은 순수 설치 파일을 내려받기 위해 **Show additional download options**를 클릭합니다.

그림 6-51 설치 파일 다운로드 2

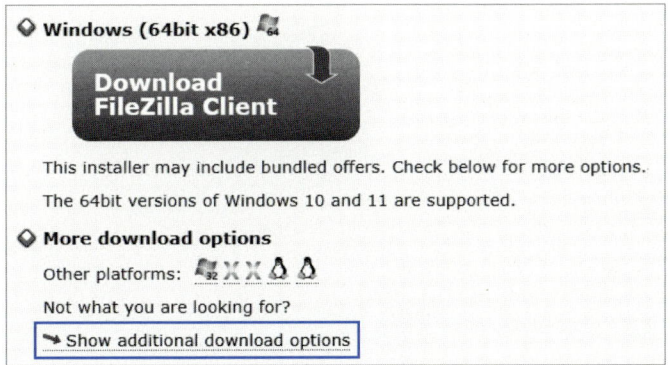

Windows (64bit x86)의 **FileZilla_3.69.3_win64-setup.exe**를 클릭합니다. 이는 스폰서 광고가 포함되지 않은 순수 설치 파일입니다. 파일질라 설치 파일의 버전은 자주 바뀌어 책과 다를 수 있으며, 최신 버전으로 다운로드하면 됩니다.

그림 6-52 설치 파일 다운로드 3

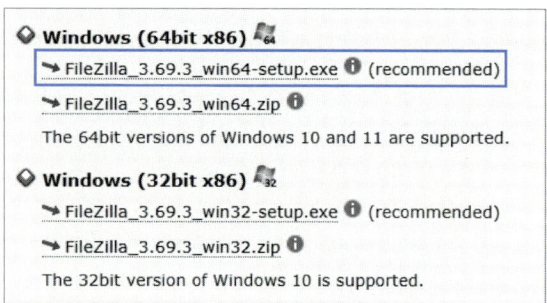

설치 파일을 다운로드한 후 실행합니다. 사용권 동의 화면에서 [I Agree] 버튼을 클릭하고, 설치 옵션 선택 화면에서 **Anyone who uses this computer (all users)**를 선택하고 [Next] 버튼을 클릭합니다.

그림 6-53 설치 진행 1

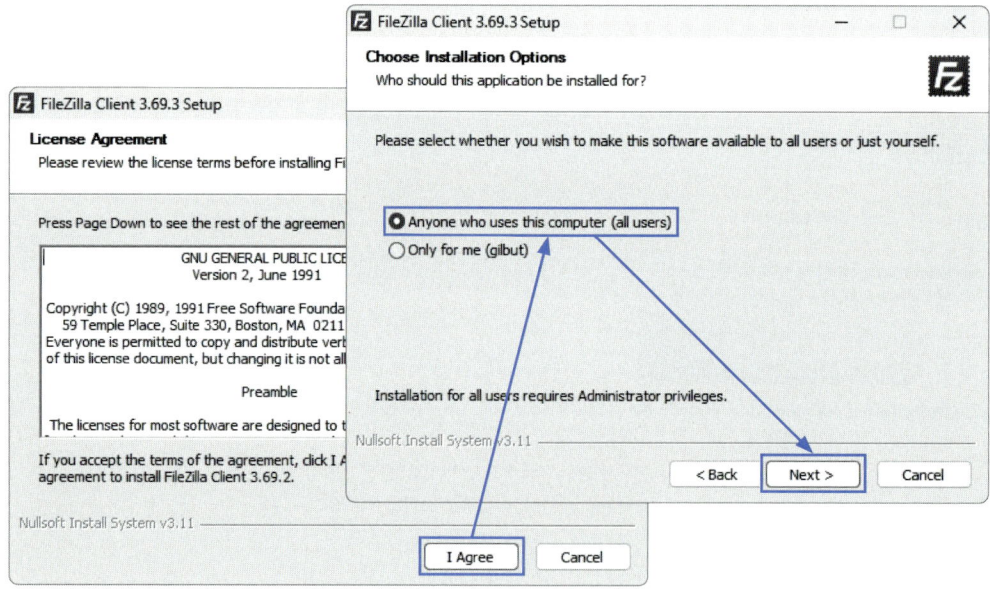

설치 요소 선택 화면에서 **모든 요소**에 체크하고 [Next] 버튼을 클릭합니다. 설치 경로는 기본값 그대로 두고 [Next] 버튼을 클릭합니다.

그림 6-54 설치 진행 2

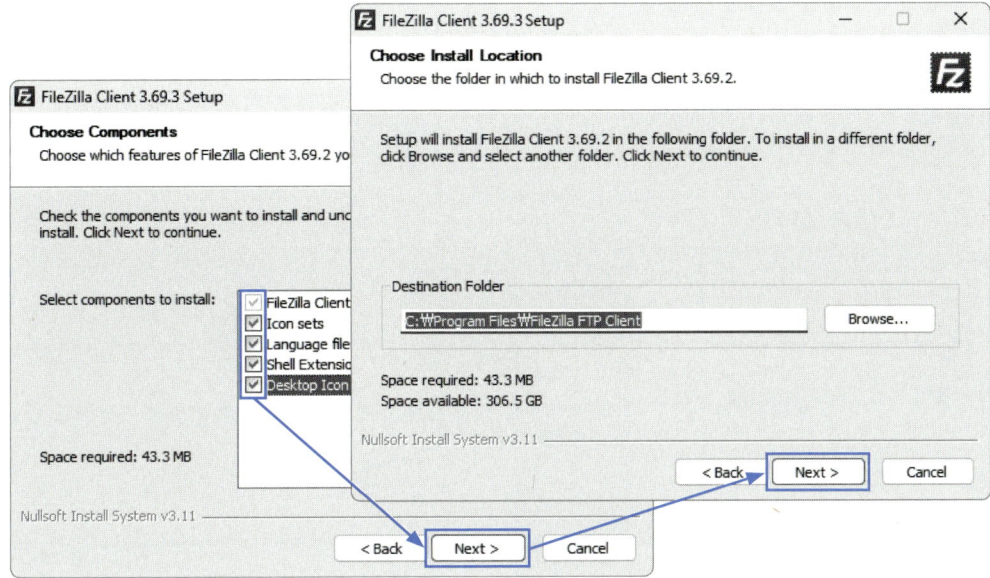

시작 메뉴 폴더 선택 화면에서 기본값 그대로 두고 [Install] 버튼을 클릭해 설치를 진행합니다. 설치가 끝나면 **Start FileZilla now**를 체크한 상태로 [Finish] 버튼을 클릭합니다.

그림 6-55 설치 완료

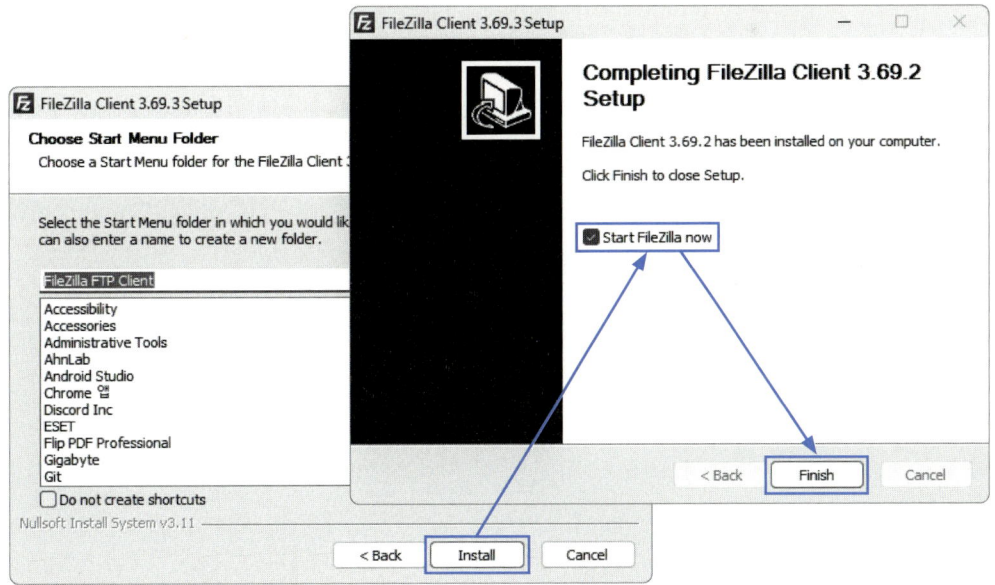

6.4.3 SFTP로 웹 서버에 접속하기

파일질라를 실행하면 왼쪽 패널에 로컬 사이트, 오른쪽 패널에 원격 사이트의 디렉터리 목록과 파일 목록이 보입니다. 지금은 원격 서버에 접속하기 전이므로 원격 사이트의 파일 목록은 '서버에 연결되지 않았음'으로 나옵니다.

그림 6-56 파일질라 실행 화면

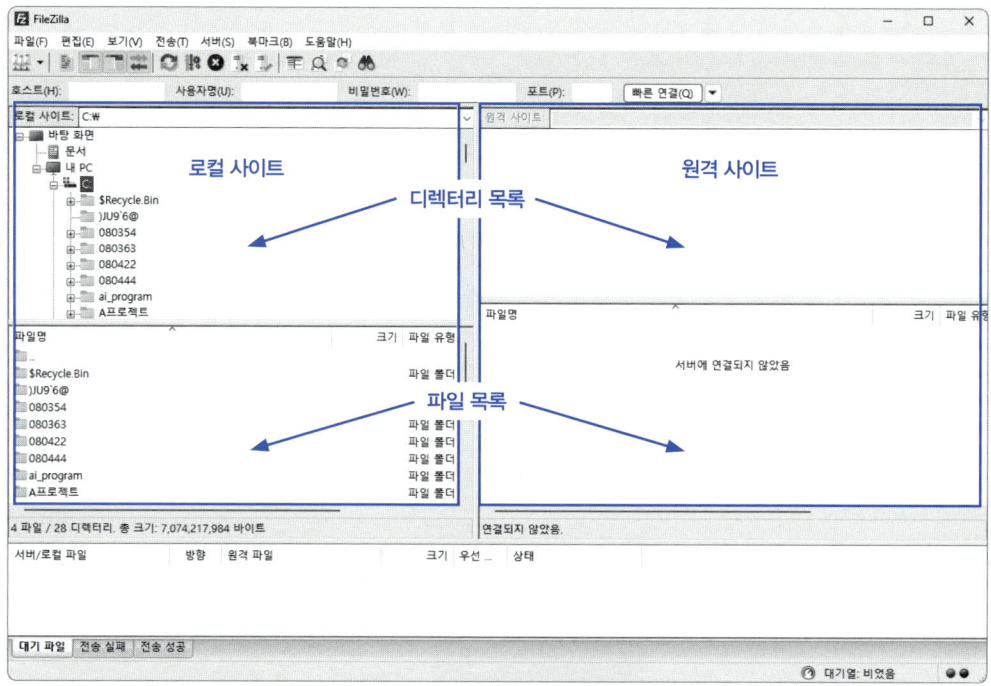

파일질라로 원격 서버(VM 인스턴스)에 접속해 보겠습니다. **파일 → 사이트 관리자** 메뉴를 선택합니다. 툴바의 가장 왼쪽에 있는 **사이트 관리자 열기** 아이콘을 클릭해도 됩니다.

그림 6-57 사이트 관리자 열기

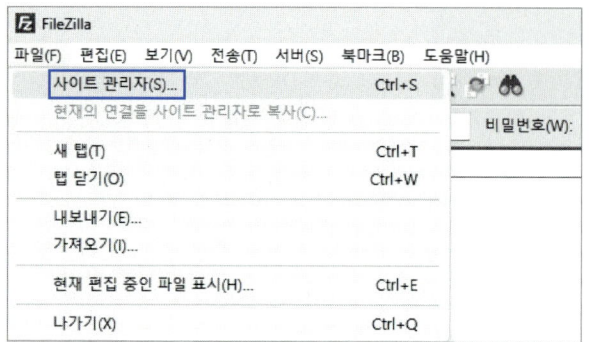 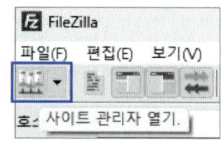

사이트 관리자 창이 나타나면 [새 사이트] 버튼을 클릭하고, 내 사이트 아래에 새로운 사이트 항목이 뜨면 **My GCP webserver**를 입력합니다.

그림 6-58 새 사이트 생성

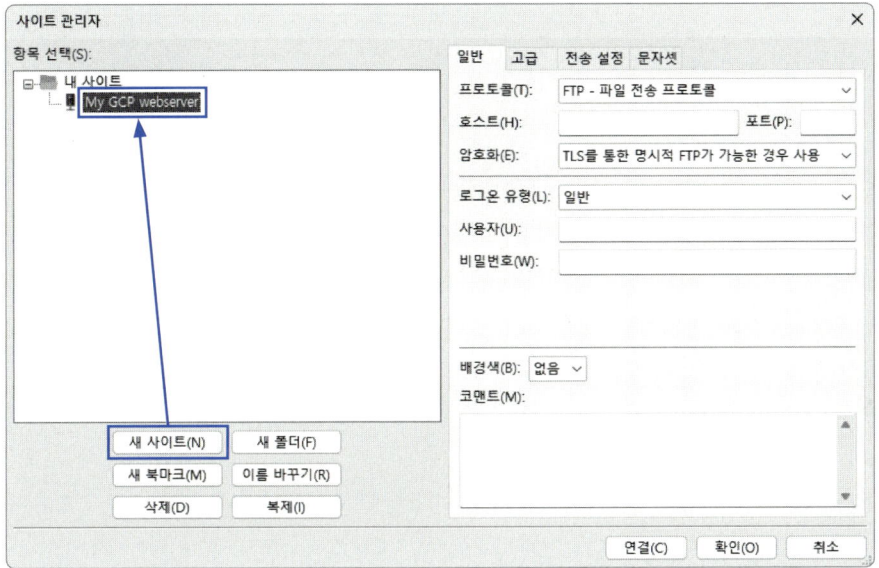

[일반] 탭에서 웹 서버의 접속 정보를 다음과 같이 설정합니다.

- **프로토콜:** 드롭다운 메뉴를 펼쳐 **SFTP – SSH File Transfer Protocol**을 선택합니다.

- **호스트:** 접속하려는 원격 서버의 IP 주소 또는 도메인 이름을 입력합니다. VM 인스턴스 목록 페이지에서 확인한 외부 IP 주소를 입력합니다(예 34.47.65.238).

    TIP — VM 인스턴스의 외부 IP 주소는 구글 클라우드 콘솔의 탐색 메뉴에서 Compute Engine → VM 인스턴스를 클릭해 VM 인스턴스 페이지로 이동한 후 webserver-testing-01의 외부 IP에서 확인할 수 있습니다.

- **포트:** SFTP는 기본적으로 SSH와 포트 번호가 동일하므로 **22**를 입력합니다.

- **로그온 유형:** 서버에 인증하는 방식으로 **키 파일**을 선택합니다. 이는 SSH 개인키 파일을 사용해 사용자를 인증하는 방식입니다. 키 파일을 선택하면 아래에 사용자와 키 파일 필드가 활성화됩니다.

- **사용자:** 원격 서버에 접속할 사용자 이름을 입력합니다. VM 인스턴스 생성 시 설정한 GCP 사용자 이름을 입력하면 됩니다(예 GCP 사용자 이메일이 chulsoo2468@gmail.com이라면 chulsoo2468을 입력합니다). 여기까지 설정한 화면은 다음과 같습니다.

그림 6-59 접속 정보 설정

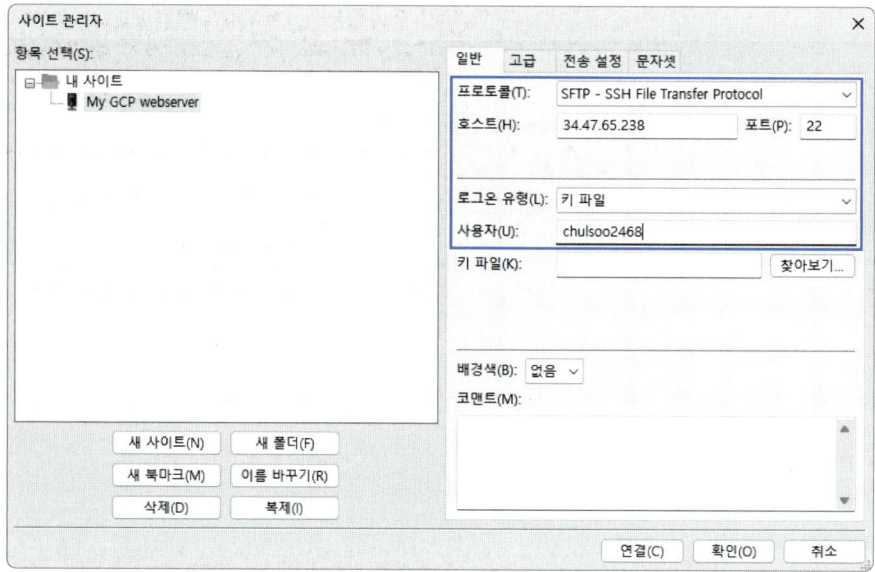

- **키 파일**: 로컬 컴퓨터에 저장된 SSH 개인 키 파일을 선택합니다. 이는 맥OS와 윈도우에 따라 선택하는 방식이 다릅니다.

    - **맥OS**: [찾아보기] 버튼을 클릭해 로컬 컴퓨터에 저장된 SSH 개인 키 파일을 선택해 경로를 입력합니다(🖥 /Users/로그인계정/.ssh/gcp_rsa).

        TIP — .ssh 폴더가 보이지 않으면 command + shift + . 를 눌러 숨김 폴더를 보이게 합니다.

    - **윈도우**: 윈도우용 파일질라는 기본적으로 PuTTYgen으로 생성된 .ppk 형식의 개인 키 파일을 지원합니다. 하지만 본 실습에서는 PuTTYgen이 아닌 ssh-keygen으로 키를 생성했기 때문에 [찾아보기] 버튼을 클릭해 개인키가 있는 폴더에 가서 찾아봐도 (🖥 C:\Users\로그인계정/.ssh) 아무것도 없습니다. 이때는 오른쪽 하단에 파일 형식을 PPK 파일 (*.ppk)에서 **모든 파일 (*.*)**로 바꾼 후 개인키 파일인 gcp_rsa를 선택하고 [열기] 버튼을 클릭합니다.

그림 6-60 개인키 파일 선택

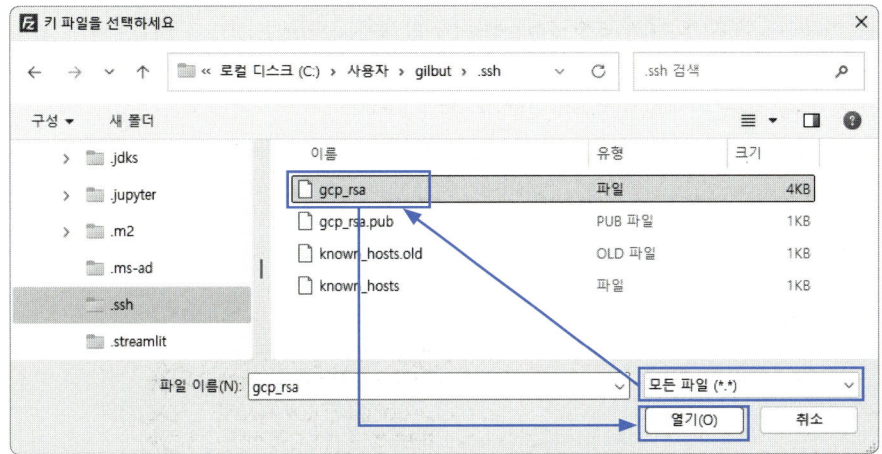

모든 정보를 올바르게 입력했다면 [연결] 버튼을 클릭합니다.

그림 6-61 SFTP 연결

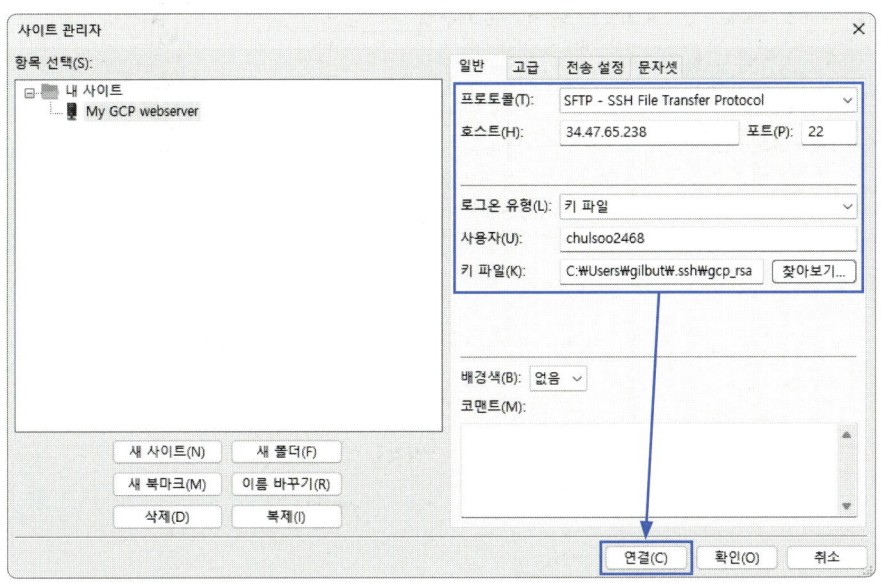

웹 서버에 처음 접속할 경우 '알 수 없는 호스트키' 알림 창이 나타납니다. 이는 접속하려는 서버가 정말로 올바른 서버인지 확인하는 SSH의 보안 절차 중 하나입니다. 알림 창 안에는 서버의 공개 호스트 키 지문이 표시됩니다. 만약 서버 관리자로부터 해당 서버의 정확한 호스트 키 지문을 미리 전달받았다면, 화면에 표시된 지문과 비교해 일치하는지 확인할 수 있습니다. 일반적으로 처음 접속하는 신뢰할 수 있는 서버라면, **항상 이 호스트를 신뢰하고 이 키를 캐시에 등록(A)**에 체크하고 [확인] 버튼을 클릭합니다.

그림 6-62 알 수 없는 호스트키 메시지 확인

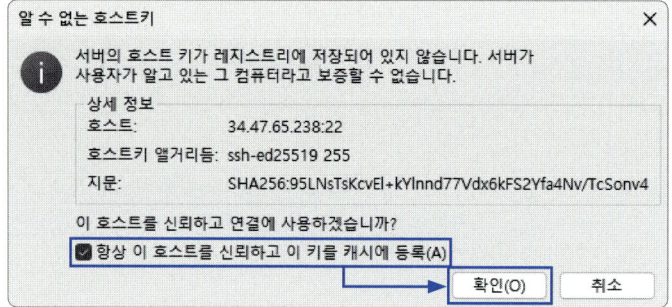

웹 서버에 성공적으로 접속하면 파일질라 오른쪽 패널에 원격 서버의 디렉터리 목록(◐ /home/사용자이름)이 표시됩니다.

그림 6-63 웹 서버 접속 성공

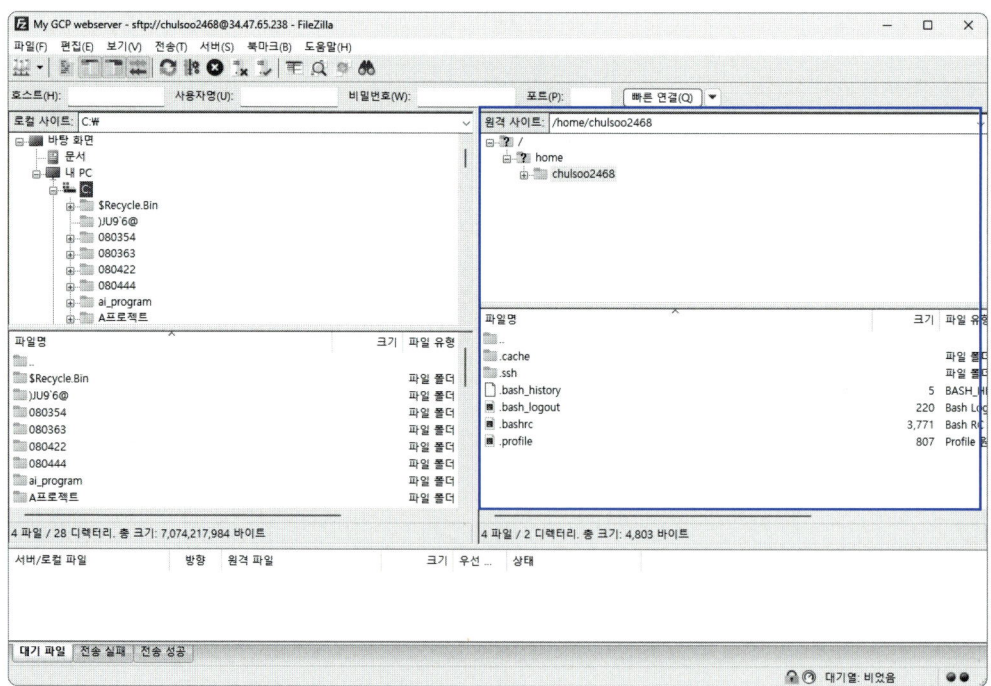

6.4.4 웹 서버에 파일 업로드하기

VM 인스턴스의 home/사용자이름 디렉터리에 새 디렉터리를 만들고 실습 파일(index.html, style.css, script.js)을 업로드하겠습니다.

원격 사이트 패널의 파일 목록 빈 공간에서 마우스 오른쪽 버튼을 눌러 [디렉터리 만들기]를 선택합니다.

그림 6-64 새 디렉터리 만들기

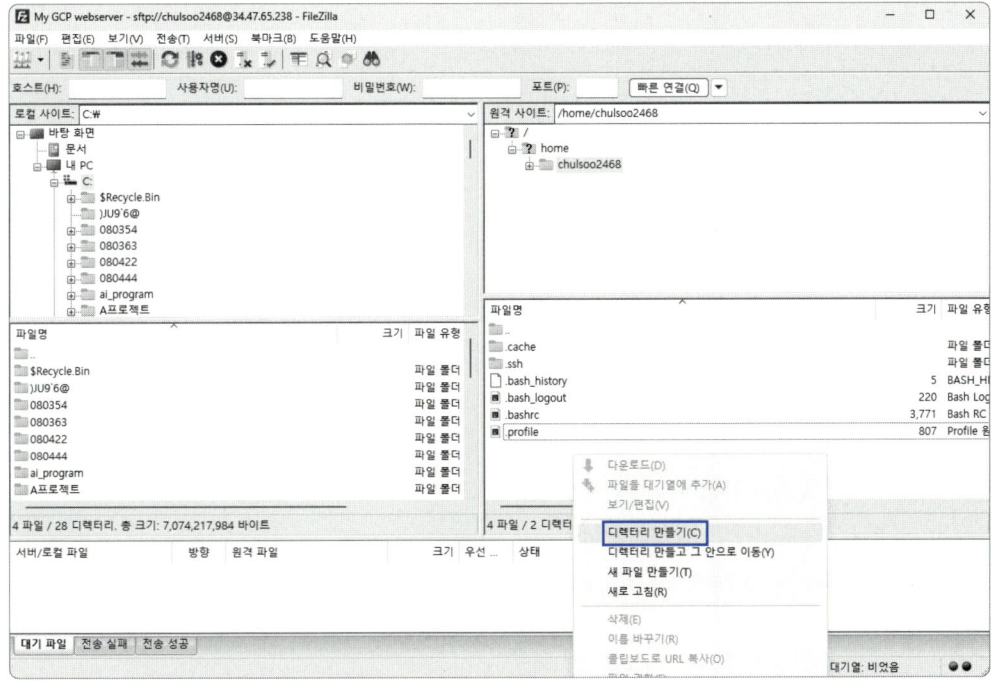

디렉터리 이름은 **project**로 입력하고 [확인] 버튼을 클릭합니다.

그림 6-65 디렉터리 이름 입력

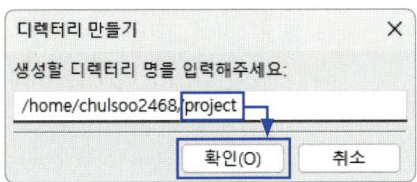

파일 목록에 project 디렉터리가 생성되면 더블클릭해 안으로 들어갑니다. 원격 사이트의 현재 경로가 **/home/사용자이름/project**가 됩니다.

그림 6-66 현재 경로 수정

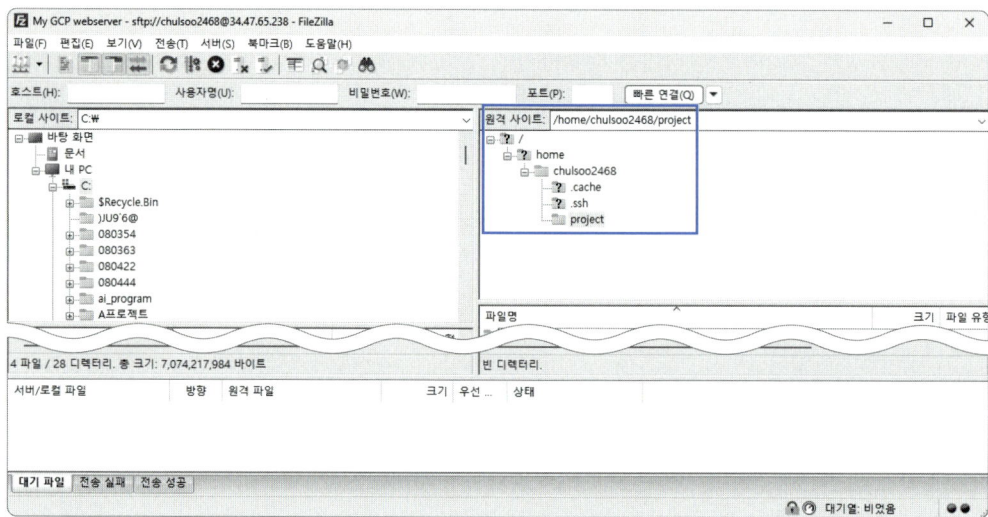

화면 왼쪽 로컬 사이트 패널에서 **바탕 화면 → my_website_files** 디렉터리를 선택합니다. 파일 목록에 index.html, style.css, script.js 파일을 모두 드래그해 선택하고 원격 사이트 파일 목록 쪽으로 드래그 앤 드롭을 합니다. 세 파일이 웹 서버에 업로드됩니다.

그림 6-67 my_website_files 디렉터리 선택 후 파일 업로드

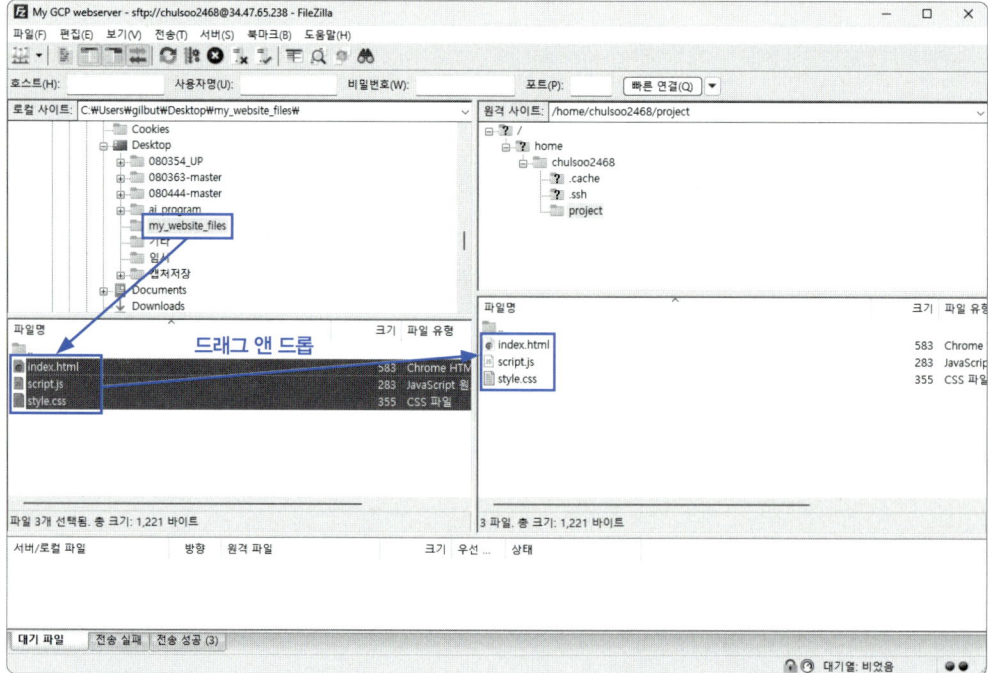

지금까지 로컬 컴퓨터에 있던 index.html, style.css, script.js 파일을 SFTP 프로토콜을 이용해 원격 서버의 project 디렉터리로 전송했습니다. 하지만 이것만으로 우리가 만든 웹 페이지를 볼 수 없습니다. 서버의 특정 디렉터리에 해당 파일을 단순히 저장했을 뿐, 아직 서버가 이 파일들을 웹 페이지로 인식하고 외부 요청에 응답하도록 설정하지 않았습니다.

다음 절에서 VM 인스턴스를 웹 서버로 만들어 웹 브라우저가 해당 파일을 해석해 웹 페이지로 보여주도록 설정하겠습니다.

1분 퀴즈

정답 노트 p.280

05. SFTP를 사용하는 가장 큰 이유는 무엇인가?

① FTP보다 전송 속도가 빠르다.

② 웹 브라우저에서 바로 접속할 수 있다.

③ 서버에서 자동으로 파일 권한을 수정해줘 편리하다.

④ SSH 기반으로 동작해 파일 전송 시 데이터가 암호화돼 안전하다.

6.5

HTTP로 웹 서버 만들기

VM 인스턴스를 실제 웹 트래픽을 처리할 수 있는 HTTP 웹 서버로 만들어 봅시다.

6.5.1 VM 인스턴스에 접속하기

6.3절에서 VM 인스턴스에 접속하는 두 가지 방법을 배웠습니다. 보통 개발자나 서버 관리자는 로컬 컴퓨터의 SSH 클라이언트 프로그램으로 접속하는 경우가 많습니다. 여기서도 터미널 혹은 명령 프롬프트를 열어 VM 인스턴스에 접속하겠습니다.

```
∨ 터미널
~ % ssh -i ~/.ssh/gcp_rsa 사용자이름@VM_인스턴스의_외부_IP_주소
```

```
∨ 명령 프롬프트
> ssh -i C:\Users\로그인계정/.ssh/gcp_rsa 사용자이름@VM_인스턴스의_외부_IP_주소
```

그림 6-68 VM 인스턴스 접속

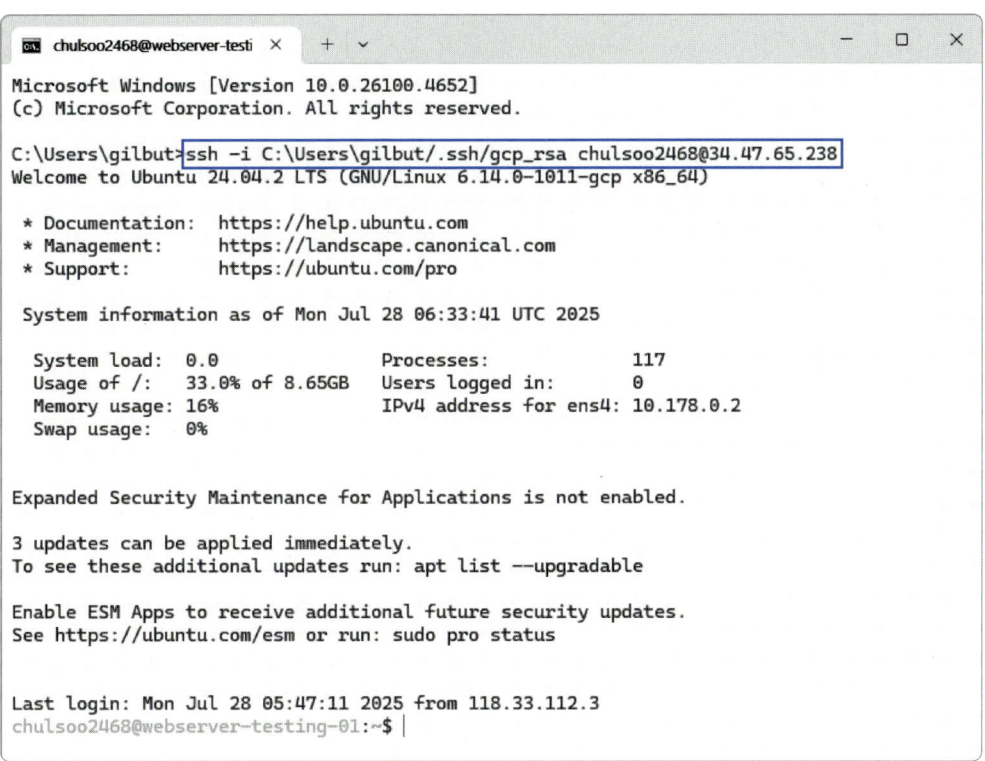

6.5.2 Nginx 웹 서버 프로그램 설치하기

VM 인스턴스에 접속했다면 **Nginx**(엔진엑스) 웹 서버 프로그램을 설치할 차례입니다. **Nginx**는 전 세계적으로 인기 있는 고성능 오픈소스 웹 서버 프로그램 중 하나입니다. Nginx가 사랑받는 이유는 다음과 같습니다.

- **뛰어난 성능과 안정성:** 적은 시스템 자원(CPU, 메모리)을 사용하면서도 동시에 많은 수의 접속 요청을 처리합니다. 특히 정적 파일(HTML, CSS, 자바스크립트, 이미지 파일 등)을 사용자에게 전달하는 속도가 빠릅니다.

- **다양한 기능:** 단순히 웹 페이지를 보여주는 웹 서버 기능 외에도, 클라이언트의 요청을 다른 서버로 전달하는 리버스 프록시(reverse proxy), 여러 서버에 작업을 분산시키는 로드 밸런서(load balancer), 콘텐츠 캐싱(contents caching) 등 다양한 고급 기능을 제공합니다.

- **이벤트 기반 아키텍처:** 이벤트 기반(event-driven)의 비동기(asynchronous) 방식으로 동작합니다. 이는 아파치(Apache) 웹 서버가 전통적으로 사용해온 프로세스 기반 또는 스레드 기반 방식에 비해 동시 접속 처리 효율이 더 좋다고 알려져 있습니다.

우분투 데비안 같은 데비안 계열의 리눅스 배포판에서 특정 프로그램을 설치할 때는 apt라는 패키지 관리 도구를 사용합니다. **apt**(advanced package tool)는 프로그램 패키지의 설치, 업그레이드, 삭제 등을 손쉽게 할 수 있도록 도와주는 명령줄 인터페이스 도구로, 프로그램을 설치할 때 해당 프로그램이 의존하는 패키지들을 모두 파악해 설치하므로 편리합니다. apt를 사용해 Nginx를 설치하겠습니다.

● **패키지 목록 최신으로 업데이트하기**

apt로 새 프로그램을 설치하기 전에, 현재 컴퓨터 시스템이 알고 있는 패키지 목록과 버전 정보를 최신 상태로 갱신하겠습니다. 터미널에 다음 명령을 입력합니다.

```
∨ 터미널
~$ sudo apt update
```

- **sudo:** 'superuser do'의 약자로, 현재 사용자에게 관리자(root) 권한을 잠시 빌려주는 명령입니다. 시스템 전체에 영향을 미치는 프로그램 설치나 업데이트는 관리자 권한이 필요하기 때문에 이 명령을 사용합니다.
- **apt update:** 프로그램 자체를 업데이트하는 게 아니라 인터넷에 있는 프로그램 저장소(repository)에 접속해 현재 설치 가능한 패키지는 무엇이고, 각 패키지의 최신 버전은 무엇인지 등 최신 패키지 정보를 가져옵니다.

그림 6-69 최신 패키지 정보로 업데이트

```
chulsoo2468@webserver-testing-01:~$ sudo apt update
Hit:1 http://asia-northeast3.gce.archive.ubuntu.com/ubuntu noble InRelease
Get:2 http://asia-northeast3.gce.archive.ubuntu.com/ubuntu noble-updates InRelease [126
 kB]
Hit:3 http://asia-northeast3.gce.archive.ubuntu.com/ubuntu noble-backports InRelease
Hit:4 http://security.ubuntu.com/ubuntu noble-security InRelease
Hit:5 https://packages.cloud.google.com/apt google-cloud-ops-agent-noble-2 InRelease
Get:6 http://asia-northeast3.gce.archive.ubuntu.com/ubuntu noble-updates/main amd64 Pac
kages [1282 kB]
Get:7 http://asia-northeast3.gce.archive.ubuntu.com/ubuntu noble-updates/universe amd64
 Packages [1113 kB]
Fetched 2521 kB in 1s (2406 kB/s)
Reading package lists... Done
Building dependency tree... Done
Reading state information... Done
3 packages can be upgraded. Run 'apt list --upgradable' to see them.
chulsoo2468@webserver-testing-01:~$
```

● **Nginx 웹 서버 프로그램 설치하기**

최신 패키지 정보로 업데이트했으니 다음 명령을 입력해 Nginx를 설치합니다. apt에 Nginx라는 이름의 패키지를 설치하라고 지시하는 명령으로, apt는 Nginx 설치에 필요한 모든 파일과 의존성 패키지를 자동으로 다운로드해 설치를 진행합니다. 설치 도중 디스크 공간을 얼마나 사용하는지 알려주고 계속 진행할지 여부를 물으면 **y**를 입력하고 Enter 를 누릅니다.

```
~$ sudo apt install nginx
```

그림 6-70 Nginx 설치

```
chulsoo2468@webserver-testing-01:~$ sudo apt install nginx
Reading package lists... Done
Building dependency tree... Done
Reading state information... Done
The following additional packages will be installed:
  nginx-common
Suggested packages:
  fcgiwrap nginx-doc ssl-cert
The following NEW packages will be installed:
  nginx nginx-common
0 upgraded, 2 newly installed, 0 to remove and 3 not upgraded.
Need to get 564 kB of archives.
After this operation, 1596 kB of additional disk space will be used.
Do you want to continue? [Y/n] y
Get:1 http://asia-northeast3.gce.archive.ubuntu.com/ubuntu noble-updates/main amd64 ngi
x-common    1.24.0    ntu7.4         kB]
```

```
No services need to be restarted.

No containers need to be restarted.

No user sessions are running outdated binaries.

No VM guests are running outdated hypervisor (qemu) binaries on this host.
chulsoo2468@webserver-testing-01:~$
```

TIP —— 터미널에 내용이 많을 경우 clear 명령어를 입력하면 화면이 깨끗하게 비워집니다.

● **Nginx 설치 확인하기**

Nginx 설치가 완료되면 웹 브라우저의 주소창에 **http://외부_IP_주소**를 입력합니다. '외부_IP_주소'에는 VM 인스턴스 목록에서 확인한 외부 IP를 입력하면 됩니다. 화면에 'Welcome to nginx!'라는 메시지가 나타나면 성공적으로 설치된 것입니다.

그림 6-71 Nginx 설치 확인

6.5.3 Nginx 설정하기

Nginx를 설치했으니 VM 인스턴스에 전송한 웹 페이지 파일을 Nginx가 찾아 사용자에게 보여줄 수 있도록 설정하겠습니다.

● **Nginx 설정 파일의 구조**

Nginx의 설정 파일은 웹 서버(VM 인스턴스)의 /etc/nginx/nginx.conf에 위치합니다. 하지만 여러 웹 사이트를 하나의 서버에서 운영할 때는 웹 사이트별 상세 설정을 하나의 파일(/etc/nginx/nginx.conf)에 관리하는 것보다 두 개의 디렉터리로 나눠 관리하는 것이 효율적입니다.

- `/etc/nginx/sites-available/`: 운영하려는 웹 사이트(또는 웹 애플리케이션)에 대한 설정 파일을 저장합니다. 단지 사용 가능한 웹 사이트의 설정 파일을 모아두었을 뿐, 여기에 설정 파일을 저장한다고 해서 Nginx가 자동으로 읽지는 않습니다.

- `/etc/nginx/sites-enabled/`: Nginx가 실제로 읽고 웹 사이트를 띄우는 설정 파일의 심볼릭 링크(symbolic link, 파일이나 디렉터리의 실제 위치를 가리키는 일종의 바로 가기)가 있는 곳입니다. sites-available 디렉터리에 있는 설정 파일 중 실제로 Nginx가 활성화해 사용할 설정 파일의 심볼릭 링크를 저장합니다. Nginx가 시작되면 이 디렉터리에 있는 심볼릭 링크를 읽어 실제 서버에 반영합니다.

이렇게 디렉터리를 나눠 설정 파일 및 심볼릭 링크를 관리하면 각 사이트의 설정을 독립적으로 관리하고, 필요에 따라 특정 사이트만 활성화하거나 비활성화할 수 있습니다.

● **서버 블록 만들기**

Nginx에서 **서버 블록**(server block)은 특정 도메인 이름이나 IP 주소로 들어오는 요청을 어떻게 처리할지 정의한 설정을 말합니다(server { … }로 묶인 설정 단위). 웹 서버에 업로드한 웹 페이지를 서비스하기 위해 새로운 서버 블록을 만들어 보겠습니다.

터미널에 다음 명령을 입력하고 Enter를 누릅니다. sites-available 디렉터리에 웹 사이트를 보여주기 위한 설정 파일을 **mywebpage**라는 이름으로 만들고, 관리자 권한으로 열어 nano 편집기로 수정하겠다는 뜻입니다.

∨ 터미널
~$ sudo nano /etc/nginx/sites-available/mywebpage

그림 6-72 mywebpage 파일 열기

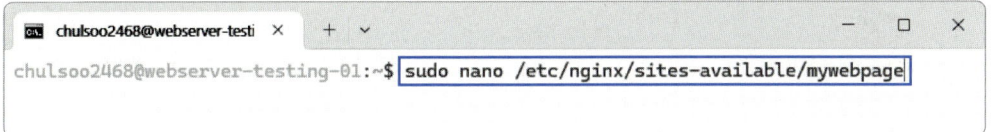

nano 편집기로 mywebpage 파일이 열리면 다음과 같이 입력합니다. 이 내용은 내려받은 **소스 코드 > mywebpage.txt**에서 복사해 붙여 넣어도 되고(단축키 Ctrl+Shift+V), 주석은 제외하고 코드를 직접 입력해도 됩니다. root 지시어의 경로를 입력할 때는 **/home/사용자이름/project**의 사용자 이름을 반드시 변경하세요.

```
server {
    # HTTP 요청을 80번 포트에서 수신합니다.
    # IPv6를 사용하는 경우, IPv6의 80번 포트에서도 수신합니다(선택 사항).
    listen 80;
    listen [::]:80;

    # 형식: server_name your_domain.com www.your_domain.com;
    # 연결할 도메인 이름을 적습니다(여러 개 지정할 땐 공백으로 구분).
    # 지금은 도메인 이름을 '_'(기본 서버)로 두는데, _ 대신 VM 인스턴스의 외부 IP 주소를
      입력해도 됩니다.
    server_name _;

    # 웹 콘텐츠가 위치한 최상위 디렉터리를 지정합니다.
```

```
# 앞서 SFTP로 /home/사용자이름/project에 파일을 올렸으므로 다음과 같이 작성합니다.
root /home/chulsoo2468/project;
                 └─ 주의! 본인의 사용자 이름으로 변경할 것

# 디렉터리 접근 시 기본으로 보여줄 파일을 순서대로 지정합니다.
index index.html index.htm;

location / {
    # 요청된 URI에 해당하는 파일을 찾고, 없으면 디렉터리를 찾고, 그래도 없으면 404
      에러를 반환합니다.
    try_files $uri $uri/ =404;
}
}
```

그림 6-73 mywebpage 설정 파일에 내용 입력

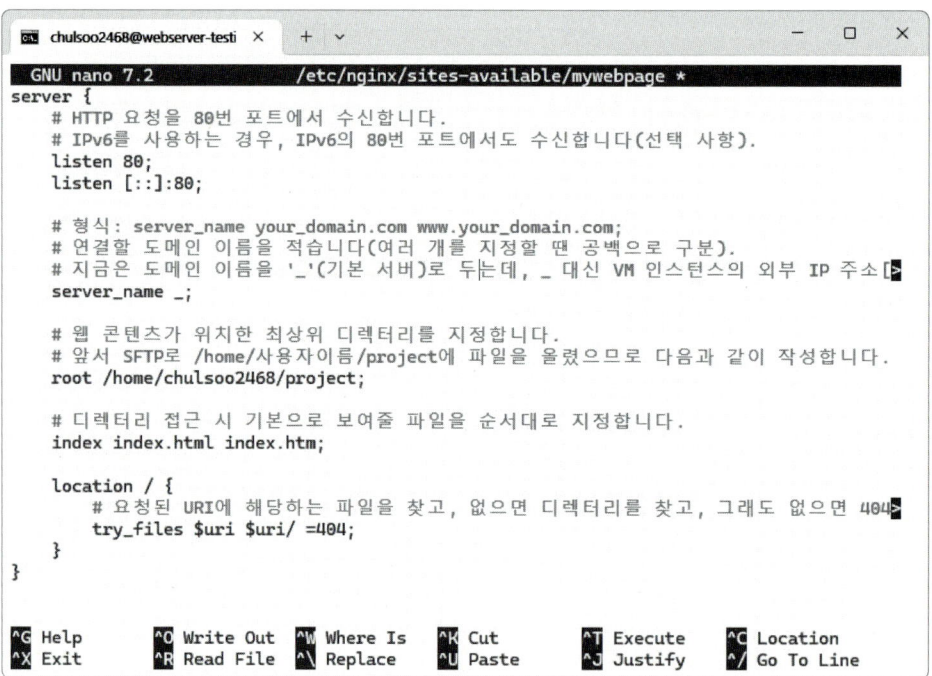

Ctrl + X 를 누르고 Save modified buffer? 메시지가 나오면 Y, Enter 를 눌러 파일 내용을 저장하고 터미널로 돌아옵니다.

그림 6-74 mywebpage 설정 파일 저장

```
chulsoo2468@webserver-testi  ×  +  ⌄
 GNU nano 7.2                /etc/nginx/sites-available/mywebpage *
server {
    # HTTP 요청을 80번 포트에서 수신합니다.
    # IPv6를 사용하는 경우, IPv6의 80번 포트에서도 수신합니다(선택 사항).
    listen 80;
    listen [::]:80;

    # 형식: server_name your_domain.com www.your_domain.com;
    # 연결할 도메인 이름을 적습니다(여러 개를 지정할 땐 공백으로 구분).
    # 지금은 도메인 이름을 '_'(기본 서버)로 두는데, _ 대신 VM 인스턴스의 외부 IP 주소[>
    server_name _;

    # 웹 콘텐츠가 위치한 최상위 디렉터리를 지정합니다.
    # 앞서 SFTP로 /home/사용자이름/project에 파일을 올렸으므로 다음과 같이 작성합니다.
    root /home/chulsoo2468/project;

    # 디렉터리 접근 시 기본으로 보여줄 파일을 순서대로 지정합니다.
    index index.html index.htm;

    location / {
        # 요청된 URI에 해당하는 파일을 찾고, 없으면 디렉터리를 찾고, 그래도 없으면 404>
        try_files $uri $uri/ =404;
    }
}

Save modified buffer?
 Y Yes
 N No           ^C Cancel
```

● 새 설정 파일 활성화하기

sites-available 디렉터리에 만든 mywebpage 설정 파일을 Nginx가 실제로 사용할 수 있도록 sites-enabled 디렉터리에 심볼릭 링크를 생성합니다.

∨ 터미널

```
~$ sudo ln -s /etc/nginx/sites-available/mywebpage /etc/nginx/sites-enabled/
mywebpage
```

Nginx를 설치하며 기본으로 생성된 default 설정 파일의 심볼릭 링크가 /etc/nginx/sites-enabled/default에 있다면, 앞서 만든 설정과의 충돌을 피해야 하므로 이 기본 링크를 제거합니다.

∨ 터미널

```
~$ sudo rm /etc/nginx/sites-enabled/default
```

그림 6-75 심볼릭 링크 생성 및 기본 링크 제거

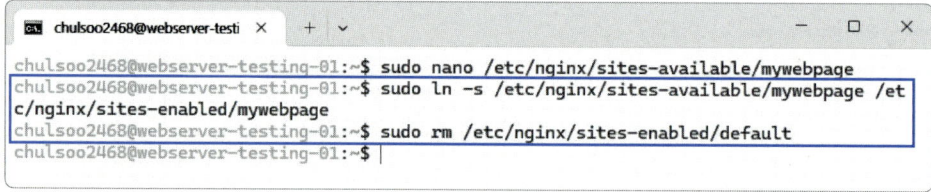

/etc/nginx/sites-enabled 디렉터리로 이동해 어떤 파일들이 있는지 확인합니다. mywebpage 파일만 존재한다면 성공적으로 mywebpage 설정 파일의 심볼릭 링크를 생성하고 기본 링크는 지워진 것입니다.

```
~$ cd /etc/nginx/sites-enabled/   --- sites-enabled 디렉터리로 이동
/etc/nginx/sites-enabled$ ls      ------ 어떤 파일이 있는지 확인
```

그림 6-76 mywebpage 설정 파일의 심볼릭 링크 확인

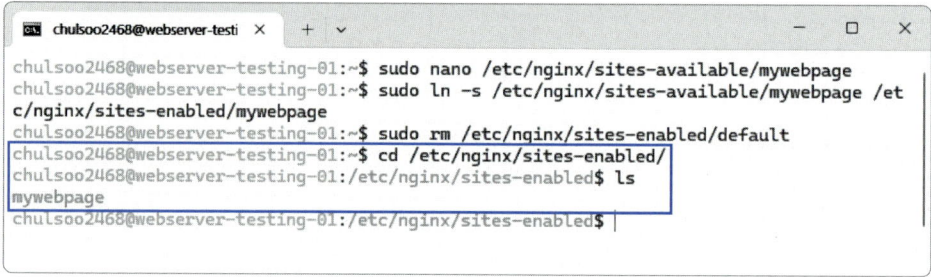

● **Nginx 설정 파일 문법 검사하기**

Nginx 설정을 변경한 후에는 항상 서비스에 적용하기 전에 문법 오류가 없는지 확인해야 합니다. 다음 명령을 입력합니다.

```
/etc/nginx/sites-enabled$ sudo nginx -t
```

터미널에 nginx: … is ok, nginx: … is successful 메시지가 출력되면 성공입니다.

그림 6-77 문법 검사 성공

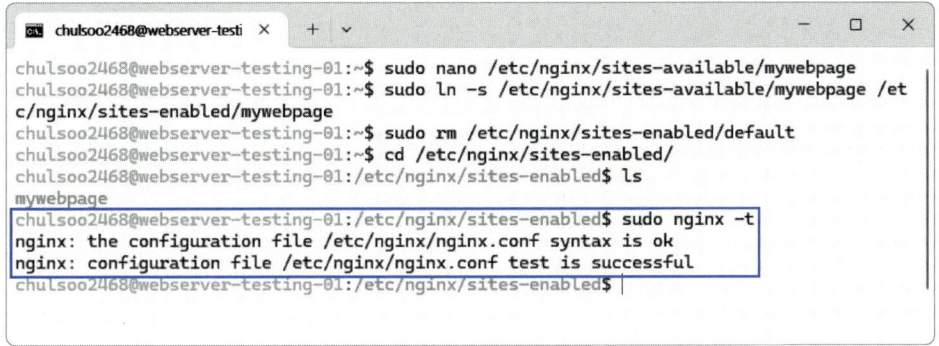

만약 오류 메시지가 나타난다면, 메시지에 표시된 파일명과 줄 번호를 참고해 설정 파일의 오타나 잘못된 부분을 수정하고 다시 `sudo nginx -t` 명령을 실행합니다.

6.5.4 Nginx 서비스 시작하기

Nginx 설정 파일을 작성하고 문법 검사까지 완료했습니다. Nginx 서비스를 재시작해 웹 사이트가 정상적으로 보이는지 확인하겠습니다. 리눅스 시스템에서는 `systemctl`이라는 명령으로 데몬(백그라운드에서 실행되는 서비스 프로그램)의 시작, 중지, 재시작, 상태 확인 등을 합니다.

홈 디렉터리로 돌아와 Nginx 서비스를 재시작합니다.

```
∨ 터미널
/etc/nginx/sites-enabled$ cd ------ 홈 디렉터리로 돌아오기
~$ sudo systemctl restart nginx --- Nginx 서비스 재시작
```

그림 6-78 Nginx 서비스 재시작

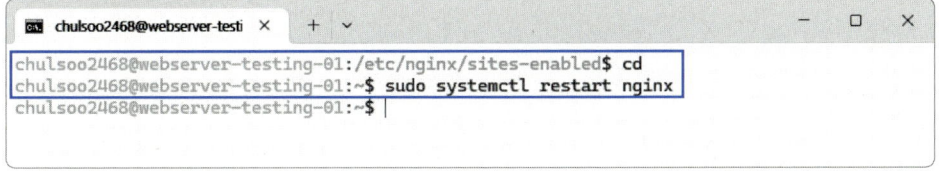

서비스가 정상적으로 시작됐는지 상태를 확인합니다.

```
~$ sudo systemctl status nginx
```

출력 내용 중 Active: active (running)이라는 문구가 녹색으로 보이면 Nginx 서비스가 성공적으로 실행 중인 것입니다. `systemctl status` 명령은 Nginx의 현재 상태와 최근 로그를 보여주면서 로그를 실시간으로 스트리밍하므로 결과가 계속 나옵니다. 키보드의 Q를 눌러 상태 확인을 종료합니다.

그림 6-79 Nginx 서비스 상태 확인

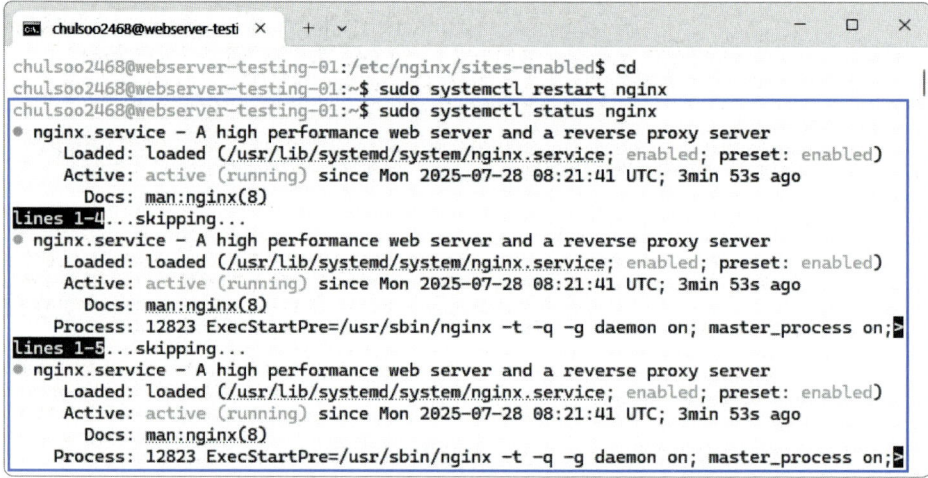

만약 Nginx 서비스에 문제가 있다면 상태가 inactive (dead)로 표시되거나 오류 메시지가 함께 나올 수 있습니다. 이 경우 Nginx 오류 로그 파일(보통 /var/log/nginx/error.log)을 확인해 원인을 파악해야 합니다.

GCP의 VM 인스턴스가 재부팅될 때마다 Nginx 서비스가 자동으로 시작하도록 설정합니다.

```
~$ sudo systemctl enable nginx    --- Nginx 서비스 자동 시작
```

그림 6-80 Nginx 서비스 자동 시작

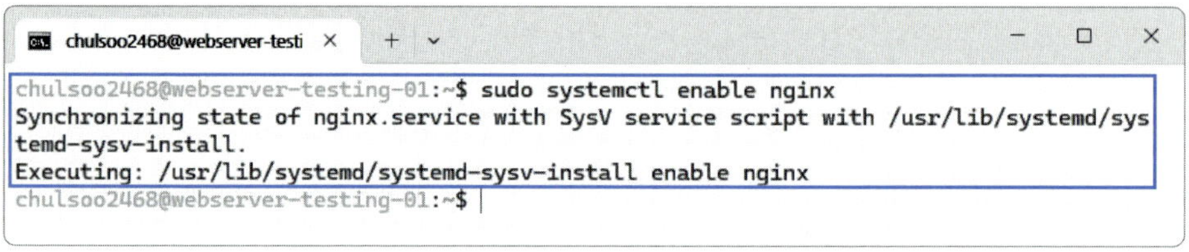

반대로 VM 인스턴스가 재부팅될 때마다 Nginx 서비스가 자동으로 시작되는 걸 원치 않으면 다음 명령을 사용합니다.

▽ 터미널
~$ sudo systemctl disable nginx --- Nginx 서비스 자동 시작 해제

6.5.5 웹 페이지 확인하기

모든 설정이 끝났습니다. 드디어 우리가 만든 웹 페이지를 인터넷을 통해 확인할 수 있습니다.

● **웹 브라우저 접속하기**

웹 브라우저를 열어 주소창에 **http://외부_IP_주소**를 입력합니다. https가 아닌 http로 정확히 입력하세요. Nginx의 mywebpage 설정 파일에 root 경로와 index 파일을 올바르게 설정했다면 index.html 파일의 내용이 웹 브라우저에 보여야 합니다. 하지만 404 에러가 납니다.

그림 6-81 404 에러

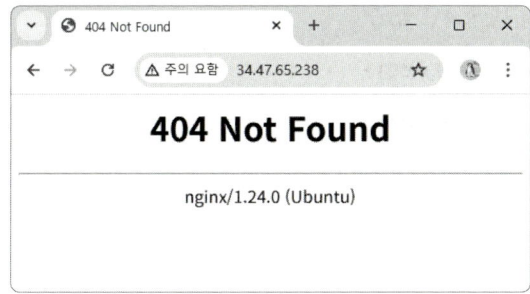

404 에러는 보통 URL 주소를 잘못 입력했거나, 해당 파일을 서버에서 삭제했거나 다른 곳으로 이동해 찾을 수 없을 때 발생합니다. 터미널로 돌아가 Nginx 에러 로그 파일을 보며 404 에러의 원인을 찾아보겠습니다.

● **에러 로그 확인하기**

터미널에 다음 명령을 입력합니다. Nginx의 에러 로그 파일(/var/log/nginx/error.log)에 새로 추가되는 내용을 실시간으로 표시하는 명령입니다.

```
∨ 터미널
~$ sudo tail -f /var/log/nginx/error.log
```

그림 6-82 실시간 에러 로그 확인

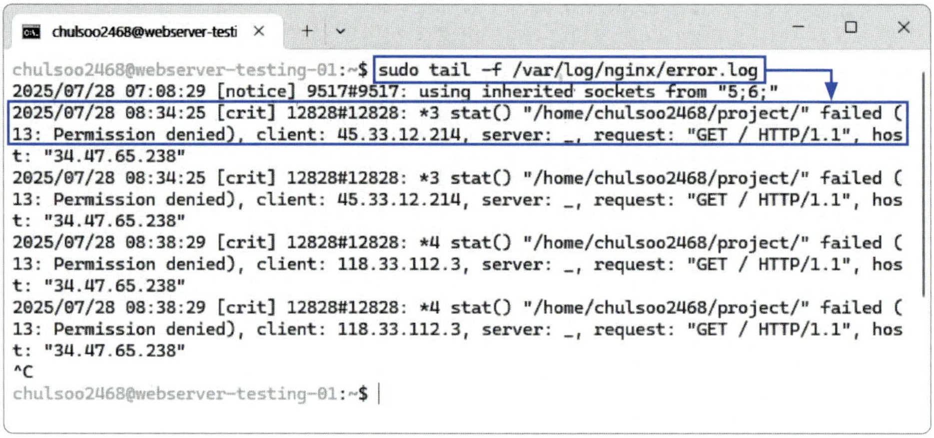

```
chulsoo2468@webserver-testing-01:~$ sudo tail -f /var/log/nginx/error.log
2025/07/28 07:08:29 [notice] 9517#9517: using inherited sockets from "5;6;"
2025/07/28 08:34:25 [crit] 12828#12828: *3 stat() "/home/chulsoo2468/project/" failed (
13: Permission denied), client: 45.33.12.214, server: _, request: "GET / HTTP/1.1", hos
t: "34.47.65.238"
2025/07/28 08:34:25 [crit] 12828#12828: *3 stat() "/home/chulsoo2468/project/" failed (
13: Permission denied), client: 45.33.12.214, server: _, request: "GET / HTTP/1.1", hos
t: "34.47.65.238"
2025/07/28 08:38:29 [crit] 12828#12828: *4 stat() "/home/chulsoo2468/project/" failed (
13: Permission denied), client: 118.33.112.3, server: _, request: "GET / HTTP/1.1", hos
t: "34.47.65.238"
2025/07/28 08:38:29 [crit] 12828#12828: *4 stat() "/home/chulsoo2468/project/" failed (
13: Permission denied), client: 118.33.112.3, server: _, request: "GET / HTTP/1.1", hos
t: "34.47.65.238"
^C
chulsoo2468@webserver-testing-01:~$
```

에러 메시지를 보면 Nginx가 /home/chulsoo2468/project/ 디렉터리에 접근하려고 했지만 권한이 없어서(Permission denied) 실패했습니다. 클라이언트 요청을 처리하는 Nginx 프로세스가 해당 경로의 파일을 읽을 수 있어야 하는데, 현재는 그런 권한이 없는 상태입니다. 로그가 실시간으로 계속 표시되므로 Ctrl+C를 눌러 빠져나옵니다.

● **파일 권한 문제 해결하기**

Nginx 웹 서버 프로그램은 보안상의 이유로 현재 로그인한 사용자 계정(파일의 소유자인 owner, 여기서는 chulsoo2468)이 아닌, 시스템에 미리 정의된 특정 사용자(우분투, 데비안에서는 보통 www-data라는 사용자)의 권한으로 실행됩니다.

따라서 Nginx(www-data 사용자)가 서버 블록의 root 지시어에 지정된 디렉터리 안 파일을 읽고 클라이언트의 웹 브라우저에 보여주려면, 해당 파일에 대한 읽기(read) 권한과, 그 파일들이 위치한 디렉터리 및 상위 모든 디렉터리에 대한 실행(execute, 이 경우 탐색) 권한이 필요합니다(이 권한은 현재, owner인 chulsoo2468에만 있습니다).

문제를 해결하기 위해 홈 디렉터리에 존재하는 project 디렉터리를 리눅스 웹 서버의 표준 디렉터리인 /var/www/html/ 안으로 이동시키겠습니다. 여기서 사용자 이름은 GCP 사용자 이름을 입력하면 됩니다(예 GCP 사용자 이메일이 chulsoo2468@gmail.com이라면 chulsoo2468을 입력합니다).

터미널

```
~$ sudo mv /home/사용자이름/project /var/www/html/
```

다음으로 /var/www/html/project 디렉터리와 그 안의 모든 파일 및 하위 디렉터리에 대해 다른 사용자(other, 여기서는 www-data 사용자)가 읽고 실행할 수 있도록 권한을 부여합니다. 여기서 -R은 하위 디렉터리까지 재귀적으로 적용, o+rX는 다른 사용자에게 읽기 권한을 추가하고, 디렉터리인 경우 실행 권한도 추가하라는 의미입니다.

터미널

```
~$ sudo chmod -R o+rX /var/www/html/project
```

/var/www/html/project 디렉터리에 project 디렉터리가 잘 이동했는지 확인하고 다른 사용자(www-data 사용자)의 권한까지 확인합니다.

터미널

```
~$ ls -la /var/www/html/
```

여기까지 실행하면 project 디렉터리의 권한 마지막 세 글자가 r-x임을 확인할 수 있습니다. 이는 다른 사용자(www-data 사용자)가 읽기(r)와 실행(x) 권한을 가진다는 의미입니다.

그림 6-83 디렉터리 이동 및 권한 수정

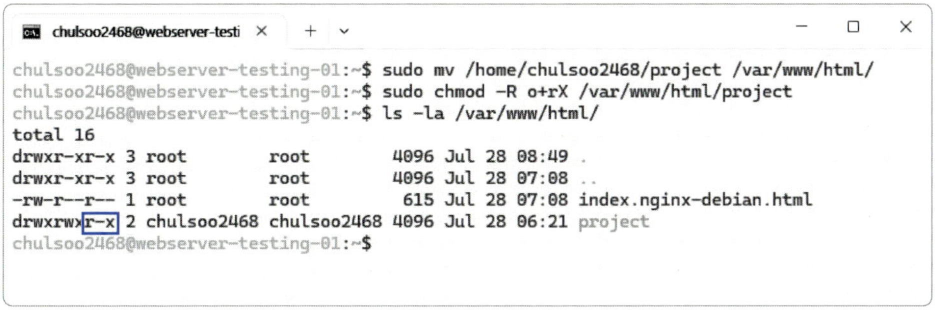
chulsoo2468@webserver-testi
chulsoo2468@webserver-testing-01:~$ sudo mv /home/chulsoo2468/project /var/www/html/
chulsoo2468@webserver-testing-01:~$ sudo chmod -R o+rX /var/www/html/project
chulsoo2468@webserver-testing-01:~$ ls -la /var/www/html/
total 16
drwxr-xr-x 3 root root 4096 Jul 28 08:49 .
drwxr-xr-x 3 root root 4096 Jul 28 07:08 ..
-rw-r--r-- 1 root root 615 Jul 28 07:08 index.nginx-debian.html
drwxrwxr-x 2 chulsoo2468 chulsoo2468 4096 Jul 28 06:21 project
chulsoo2468@webserver-testing-01:~$

이제 Nginx 설정 파일의 root 경로를 수정해야 합니다. 이를 위해 Nginx 설정 파일을 엽니다.

```
~$ sudo nano /etc/nginx/sites-available/mywebpage
```

방향키로 커서를 움직여 root 부분을 다음과 같이 수정합니다.

```
root /var/www/html/project;
```

그림 6-84 mywebpage 설정 파일 수정

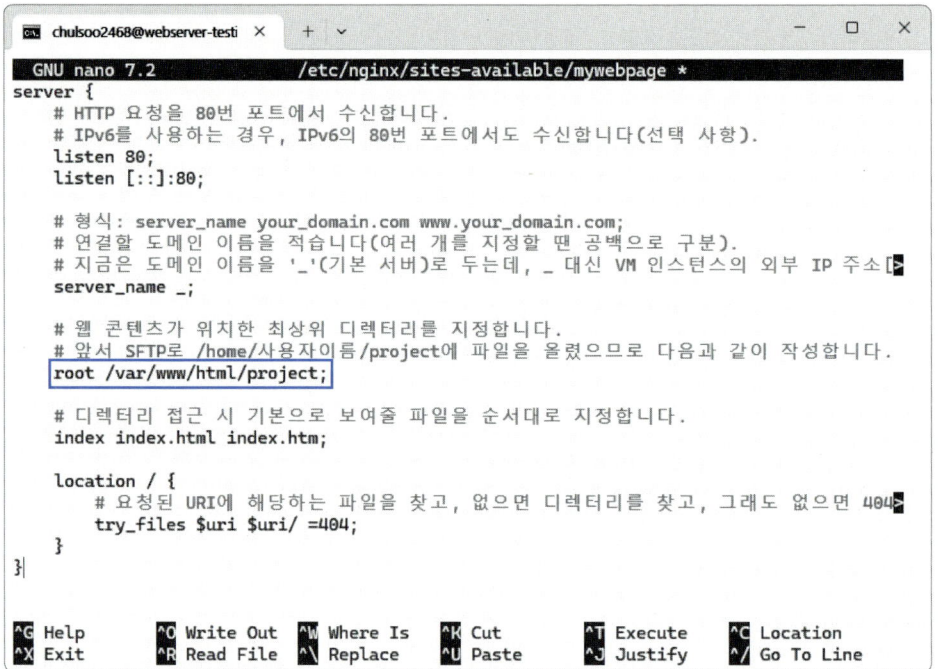

Ctrl + X, Y, Enter를 눌러 파일을 저장하고 터미널로 돌아옵니다. 수정한 설정에 문법적인 오류가 없는지 확인합니다.

```
~$ sudo nginx -t
```

nginx: … is ok와 nginx: … is successful 메시지가 보이면 정상입니다.

그림 6-85 문법 검사 완료

```
chulsoo2468@webserver-testing-01:~$ sudo mv /home/chulsoo2468/project /var/www/html/
chulsoo2468@webserver-testing-01:~$ sudo chmod -R o+rX /var/www/html/project
chulsoo2468@webserver-testing-01:~$ ls -la /var/www/html/
total 16
drwxr-xr-x 3 root        root              4096 Jul 28 08:49 .
drwxr-xr-x 3 root        root              4096 Jul 28 07:08 ..
-rw-r--r-- 1 root        root               615 Jul 28 07:08 index.nginx-debian.html
drwxrwxr-x 2 chulsoo2468 chulsoo2468       4096 Jul 28 06:21 project
chulsoo2468@webserver-testing-01:~$ sudo nano /etc/nginx/sites-available/mywebpage
chulsoo2468@webserver-testing-01:~$ sudo nginx -t
nginx: the configuration file /etc/nginx/nginx.conf syntax is ok
nginx: configuration file /etc/nginx/nginx.conf test is successful
chulsoo2468@webserver-testing-01:~$
```

Nginx를 리로드해 변경한 설정을 적용합니다.

> 터미널
>
> ~$ sudo systemctl reload nginx

다시 웹 브라우저에서 **http://외부_IP_주소**로 접속해보면 웹 페이지가 정상적으로 출력됩니다.

그림 6-86 웹 페이지 정상 출력

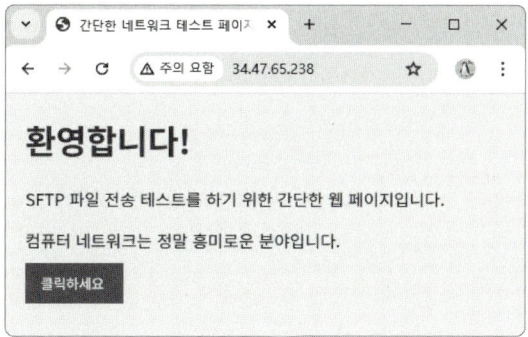

VM 인스턴스에 HTTP 웹 서버를 구축하는 과정을 살펴봤습니다. Nginx의 서버 블록을 작성하고 root 지시어에 지정된 디렉터리의 권한 설정을 변경해 웹 페이지가 출력되도록 했습니다.

하지만 지금 상태로는 충분하지 않습니다. 더 안전하고 신뢰성이 있는 웹 사이트를 제공하기 위해 HTTP 프로토콜을 HTTPS 프로토콜로 전환해야 합니다.

1분 퀴즈

06. Nginx가 웹 브라우저에 HTML 파일을 전송하기 위해 필요한 권한은 무엇인가?

① 파일의 쓰기 권한 ② 디렉터리의 쓰기 권한

③ 파일의 실행 권한 ④ 파일의 읽기 권한과 디렉터리의 실행 권한

07. /etc/nginx/sites-available에 만든 설정 파일을 실제로 적용하기 위해 연결을 만들어야 하는 디렉터리는 어디인가?

답: _____

HTTPS의 작동 원리

HTTP는 웹 브라우저(클라이언트)와 웹 사이트(서버) 간에 데이터를 주고받을 때 사용하는 프로토콜로, 데이터를 암호화하지 않기 때문에 중간에서 가로채면 내용을 그대로 볼 수 있습니다.

이 문제를 해결하기 위해 HTTPS가 등장했습니다. HTTP와 SSL/TLS를 합친 HTTPS는 HTTP 통신을 암호화한 버전으로, HTTP의 취약한 보안 문제를 해결합니다. HTTPS를 이용하는 웹 사이트(https://~)는 사이트 정보 보기에 자물쇠 아이콘이 표시됩니다.

그림 6-87 HTTPS 프로토콜을 이용하는 웹 사이트

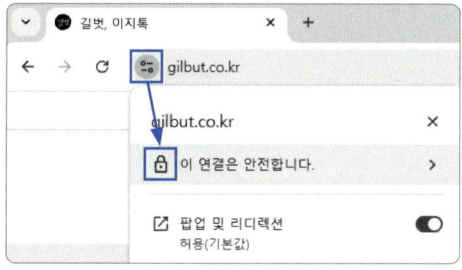

HTTPS를 이용하는 웹 서버 구축 과정은 도메인 이름 확보, SSL/TLS 인증서 발급, 서버 설정 변경 및 인증서 적용의 세 단계를 거칩니다. 그런데 이는 입문자가 따라 하기에 복잡하고 어려울 수 있어 이 책에서는 SSL/TLS 기술을 이용한 HTTPS의 작동 원리를 이해하는 데 집중하고자 합니다. HTTPS의 작동 원리를 이해하면 이후 SSL/TLS 인증서 발급과 적용 과정을 훨씬 쉽게 익힐 수 있습니다.

6.6.1 SSL/TLS 인증서

웹 브라우저와 웹 사이트 간에 데이터를 주고받을 때 누군가가 그 내용을 엿보거나 변조할 수 있습니다. SSL/TLS는 이를 막기 위해 등장한 기술입니다. SSL은 초기 버전의 보안 통신 프로토콜이고, TLS는 SSL을 개선한 최신 버전의 보안 통신 프로토콜입니다. 지금은 후속 버전인 TLS를 사용하지만 여전히 SSL이라는 용어가 관용적으로 함께 사용돼 SSL/TLS라고 부릅니다.

SSL/TLS 인증서는 웹 브라우저와 웹 사이트 간에 암호화한 연결을 하기 전에 웹 사이트가 '내가 진짜 그 웹 사이트가 맞아'임을 증명하는 일종의 디지털 신분증입니다. 이 인증서가 있어야 웹 브라우저는 해당 웹 사이트를 신뢰하고 안전한 통신 채널을 열 수 있습니다.

SSL/TLS 인증서에는 다음 정보가 들어 갑니다.

- 웹 사이트의 도메인 이름(예 www.gilbut.co.kr)
- 웹 사이트의 공개키
- 인증서를 발급한 인증 기관의 정보
- 인증 기관이 남긴 디지털 서명

웹 브라우저와 웹 사이트가 HTTPS로 연결되는 과정에서 SSL/TLS는 크게 세 가지 보안 기능을 수행합니다.

❶ **인증서 인증**: 웹 브라우저로 웹 사이트에 접속하면 웹 사이트는 자신의 SSL/TLS 인증서를 웹 브라우저로 보냅니다. 웹 브라우저는 SSL/TLS 인증서가 신뢰할 수 있는 인증 기관에서 발급됐는지, 인증서의 유효 기간은 지나지 않았는지, 접속하려는 도메인 이름과 인증서의 도메인 이름이 동일한지 등을 확인하고, 모두 이상 없으면 접속한 웹 사이트가 신뢰할 수 있는 사이트라고 판단합니다.

❷ **디지털 서명 검증**: SSL/TLS 인증서는 인증 기관이 남긴 디지털 서명을 포함합니다. 웹 브라우저는 인증서에 있는 디지털 서명을 검증함으로써 인증서가 전송 과정에서 변조되지 않았음을 확인합니다.

❸ **암호화된 데이터 전송:** 인증서 인증, 디지털 서명 검증을 마친 웹 브라우저와 웹 사이트는 서로만 알 수 있는 세션키(session key)를 만들어 공유합니다. 이후 주고받는 모든 데이터는 세션키로 암호화해 전송함으로써 통신 데이터를 보호합니다.

TIP — 세션키는 통신하는 두 당사자가 공유하는 비밀키로, 데이터를 암호화하고 복호화할 때 같은 키를 쓰는 방식입니다.

6.6.2 인증 기관

SSL/TLS 인증서는 인증 기관(CA, Certificate Authority)이 발급합니다. 정부가 주민등록증이나 여권을 발급하는 것과 비슷합니다. 인증 기관의 임무는 다음과 같습니다.

- **웹 사이트의 신원 확인:** 인증서 발급을 신청한 주체가 정말로 해당 도메인 이름의 소유권이 있는지, 실제로 존재하는 합법적인 조직 또는 개인인지 확인합니다. 신원 확인 절차는 인증서의 신뢰성을 보장하는 중요한 과정입니다.

- **인증서 발급:** 신원 확인이 완료되면 인증 기관은 해당 도메인 이름에 대한 정보를 담은 디지털 인증서를 생성하고, 인증 기관 자신의 개인키로 이 인증서에 디지털 서명을 해 발급합니다. **디지털 서명**(digital signature verification)은 해당 인증서가 신뢰할 수 있는 인증 기관에서 발급됐음을 증명하는 표식입니다.

- **인증서 관리 및 폐기:** 인증 기관은 발급된 인증서의 유효 기간을 관리하고, 필요한 경우 인증서를 폐기합니다. 예를 들어 특정 웹 사이트의 개인키가 유출되면 해당 인증서를 폐기해 더 이상 신뢰할 수 없는 인증서임을 알립니다.

- **개발사와 협업:** 인증 기관은 웹 브라우저(크롬, 파이어폭스, 엣지 등)와 운영체제(윈도우, 맥OS, 리눅스 등)를 만드는 개발사와 협력해 그들이 만든 웹 브라우저와 운영체제에 인증서가 기본으로 탑재되도록 합니다.

그림 6-88 맥OS에 탑재된 인증서 목록(출처: support.apple.com)

Included Root CA Certificates

Certificate name	Issued by	Type	Key size	Sig alg	Serial number	Expires	EV policy
AAA Certificate Services	AAA Certificate Services	RSA	2048 bits	SHA-1	1	23:59:59 Dec 31, 2028	Not EV
AC RAIZ FNMT-RCM	AC RAIZ FNMT-RCM	RSA	4096 bits	SHA-256	5D 93 8D 30 67 36 C8 06 1D 1A C7 54 84 69 07	00:00:00 Jan 1, 2030	Not EV
ACCVRAIZ1	ACCVRAIZ1	RSA	4096 bits	SHA-1	5E C3 B7 A6 43 7F A4 E0	09:37:37 Dec 31, 2030	Not EV

인증 기관은 국제적인 표준과 규약을 엄격하게 준수하며, 정기적인 외부 감사 활동을 통해 그 신뢰성과 보안 수준을 유지합니다. 대표적인 인증 기관으로 Let's Encrypt가 있습니다. Let's Encrypt는 인터넷 보안 연구 그룹(ISRG, Internet Security Research Group)이라는 비영리 단체에서 운영하는 인증 기관으로, 전 세계 모든 웹 사이트 운영자가 무료로 SSL/TLS 인증서를 발급받아 HTTPS를 구현할 수 있도록 지원합니다.

6.6.3 신뢰 체인

실제 웹 사이트에 발급되는 SSL/TLS 인증서는 계층 구조로 발급됩니다. 즉 최상위 인증 기관(root CA)이 중간 인증 기관(intermediate CA)의 인증서를 발급하고, 중간 인증 기관이 최종적으로 웹 사이트의 인증서를 발급하는 구조입니다. 이렇게 최상위 인증 기관 인증서 → 중간 인증 기관 인증서 → 웹 사이트 인증서로 이어지는 인증서의 연결 고리를 **신뢰 체인**(chain of trust) 또는 **인증 경로**(certification path)라고 합니다. 최상위 인증 기관은 신뢰 체인의 정점에 위치합니다.

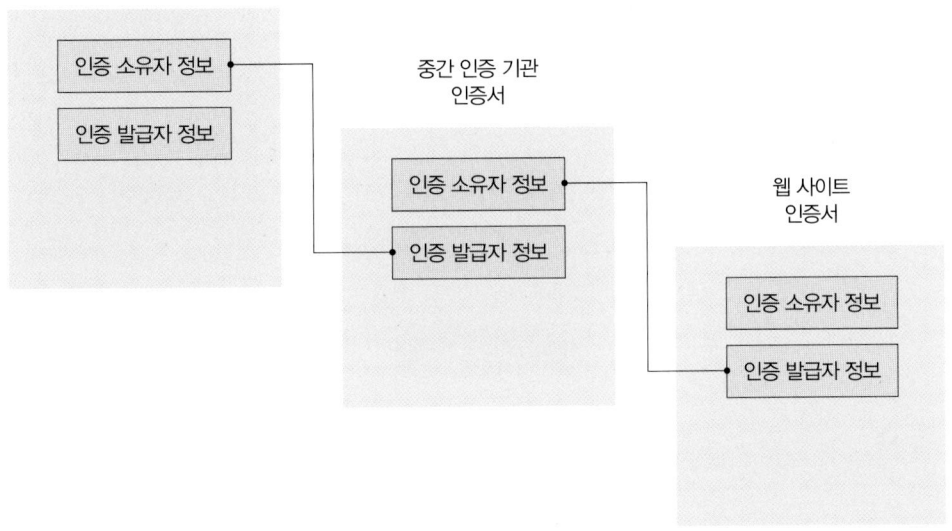

그림 6-89 신뢰 체인

인증 기관의 디지털 서명은 신뢰 체인에 따라 진행됩니다. 최상위 인증 기관은 중간 인증 기관의 인증서 내용을 해싱한 뒤 자신의 개인키로 암호화해 디지털 서명을 합니다. **해시**(hash)란 특정 데이터를 일정한 길이의 고유한 값으로 변환하는 기술로, 일종의 지문을 만드는 것과 같습니다. 사람마다 지문이 다르듯 데이터마다 해시한 결괏값이 다릅니다. 중간 인증 기관은 웹 사이트 인증서 내용을 해시한 뒤 자신의 개인키로 암호화해 서명합니다. 이렇게 발급한 웹 사이트 인증서와 중간 인증 기관 인증서는 각각 상위 기관의 서명을 포함하게 됩니다.

- **최상위 인증 기관 인증서:** 자체 서명한 인증서로, 웹 브라우저와 운영체제에 기본으로 저장돼 있습니다.
- **중간 인증 기관 인증서:** 최상위 인증 기관에 의해 서명된 인증서입니다.
- **웹 사이트 인증서:** 중간 인증 기관에 의해 서명된 인증서로, 실제 웹 사이트가 웹 브라우저와 통신할 때 사용합니다.

그림 6-90 신뢰 체인의 디지털 서명

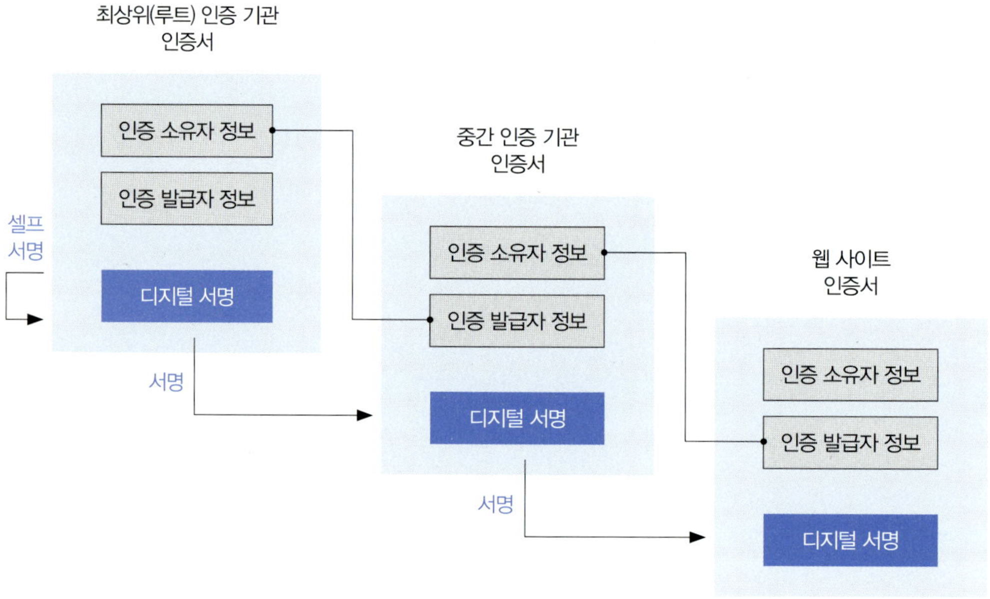

6.6.4 SSL/TLS 인증서 확인하기

그렇다면 실제 SSL/TLS 인증서가 어떻게 생겼고, 어떤 정보를 담고 있는지 직접 확인해 보겠습니다.

크롬 웹 브라우저로 **https://www.gilbut.co.kr** 사이트에 접속합니다. 웹 브라우저 주소창 왼쪽에 사이트 정보 보기를 클릭해 **이 연결은 안전합니다**를 선택하고, **인증서가 유효함**을 클릭해 인증서를 엽니다.

그림 6-91 길벗 웹 사이트 인증서 열기

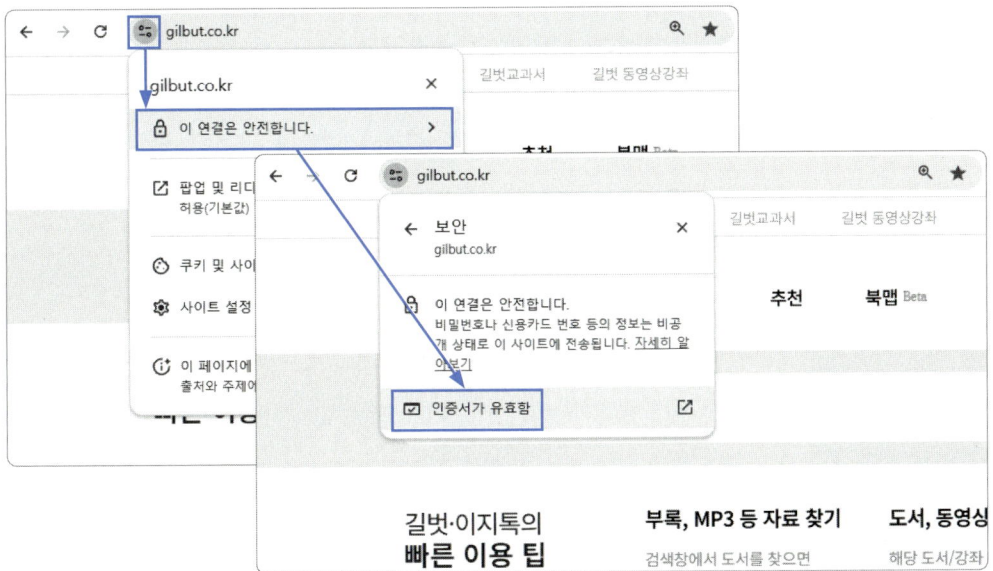

[일반] 탭에는 인증서의 발급 대상(도메인 이름, 조직), 발급 기관, 유효성 기간(발급일, 만료일)이 명시돼 있습니다. 또한 인증서의 무결성을 보장하기 위해 SHA-256과 같은 해시 알고리즘으로 인증서 전체를 해싱한 값인 지문(fingerprint) 정보도 존재합니다.

그림 6-92 길벗 웹 사이트 인증서

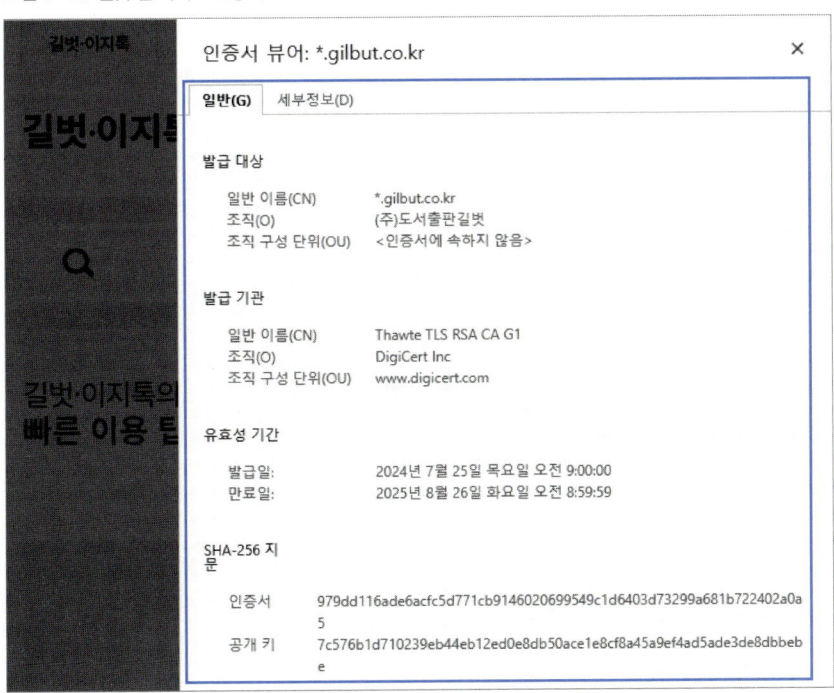

[세부정보] 탭을 클릭하면 인증서 계층과 디지털 서명을 확인할 수 있습니다.

- ❶ **인증서 계층:** 이 인증서가 어떻게 신뢰 체인을 형성하고 있는지 확인할 수 있습니다. 맨 위에 최상위 인증 기관의 인증서가 있고, 가운데 중간 인증 기관의 인증서, 맨 아래에 현재 웹 사이트의 인증서가 있습니다.

- ❷ **디지털 서명:** 인증서 필드의 스크롤을 내려 [인증서 서명 값]을 클릭합니다. 아래에 보이는 필드 값이 바로 디지털 서명(❸)입니다.

그림 6-93 인증서 서명 값 확인

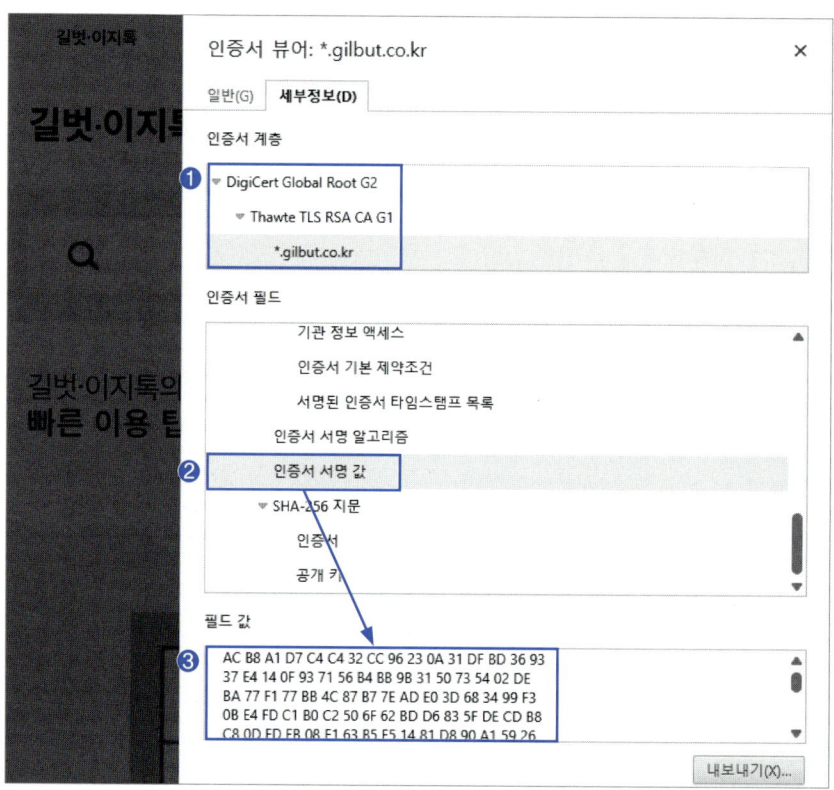

6.6.5 GCP VM 인스턴스 종료하기

이로써 GCP에서 VM 인스턴스를 생성하고, SSH로 서버에 원격 접속한 후, SFTP로 웹 사이트를 구성하는 파일을 전송하고, Nginx 웹 서버 프로그램을 설치해 실제 웹 트래픽을 처리할 수 있는 HTTP 웹 서버를 만들어 봤습니다. 그리고 SSL/TLS 인증서의 보안 기능을 확인함으로써 웹 브라우저와 웹 서버 간에 안전한 데이터 전송이 어떻게 이뤄지는지 살펴봤습니다.

이 실습을 통해 클라우드 컴퓨팅, 원격 제어, 파일 전송, 웹 서버 구축, SSL/TLS 인증서의 개념과 인증 기관의 역할까지 폭넓게 이해할 수 있었기를 바랍니다. 이론으로만 접했던 개념을 실제 환경에서 구축하고 운영해 보면서 컴퓨터 네트워크와 웹 사이트 운영에 대해 한층 더 깊게 이해할 수 있었을 것입니다.

실습을 마무리하며 불필요한 비용이 발생하는 것을 방지하기 위해 앞서 구축한 GCP VM 인스턴스를 삭제하겠습니다. 구글 클라우드 콘솔의 탐색 메뉴에서 **Compute Engine → VM 인스턴스**를 클릭해 VM 인스턴스 페이지로 이동합니다.

인스턴스 목록에서 종료하려는 인스턴스의 체크 박스를 선택합니다. 데이터를 포함해 VM 인스턴스를 완전히 삭제하기 위해 휴지통 아이콘과 함께 있는 [삭제] 버튼을 클릭합니다. 이처럼 사용하지 않는 클라우드 자원은 확실하게 삭제해야 비용이 청구되지 않습니다.

그림 6-94 VM 인스턴스 삭제

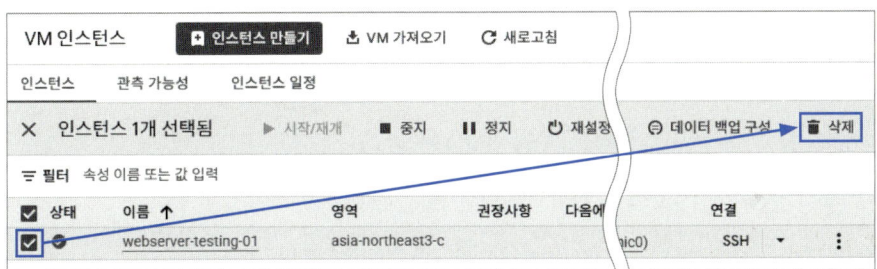

> **Note** 인스턴스 중지, 정지, 삭제의 차이점
>
> 구글 클라우드 콘솔에서 인스턴스를 제어할 때 중지(stop), 정지(suspend), 삭제(delete)의 세 가지 옵션이 있습니다. 세 옵션은 기능과 비용 면에서 명확한 차이가 있으므로 상황에 맞게 올바르게 선택해야 합니다.
>
> - **중지**: 컴퓨터의 전원을 끄는 것과 같아서 vCPU와 RAM 비용은 나가지 않지만 디스크와 IP 비용은 계속 청구됩니다.
> - **정지**: 메모리(RAM)에 저장된 현재 작업 상태를 포함한 채 작업을 일시적으로 중단합니다. 빠른 재개가 가능한 대신 디스크 비용에 더해 메모리 저장 비용까지 추가로 발생합니다.
> - **삭제**: 인스턴스와 디스크를 포함한 모든 자원을 영구적으로 제거해 더 이상 비용이 청구되지 않습니다.
>
> 데이터를 보존하며 며칠 이상 사용을 멈출 때는 '중지'를, 모든 것을 없애고 비용을 완전히 차단하고 싶을 때는 '삭제'를 선택합니다.

1분 퀴즈

08. 다음 중 SSL/TLS 인증서에 포함되지 <u>않는</u> 정보는?

① 웹 사이트의 도메인 이름

② 웹 사이트의 공개키

③ 웹 사이트의 세션키

④ 인증 기관의 정보

09. 웹 브라우저가 SSL/TLS 인증서를 확인하는 이유로 옳지 <u>않은</u> 것은?

① 세션키가 안전하게 저장돼 있는지 확인하기 위해

② 인증서의 유효 기간이 남아 있는지 확인하기 위해

③ 인증서가 신뢰할 수 있는 인증 기관에서 발급됐는지 확인하기 위해

④ 접속하려는 도메인 이름과 인증서의 도메인 이름이 같은지 확인하기 위해

10. 인증 기관의 주요 임무로 옳지 <u>않은</u> 것은?

① 인증서 발급을 신청한 주체의 신원을 확인한다.

② 인증 기관 자신의 개인키로 인증서에 디지털 서명을 한다.

③ 해당 도메인 이름에 대한 정보를 담은 물리적 인증서를 생성한다.

④ 웹 브라우저와 운영체제에 자신의 최상위 인증서를 기본으로 탑재한다.

11. 최상위 인증 기관 → 중간 인증 기관 → 웹 사이트 인증서로 이어지는 인증서의 연결 고리를 무엇이라고 하는가?

1. 클라우드 컴퓨팅

① 클라우드 컴퓨팅이란 인터넷을 통해 서버, 스토리지, 데이터베이스, 소프트웨어 등과 같은 자원을 필요한 만큼 빌려 쓰고 사용한 만큼만 비용을 지불하는 모델입니다.

② 클라우드 서비스 제공 업체(예 GCP, AWS, 마이크로소프트 애저)에서 빌린 가상 컴퓨터는 실제 컴퓨터처럼 CPU(중앙 처리 장치), 메모리(RAM), 스토리지(디스크) 등을 설정해 독립적으로 사용할 수 있습니다.

2. VM 인스턴스

① VM 인스턴스는 GCP의 Compute Engine에서 생성한 가상의 서버를 말합니다.

② VM 인스턴스는 처음에 작은 사양으로 할당받아 설정하고, 실제 서비스를 운영하면서 상황에 맞춰 사양 자체를 올리는 스케일 업을 하거나 동일한 사양의 인스턴스 수를 늘리는 스케일 아웃을 하는 것이 비용 면에서 효율적입니다.

③ VM 인스턴스를 사용하지 않을 때는 비용이 청구되는 것을 막기 위해 꼭 인스턴스를 중지 또는 삭제해야 합니다.

3. SSH 접속

① SSH는 클라이언트와 원격 서버 간 연결 설정부터 데이터 전송, 연결 종료까지 전 과정을 암호화 채널을 통해 보호하는 원격 접속 프로토콜입니다.

② SSH는 한 쌍으로 이뤄진 두 개의 키, 즉 개인키와 공개키를 이용하는 공개키 인증 방식을 사용해 원격 서버에 접속합니다.

- **개인키:** 클라이언트만 비밀리에 안전하게 보관하는 키로, 디지털 서명을 하는 데 사용합니다.
- **공개키:** 외부에 공개해도 안전한 키로, 접속하려는 서버에 미리 등록해 둡니다. 자신과 한 쌍인 개인키로 만들어진 디지털 서명이 진짜인지 검증할 때 사용합니다.

4. **SFTP 파일 전송**

   ① SSH 연결을 기반으로 파일을 암호화해 전송하는 파일 전송 프로토콜입니다. SFTP로 파일을 전송하기 위해 파일질라와 같은 클라이언트 프로그램을 사용합니다.

   ② SFTP로 원격 서버에 접속할 때는 로컬 컴퓨터에 저장된 개인키와 원격 서버에 등록된 공개키를 이용한 SSH 접속 방식으로 서버에 접속합니다.

5. **HTTP 웹 서버**

   ① HTTP는 웹 브라우저(클라이언트)와 웹 사이트(서버) 간에 데이터를 주고받을 때 사용하는 프로토콜로, 웹 사이트에 웹 서버 프로그램을 설치해 사용합니다. 대표적인 웹 서버 프로그램으로는 전 세계적으로 인기 있는 고성능 오픈소스 웹 서버 프로그램인 Nginx가 있습니다.

   ② Nginx의 서버 블록은 특정 도메인 이름이나 IP 주소로 들어오는 요청을 어떻게 처리할지 정의하는 설정으로, 설정 파일에 저장·관리합니다.

   ③ 하나의 웹 서버에 여러 웹 사이트를 운영할 때는 웹 사이트별 설정 파일을 두 개의 디렉터리로 나눠 관리합니다.

   - **/etc/nginx/sites-available/:** 운영하려는 웹 사이트(또는 웹 애플리케이션)에 대한 설정 파일을 저장합니다. 단지 사용 가능한 웹 사이트의 설정 파일을 모아두었을 뿐, 여기에 설정 파일을 저장한다고 해서 Nginx가 이를 자동으로 읽지는 않습니다.

   - **/etc/nginx/sites-enabled/:** Nginx가 실제로 읽고 웹 사이트를 띄우는 설정 파일의 링크가 있는 곳입니다. sites-available 디렉터리에 있는 설정 파일 중 실제로 Nginx가 활성화해 사용할 설정 파일의 심볼릭 링크를 저장합니다. Nginx가 시작되면 이 디렉터리에 있는 심볼릭 링크를 읽어 실제 서버에 반영합니다.

   ④ Nginx를 설치하며 기본으로 생성된 default 설정 파일의 심볼릭 링크가 /etc/nginx/sites-enabled/default에 있다면, 책에서 만든 설정과 충돌을 피하기 위해 이 링크는 제거해야 합니다.

6. HTTPS 웹 서버

① HTTPS는 HTTP와 SSL/TLS를 합친 프로토콜로 HTTP 통신을 암호화한 버전입니다. HTTPS를 이용하는 웹 사이트는 웹 브라우저 주소창에 자물쇠 아이콘이 표시됩니다.

② SSL/TLS 인증서는 웹 브라우저와 웹 사이트 간에 암호화된 연결을 하기 전에 웹 사이트가 '내가 진짜 그 웹 사이트가 맞는지' 증명하는 일종의 디지털 신분증입니다.

③ SSL/TLS는 크게 세 가지 보안 기능을 수행합니다.

- **인증서 인증:** SSL/TLS 인증서가 신뢰할 수 있는 인증 기관에서 발급됐는지, 인증서의 유효 기간이 지나지 않았는지, 접속하려는 도메인 이름과 인증서의 도메인 이름이 동일한지 등을 확인합니다.

- **디지털 서명 검증:** SSL/TLS 인증서에 포함된 디지털 서명을 검증합니다. 디지털 서명 검증을 통과하면 이 인증서는 진짜 인증 기관이 발급했고, 내용이 위조되지 않았다는 것이 확인됩니다.

- **암호화된 데이터 전송:** 웹 브라우저와 웹 사이트는 같은 세션키를 공유하고, 이후 모든 데이터는 세션키로 암호화해 전송함으로써 통신 데이터를 보호합니다.

④ SSL/TLS 인증서는 인증 기관에서 발급합니다. 인증 기관은 인증서 발급을 신청한 웹 사이트의 신원 확인, 인증서 발급, 인증서 관리 및 폐기, 개발사와 협업 등을 수행합니다.

⑤ SSL/TLS 인증서는 최상위 인증 기관이 직접 발급하기보다 그들로부터 권한을 위임받은 하나 이상의 중간 인증 기관을 거쳐 최종적으로 웹 사이트에서 인증서를 발급합니다. 이러한 구조를 신뢰 체인이라고 합니다.

MEMO

정답 노트

1장

1분 퀴즈

01. ③　　**02.** ① O　② X　　**03.** ②　　**04.** ①

05. ① 콜리전 도메인　② 브로드캐스트 도메인　　**06.** ④　　**07.** ① O　② X

08. 라우터가 브로드캐스트 메시지를 다른 네트워크로 전달하면 네트워크 트래픽이 과도하게 증가해 네트워크 전체의 성능이 저하될 수 있고 보안 문제도 일어날 수 있기 때문에 라우터는 브로드캐스팅하지 않습니다.

09. MAC 주소는 네트워크에 연결된 모든 장치(컴퓨터, 스마트폰, 프린터 등)를 고유하게 구분하는 역할을 합니다.

10. ②　　**11.** ① 목적지 MAC 주소　② 출발지 MAC 주소　　**12.** ① 비트 동기화　② 패딩

13. ④　　**14.** ③

15. 스위치는 네트워크에 연결된 각 컴퓨터의 MAC 주소를 기억하고, 데이터를 받으면 이를 확인해 해당 컴퓨터로만 데이터를 전송합니다. 허브처럼 모든 컴퓨터에 데이터를 전송하는 브로드캐스팅을 하지 않기 때문에 네트워크 트래픽이 줄고 보안이 강화됐습니다.

2장

1분 퀴즈

01. ④　　**02.** ②　　**03.** ③　　**04.** ②　　**05.** ②　　**06.** ① X　② O　③ O

07. ④　　**08.** ①　　**09.** ①　　**10.** ②　　**11.** ④　　**12.** ④

13. PPP 프레임 없이 IP 패킷을 전송하면 라우터에 여러 패킷이 몰리고 겹치면서 패킷을 구분할 수 없는 문제가 생깁니다. 라우터에는 다양한 네트워크에서 수많은 패킷이 몰리기 때문에 이를 정확하게 구분하기 위해 PPP 프레임을 사용합니다.

14. ① X　② X　③ O　④ X　⑤ O　　**15.** ① MAC 주소　② IP주소

3장

1분 퀴즈

01. ② **02.** ②
03. ① 0 ② 10 ③ 110 ④ 1~126 ⑤ 128~191 ⑥ 192~223 ⑦ 1 ⑧ 2 ⑨ 3
04. ③ **05.** ① **06.** ① 네트워크 주소 ② 브로드캐스트 주소
07. ④ **08.** 2대 **09.** 255.255.240.0 **10.** ④ **11.** ④ **12.** ④
13. ③ **14.** ④ **15.** ① **16.** ①

4장

1분 퀴즈

01. ④ **02.** ① 잘 알려진 포트 ② 등록된 포트 ③ 동적 포트
03. ① O ② O ③ X **04.** ③ **05.** ③ **06.** ① **07.** ③
08. ① ACK ② RST ③ SYN ④ FIN **09.** ② **10.** ③ **11.** ④

5장

1분 퀴즈

01. ③ **02.** ④ **03.** 트랩 **04.** ④ **05.** ④ **06.** ③
07. ① O ② X ③ X **08.** ① **09.** ① FTP ② SFTP ③ TFTP
10. ① SFTP ② TFTP ③ FTP **11.** ④ **12.** ①-ⓒ ②-ⓐ ③-ⓑ
13. ① POP3 ② IMAP **14.** ③ **15.** ① **16.** ②

1분 퀴즈

01. ① 온프레미스 ② 클라우드 컴퓨팅 **02.** ③ **03.** ① 개인키 ② 공개키
04. ③   **05.** ④   **06.** ④   **07.** /etc/nginx/sites-enabled
08. ③   **09.** ①   **10.** ③   **11.** 신뢰 체인

INDEX

A

ACK 136
ACK 번호 135
Address Resolution Protocol 060
ARP 060
ARP 요청 패킷 061
ARP 응답 패킷 061
ARP 작동 과정 062
ARP 패킷 061
AWS 196

B

broadcast domain 033

C

CA 265
CIDR 표기법 100
CLI 166
collision domain 027
CRC 042
CSMA/CA 032
CSMA/CD 028
CSP 196

D

DHCP 114, 159
DHCP 요청 118
DHCP 제공 117
DHCP 탐색 116
DHCP 확인 응답 118
DNS 157
Domain Name System 157
Dynamic Host Configuration Protocol 159

E

Ethernet 040

F

FCS 042
File Transfer Protocol 171
FileZilla 171
FIN 136
frame 040
FTP 171

G

GCP 196
gcp_rsa 223
gcp_rsa.pub 223
GUI 168

H

header 020
HTTP 183
HTTP 상태 코드 185
HTTP 요청 183
HTTP 응답 183
HTTP over SSL/TLS 186
HTTPS 186, 263
hub 024
HyperText Transfer Protocol 183

I

ifconfig 099
IMAP 180
IMAP over SSL/TLS 181
IMAPS 181
Internet Protocol 082
Internet Message Access Protocol 180
Internet Protocol version 4 089
Internet Protocol version 6 089
IP 082
IP 주소 089
IP 패킷 057
ipconfig 098
IP packet 057
IPv4 089
IPv4 주소 클래스 090
IPv6 089

L

LAN 023
LDAP 162
LDAP over SSL/TLS 163
LDAPS 163
Lightweight Directory Access Protocol 162
Local Area Network 023
localhost 094

M

MAC 주소 036
Medium(Media) Access Control 036

N

NAT 112
Network Time Protocol 159
Nginx 247
Nginx 설정 파일 250
NIC 036
NMS 161
NTP 159
NTP 서버 159

O

OSI 7계층 모델 019
OSI 7-Layer Model 019

P

packet 057
POP3 179
port 126
Post Office Protocol version 3 179
PPP 프레임 074
private key 214
protocol 082
public key 214

R

RDP 168
Remote Desktop Protocol 168
router 052

S

Secure File Transfer
  Protocol 173
Secure Shell 167
Secure Sockets Layer 163
Server Message Block 164
SFD 041
SFTP 173
Simple Mail Transfer
  Protocol 177
Simple Network Management
  Protocol 161
SMB 164
SMTP 177
SMTP over SSL/TLS 178
SMTPS 178
SNMP 161
socket 130
SSH 167
SSH 접속 214
SSH 키 쌍 220
SSH File Transfer Protocol 173
ssh-keygen 유틸리티 220
SSL 163
SSL/TLS 163
SSL/TLS 인증서 264
subnet mask 096
switch 044
SYN 136

T

TCP 133
TCP 세그먼트 플래그 136
TCP 연결 설정 137
TCP 연결 종료 142
TCP 통신 과정 136
TCP/IP 모델 020
Telnet 166
TFTP 174
TLS 163
Transport Layer Security 163
Trivial File Transfer Protocol 174

U

UDP 147
UDP 통신 과정 149

V

VM 인스턴스 204
VM 인스턴스 삭제 271

W

WAN 051
Wide Area Network 051
WLAN 프레임 042

ㄱ

개인키 214
공개키 214
공개키 인증 214
공인 IP 주소 109
관리 대상 장치 161
관리 스테이션 161
관리용 프로토콜 157
구글 클라우드 콘솔 198
그래픽 사용자 인터페이스 168
기본 게이트웨이 072

ㄴ

네트워크 계층 모델 019
네트워크 인터페이스 계층 023
네트워크 인터페이스 카드 036
네트워크 주소 변환 112
논리적 주소 034

ㄷ

다중 포트 리피터 025
단편화 068
더미 데이터 029
데이터그램 147
데이터 브로드캐스팅 025
데이터 충돌 026
도메인 이름 157
독점 프로토콜 168
동적 포트 127
등록된 포트 127
디렉터리 서비스 162
디지털 서명 265

ㄹ

라우터 052
라우팅 053, 071
라우팅 테이블 073
라우팅 프로토콜 053, 074
렌더링 184
루프백 주소 094

ㅁ

마이크로소프트 애저 196
메일 서버 178
명령줄 인터페이스 166
명령 프롬프트 166
무선 LAN 024
물리적 주소 034

ㅂ

반송파 감지 다중 접속 및 충돌 탐지 028
반송파 감지 다중 접속 및 충돌 회피 032
보안 연결 187
브로드캐스트 도메인 033
비연결형 147

ㅅ

사설 네트워크 112
사설 IP 주소 109
사설 IP 주소 범위 111
서명 216
서버 블록 251
서브네팅 104
서브넷 마스크 096
세그먼트 133
소켓 130
스위치 044
스태틱 라우팅 053
슬래시 표기법 100
시퀀스 번호 135
신뢰 체인 266
심볼릭 링크 250

ㅇ

액티브 모드 172
에이전트 161
엔진엑스 247
역캡슐화 021
연결 지향 133
온프레미스 195
원격 데스크톱 연결 168
원격 접속 프로토콜 166
웹 브라우저 프로토콜 183
웹 사이트 인증서 267
윈도우 크기 136
유선 LAN 023
응용 계층 155
이더넷 040
이더넷 프레임 040
이메일 프로토콜 177
인증 경로 266

인증 기관 265
인터넷 계층 051

ㅈ

잘 알려진 포트 126
재전송 141
전송 계층 132
중간 인증 기관 인증서 267

ㅊ

최상위 인증 기관 인증서 267

ㅋ

캡슐화 021
콜리전 도메인 027
클라우드 서비스 제공 업체 196
클라우드 컴퓨팅 195
클래스 090
클래스 A 092
클래스 B 092
클래스 C 093
클래스 D 094
클래스 E 094

ㅌ

터미널 166
텔넷 166
트랩 162
트레일러 041

ㅍ

파일 전송 프로토콜 171
파일질라 171
패딩 042
패시브 모드 172
패킷 057
페이로드 042
포트 126
포트 포워딩 113
프레임 040
프로토콜 082
프리앰블 041

ㅎ

허브 024
헤더 020

번호

2진수 038
3-웨이 핸드셰이크 137
4-웨이 핸드셰이크 142
16진수 038
127.0.0.1 094